"十四五"国家重点出版物出版规划项目

国家社科基金重大招标项目"敦煌西夏石窟研究"
（16ZDA116）阶段性成果

高等学校学科创新引智基地计划资助（supported by the
project Ⅲ）"长安与丝路文化传播学科创新引智基地"
（B1803）阶段性成果

刘人铭（1991—），四川大学考古系在读博士研究生，主要从事佛教考古与艺术领域的研究。发表论文数篇；参编《敦煌石窟研究导论》；主持四川佛教文化遗产研究中心项目"川渝与敦煌唐宋净土图像对比研究"；参与国家社科基金重大项目"敦煌西夏石窟研究""四川新出土南朝造像的整理与综合研究"。

石窟考古专题丛书

沙武田　主编

敦煌沙州回鹘洞窟研究

刘人铭　著

甘肃文化出版社

图书在版编目（CIP）数据

敦煌沙州回鹘洞窟研究 / 刘人铭著. -- 兰州 : 甘
肃文化出版社，2023.7
（石窟考古专题丛书 / 沙武田主编）
ISBN 978-7-5490-2683-8

Ⅰ．①敦… Ⅱ．①刘… Ⅲ. ①敦煌石窟－研究 Ⅳ.
①K879.214

中国国家版本馆CIP数据核字(2023)第068938号

敦煌沙州回鹘洞窟研究
DUNHUANG SHAZHOU HUIHU DONGKU YANJIU

刘人铭 I 著

项目策划 | 郎军涛
责任编辑 | 甄惠娟
封面设计 | 大雅文化

出版发行 | 甘肃文化出版社
网　　址 | http://www.gswenhua.cn
投稿邮箱 | gswenhuapress@163.com
地　　址 | 兰州市城关区曹家巷 1 号 | 730030（邮编）

营　　销 | 贾　莉　王　俊
电　　话 | 0931-2131306

设计制版 | 兰州大雅文化艺术有限公司（0931-4679978）
印　　刷 | 天津图文方嘉印刷有限公司
开　　本 | 787 毫米 ×1092 毫米　1/16
字　　数 | 380 千
印　　张 | 24.75
版　　次 | 2023 年 7 月第 1 版
印　　次 | 2023 年 7 月第 1 次
书　　号 | ISBN 978-7-5490-2683-8
定　　价 | 188.00 元

石窟考古专题丛书

沙武田

　　佛教石窟是祖先留给我们的宝贵历史遗产，是中华优秀传统文化的重要载体，弥足珍贵。石窟寺在全国分布之广、保存数量之多、历史朝代延续之绵长、内容之丰富，蔚为大观，是世界历史和文化艺术之奇观，也是呈现伟大中华文明的独特形式，为中华文明在世界文明史上的地位和贡献提供了强有力的诠释。进入新时代以来，石窟寺的保护、研究和利用，对于弘扬中华优秀传统文化，提升民族文化自信和自豪感，加强文化软实力建设等，有着极为重要的意义。作为中华悠久历史的重要载体，石窟寺的考古价值、文化艺术价值和教育教化功能无可替代。但是因为历史、自然、人为等各种因素，我国各石窟寺的保存状况令人担忧，保护好、研究好、弘扬好、传承好石窟寺遗产，已成为全社会的共识。作为石窟研究者，我们更有责任和义务为石窟寺的保护、研究、传承和弘扬

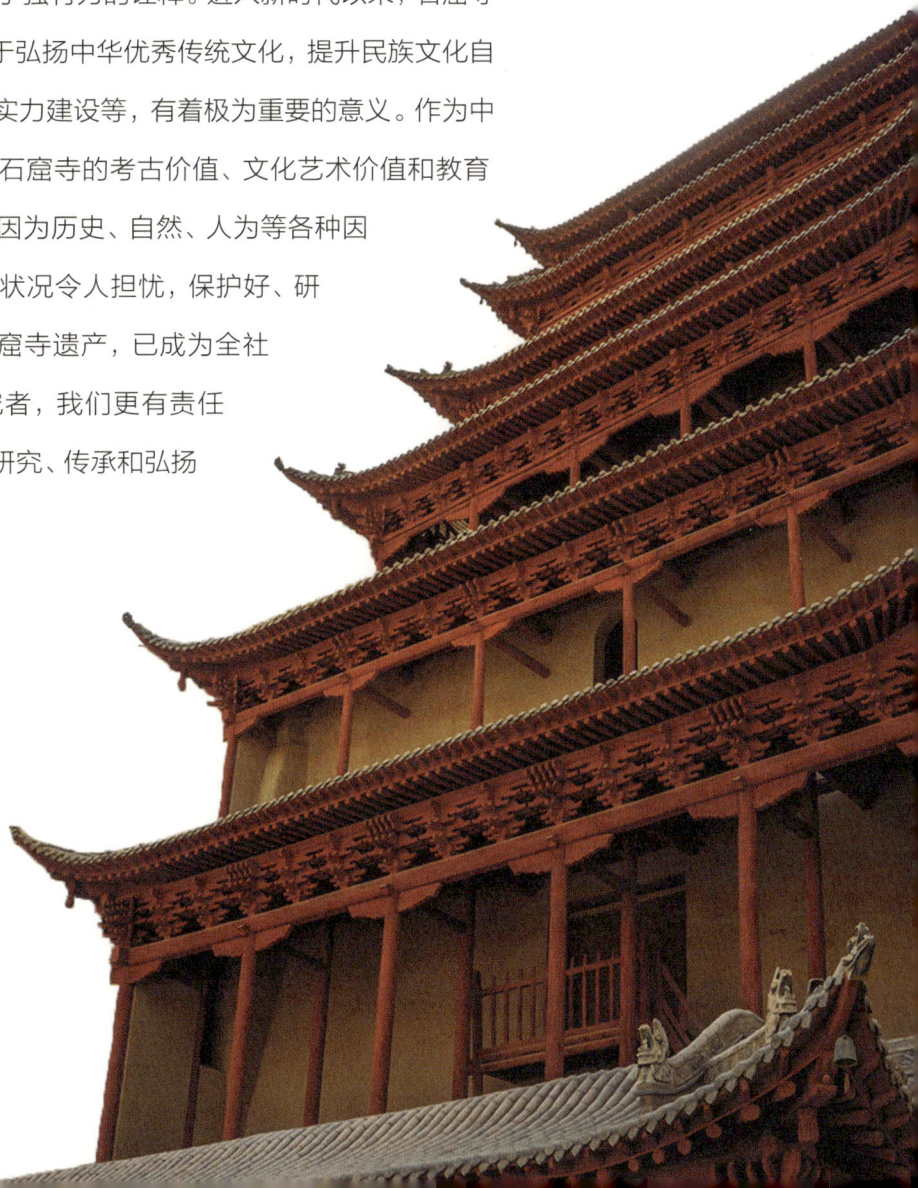

增砖添瓦，尽一份绵薄之力。

　　丰富的石窟寺文化艺术遗产，无疑是从事历史、考古、民族、宗教、艺术等研究的宝库，是难得的"形象史学"的富矿。蕴涵丰厚的石窟寺及其文化遗产，更是一些特色学科如敦煌学、西夏学、藏学、丝路学等的资料宝库。如何在学术研究中利用好这一弥足珍贵的文化遗产，成为我们新时代学人的共同任务。在石窟寺研究的征程上，"路漫漫其修远兮"，但我们一定要有"为往圣继绝学"的志向和追求，力求开石窟研究之新风。

　　就世界上规模最大、延续时间最长、保存最完好、历史信息最丰富、文化担当功能最强大、国际影响最深远的敦煌石窟而言，学术成果极为丰硕，堪称"汗牛充栋"，为我们今天的研究打下了无比坚实的基础。但敦煌石窟研究的空间之大，其所承载的历史信息之多，所涉及的学术课题之庞杂，远超我们的想象，故敦煌一直被称为"学术的海洋"。正因为此，敦煌石窟总会让人有情不自禁的学术热情；也正因为此，敦煌石窟的研究任重道远。但我们始终相信，这是一条充满阳光的学术之路，值得每个人全身心投入其中。

　　鉴于此，借陕西师范大学人文社会科学高等研究院和历史文化学院的平台，我们推出"石窟考古专题丛书"，希望借学术同仁之力量，共同推动石窟考古与敦煌学研究。任何能够反映石窟考古新成果的作品，都是我们希望纳入的璀璨珍珠，虽属涓涓细流，但总希望汇入石窟考古的汪洋大海之中。

莫高窟第 409 窟沙州回鹘可敦像

柏孜克里克石窟第 20 窟高昌回鹘可敦像

目录

Catalog

图版目录

图版说明：以上敦煌石窟沙州回鹘洞窟图版由陕西师范大学、敦煌研究院联合申报国家社科基金重大招标项目"敦煌西夏石窟研究"（16ZDA116）课题组提供。

绪 论

一、研究缘起

20世纪初，敦煌藏经洞的发现给学术界提供了丰富的关于古代研究的原始文献。得益于藏经洞的发现，敦煌石窟与敦煌文书一并成为研究中古历史、文化、艺术、宗教的重要资料，从而也兴起了一门研究敦煌石窟及敦煌文书的专门学科——敦煌学。从藏经洞发现至今，学术界在敦煌石窟艺术及敦煌文书研究方面，都取得了丰硕的研究成果。

以藏经洞发现的归义军晚期纪年文献时间——1002年为界，1002年之前瓜、沙地区所营建的石窟因有藏经洞文献作为支撑，其营建历史及发展脉络可以比较清晰地梳理出来。1002年之后所营建的石窟，因缺乏文献记载，其营建历史含混不清，学界研究较为薄弱。可以说，敦煌石窟的研究成果以藏经洞的封闭时间为线出现明显断层，研究成果聚焦在藏经洞封闭之前所营建的石窟上，而藏经洞封闭后的相关研究寥寥可数。

事实上，虽然敦煌晚期石窟（藏经洞封闭之后所营建石窟）不复唐五代石窟的恢宏与繁复，但是多民族共存、藏传佛教的发展、佛教世俗化的深化等时代背景，赋予了敦煌晚期石窟胡汉交融、汉藏圆融、佛教世俗化等艺术特征，然而其还未被学界系统梳理、专题论述过，这当是现今敦煌石窟研究中较为重点和急迫的工作。

沙州回鹘洞窟是敦煌晚期石窟的重要组成部分，与归义军时期石窟、西夏时期石窟密切关联。虽然，关于沙州回鹘洞窟这一断代分期学术界还有争议，尚未形成统一意见，但是，不可否认，在敦煌晚期石窟中有相当数量的具有回鹘风格或受到回鹘风格影响的不同于归义军、西夏时期的洞窟，对其做整体研究十分有必要。

值得注意的是，"沙州回鹘政权"与"沙州回鹘"是两个不同的概念，学术界对"沙州回鹘"的"政权"性质有所争议，但是沙州回鹘在瓜、沙地区的存在为不争事实，其影响了归义军政权，致使归义军政权在晚期出现了回鹘化倾向，并且于归义军政权之后曾在瓜、沙地区进行了短暂的统治。沙州回鹘洞窟为沙州回鹘在瓜、沙地区影响下的产物，其与沙州回鹘的政权性质并不直接关联，也并不与学界所考订的"沙州回鹘统治时期"的时间界限严格对标。

二、研究意义

沙州回鹘洞窟是形象化的历史，可在一定程度上弥补文献记载之缺，为沙州回鹘的相关历史提供佐证。总体来说，这一研究在回鹘历史及敦煌石窟方面有如下意义：

第一，整理和刊布沙州回鹘洞窟资料。前辈先贤们主要关注敦煌石窟中的早、中期洞窟，早、中期洞窟的研究成果比较突出。由于各种原因，包括沙州回鹘洞窟在内的敦煌晚期石窟还未进行系统整理，只有敦煌石窟内容总录中有相关分期和壁画内容提要。因此，在敦煌研究院的支持下，我们可以将沙州回鹘洞窟的资料进行系统梳理，为学界提供关于沙州回鹘洞窟的详尽壁画资料，为学界后续对沙州回鹘洞窟研究提供有益帮助。

第二，推进沙州回鹘历史的研究。由于沙州回鹘文献记载缺乏，沙州回鹘洞窟则成了研究沙州回鹘历史不可多得的考古资料，通过深入挖掘沙州回鹘洞窟壁画所透露的民族、宗教、语言、文字、人口、信仰等的信息，可以还原沙州回鹘在瓜、沙地区统治的一个侧面。

第三，补充敦煌石窟营建史。敦煌石窟的营建开始于十六国北朝时期，结束于元代，绵延一千余年的时间。沙州回鹘时期是这千余年间不可缺少的重要时间阶段，这一阶段统治者审美的转变、外族的进入、豪族的衰落致使敦煌石窟风格发生改变，这对后来的西夏石窟有深远的影响。通过对沙州回鹘洞窟的研究可以进一步解释敦煌石窟中的诸多问题——敦煌壁画的传承与变迁、石窟营建的延续与中断等。

第四，推动学界对敦煌壁画的解读与认识。沙州回鹘洞窟内容以做"减法"为主，多数内容没有命名，此外还出现了新的题材。通过对壁画细节、同时期其他地区出现的佛教壁画题材、此时期流行的佛教经典的比对，争取对相关佛教壁画内容有清晰地解读。

第五，促进丝绸之路文化交流的研究。沙州回鹘与高昌回鹘作为一源而分化的两个势力，后者在唐末建立政权。沙州回鹘与高昌回鹘有相同的民族特征，亦有相异的特点，通过观察沙州回鹘和高昌回鹘壁画中相同和相异的元素，分析二者壁画粉本的交流，以此窥探丝绸之路上的区域文化交流现象。

三、学术史回顾

与其他时期石窟相比，沙州回鹘洞窟的研究起步相对较晚，其研究较为碎片化，尚未有宏观、系统、整体的研究著作问世。虽然如此，经过前辈们的努力，学界在沙州回鹘洞窟的分期、服饰、壁画艺术等方面已经有一些可观成果。

（一）沙州回鹘相关史实研究

沙州回鹘历史的研究是沙州回鹘洞窟研究的基础，对沙州回鹘相关史实的考证也是现今学界研究沙州回鹘的主流方向。

20 世纪 80 年代，日本学者森安孝夫先生首先提出"沙州回鹘"的说法，其《ウイグルと敦煌》一文提出在 11 世纪初至 12 世纪前半叶沙州存在的回鹘部落应该来自西州地区，在实力壮大之后曾操纵曹氏归义军政权，并于 1023 年取而代之[1]。在这之后，沙州回鹘在学界引起了热烈地讨论。

杨富学先生受森安孝夫先生的启发，于森安孝夫先生之后提出了沙州回鹘为一独立政权，统治年代为 1036—1067 年。杨富学先生的《沙州回鹘及其政权组织——沙州回鹘研究之一》[2]《9—12 世纪的沙州回鹘文化》[3]《沙州回鹘及其文献》[4]《回鹘与敦煌》[5]《回鹘之佛教》[6]等一系列论著通过整理正史及回鹘文献中与沙州回鹘有关的史料，大致厘清了沙州回鹘的历史发展，对沙州回鹘的社会组织、宗教信仰、民族语言等都有不同程度的

---

① ［日］森安孝夫：《ウイグルと敦煌》，载榎一雄编《讲座敦煌 2 敦煌の历史》，东京：大东出版社，1980 年，第 331—338 页；同氏《チベット文字ご书かおたウイグル文佛教教理问答（P.T.1292）の研究》，载《大阪大学文学部纪要》第 XXV 卷，1985 年，第 1—85 页；同氏《敦煌と西ウイグル王国》，《东方学》第 74 号，1987 年，第 58—74 页。转引自杨富学：《回鹘与敦煌》，兰州：甘肃教育出版社，2013 年，第 267 页。

② 杨富学：《沙州回鹘及其政权组织——沙州回鹘研究之一》，载敦煌研究院编《1990 年敦煌学国际研讨会文集·石窟史地、语文编》，沈阳：辽宁美术出版社，1995 年，第 175—200 页。

③ 杨富学：《9—12 世纪的沙州回鹘文化》，《敦煌学辑刊》1994 年第 2 期，第 90—100 页。

④ 杨富学：《沙州回鹘及其文献》，兰州：甘肃文化出版社，1995 年。

⑤ 杨富学：《回鹘与敦煌》，兰州：甘肃教育出版社，2013 年。

⑥ 杨富学：《回鹘之佛教》，乌鲁木齐：新疆人民出版社，1998 年。

论及。李正宇先生与杨富学先生观点一致，李先生《悄然湮没的王国——沙州回鹘国》一文通过爬梳相关史料，认为曹氏归义军政权消失后，沙州回鹘统治瓜、沙地区的时间为1036—1067年①。近年，陈光文先生依据莫高窟第297窟西夏文题记对沙州回鹘的统治时间提出了不同意见，其《敦煌莫高窟第297窟甬道南壁西夏文题记译释——兼论西夏统治敦煌的时间问题》一文通过解读敦煌莫高窟第297窟甬道南壁的西夏文题记，认为西夏最早于1053年取代沙州回鹘，开始了对瓜、沙地区的统治，从而将沙州回鹘统治时期确定为1036—1053（1056）年②。李国、沙武田先生《敦煌石窟西夏时期汉文题记辑录——兼谈西夏占领瓜沙的时间问题》一文对西夏时期的汉文题记作了整理，较为认同沙州回鹘统治瓜、沙地区的时间为1036—1067年的观点③。

在森安孝夫、杨富学先生提出"沙州回鹘""沙州回鹘政权"观点后，沙州回鹘的相关讨论热烈了起来，学者们陆续撰文从人口来源、与东西向回鹘的关系、与归义军政权的关系、沙州回鹘的政权属性等多个维度进行讨论，其中归义军政权在晚期出现了"回鹘化"倾向观点的提出，是归义军史、回鹘史研究中十分重要的观点。较早讨论沙州回鹘与归义军政权关系的学者为陆庆夫先生，陆先生《归义军晚期的回鹘化与沙州回鹘政权》一文认为归义军晚期存在回鹘化现象，这一现象分为两个阶段，前一阶段表现为甘州回鹘对归义军的控制与渗透，后一阶段表现为沙州地区回鹘势力的崛起。取代归义军政权的沙州回鹘政权是归义军晚期回鹘化的继续发展④。杜海先生《敦煌归义军政权与沙州回鹘关系述论》一文提出了"沙州蕃族"的概念，沙州蕃族即沙州回鹘部落，其出现于归义军政权后期，后来发展壮大，参与了归义军政权的内政和外交⑤。陈光文先生《试论沙州回鹘之历史渊源及其早期活动》一文对沙州回鹘的历史渊源做了详细论述，对瓜、沙回鹘势力在归义军时期的发展

① 李正宇：《悄然湮没的王国——沙州回鹘国》，载敦煌研究院编《1990年敦煌学国际研讨会文集·石窟史地、语文编》，沈阳：辽宁美术出版社，1995年，第149—174页；又载杨富学：《沙州回鹘及其文献》，兰州：甘肃文化出版社，1995年，第289—311页。
② 陈光文：《敦煌莫高窟第297窟甬道南壁西夏文题记译释——兼论西夏统治敦煌的时间问题》，《敦煌学辑刊》2014年第2期，第22—33页。
③ 李国、沙武田：《敦煌石窟西夏时期汉文题记辑录——兼谈西夏占领瓜沙的时间问题》，《西夏研究》2021年第1期，第50—61页。
④ 陆庆夫：《归义军晚期的回鹘化与沙州回鹘政权》，《敦煌学辑刊》1998年第1期，第18—25页。
⑤ 杜海：《敦煌归义军政权与沙州回鹘关系述论》，《敦煌学辑刊》2005年第4期，第143—150页。

壮大作了说明①。冯培红先生《敦煌的归义军时代》中也提到归义军晚期的回鹘化及归义军最终被沙州回鹘取代等相关问题②。

关于沙州回鹘的政权性质及回鹘人口来源，讨论的学者也比较多。钱伯泉先生《沙州回鹘研究》一文认为敦煌应该有一个沙州回鹘时期，沙州回鹘即龟兹回鹘③。刘玉权先生《再论西夏据瓜沙的时间及其相关研究》④《略论沙州回鹘与西夏》⑤《沙州回鹘史探微》⑥等一系列文章认为瓜、沙二州自1036年被西夏攻陷之后，与河西走廊其余诸州一样都纳入了西夏的版图，在西夏据有瓜、沙之后三四十年，西夏对瓜、沙地区的统治比较松散和软弱无力，回鹘人流散于瓜、沙地区，这一地区回鹘人数量大增，加上曹氏归义军之后裔及原居瓜、沙而被西夏击败的沙州回鹘人，使这一地区不服西夏或反抗西夏的潜在势力大增，加之他们在地理上与伊（新疆哈密）、西（新疆吐鲁番）甚至于阗等处的西回鹘国势力可以连成一片，这都对西夏在瓜、沙的统治产生了较大的影响。刘先生承认回鹘在瓜、沙地区产生的实际影响，但是并不认为沙州回鹘具有政权属性。陈炳应先生在刘玉权先生观点的基础上有所发展，其《11世纪存在过统治瓜沙二州的回鹘汗国吗——西夏统治瓜沙始年考》一文结合文献与敦煌洞窟题记，提出不存在沙州回鹘汗国，西夏在1036年就攻占并开始统治瓜、沙地区，且对州城外的回鹘进行了宽松的羁縻政策⑦。森安孝夫著，梁晓鹏译的《沙州回鹘与西回鹘国》一文在总结杨富学、牛汝极、李正宇、荣新江等先生观点的基础上，以敦煌文书相关记载为基础，提出不存在沙州回鹘政权的观点，沙州回鹘实则为西州回鹘⑧。劳心先生《从敦煌文献看9世纪后的西州——兼论吐鲁番出土回鹘文木杵

① 陈光文：《试论沙州回鹘之历史渊源及其早期活动》，载黄贤全、邹芙都主编《中国史全国博士生论坛论文集》，重庆：重庆出版社，2015年，第323—339页。
② 冯培红：《敦煌的归义军时代》，兰州：甘肃教育出版社，2013年。
③ 钱伯泉：《沙州回鹘研究》，《社会科学》1989年第6期，第101—105页。
④ 刘玉权：《再论西夏据瓜沙的时间及其相关研究》，《敦煌研究》1993年第4期，第68—79页。
⑤ 刘玉权：《略论沙州回鹘与西夏》，载李范文主编《首届西夏学国际学术会议论文集》，银川：宁夏人民出版社，1998年，第168—177页。
⑥ 刘玉权：《沙州回鹘史探微》，载敦煌研究院编《1994年敦煌学国际研讨会论文集——纪念敦煌研究院成立五十周年·宗教文史卷下》，兰州：甘肃民族出版社，2000年，第1—39页。
⑦ 陈炳应：《11世纪存在过统治瓜沙二州的回鹘汗国吗——西夏统治瓜沙始年考》，《敦煌研究》2001年第2期，第68—72页。
⑧ [日]森安孝夫著，梁晓鹏译：《沙州回鹘与西回鹘国》，《敦煌学辑刊》2000年第2期，第136—146页。

文书年代和沙州回鹘的兴衰》一文基于敦煌文献谈西州回鹘、龟兹回鹘，并运用吐鲁番出土回鹘文木杵文及汉文史料论证沙州回鹘来自甘州回鹘①。

综上所述，学术界围绕沙州回鹘的政权属性、人口来源、与归义军政权的关系等做了比较热烈的讨论，学术界基本认同沙州回鹘于归义军政权之后曾在敦煌产生过重要影响，但是就其政权属性，学术界还存在争议。

（二）沙州回鹘洞窟的研究

1.沙州回鹘洞窟断代分期研究

沙州回鹘洞窟的断代研究是探讨沙州回鹘洞窟图像的重要基础，此项工作经过了漫长的过程，同时也留下了一些学术争论。刘玉权先生《敦煌莫高窟、安西榆林窟西夏洞窟分期》一文，以西夏统治瓜、沙史实为基础，从洞窟装饰图案、造像、风格角度分析，划分出西夏洞窟77个，其中包含了现今所有的沙州回鹘洞窟②。随着学界对回鹘史研究的深入，刘玉权先生对前述分期作了修正。刘氏《关于沙州回鹘洞窟的划分》一文在77个西夏洞窟中划分出23个沙州回鹘洞窟，并且确定其大致年代为11世纪初至12世纪初③。

但是西夏学界并不接受沙州回鹘洞窟分期，其认为不存在沙州回鹘政权，西夏于1036年便开始统治瓜、沙地区。史金波先生《莫高窟、榆林窟西夏资料概述》④《西夏佛教史略》⑤《西夏皇室和敦煌莫高窟刍议》⑥及陈育宁、汤晓芳先生《西夏艺术史》⑦等采用的是刘玉权先生最早的西夏洞窟分期观点。

① 劳心：《从敦煌文献看9世纪后的西州——兼论吐鲁番出土回鹘文木杵文书年代和沙州回鹘的兴衰》，《敦煌研究》2002年第1期，第81—88页。
② 刘玉权：《敦煌莫高窟、安西榆林窟西夏洞窟分期》，载敦煌研究院编《敦煌研究文集》，兰州：甘肃人民出版社，1982年，第273—318页。
③ 刘玉权：《关于沙州回鹘洞窟的划分》，《敦煌研究》1988年第2期，第2—4页；全文收录于段文杰、赵敏、樊锦诗编《1987年敦煌石窟研究国际讨论会论文集·石窟考古编》，沈阳：辽宁美术出版社，1990年，第1—29页。
④ 白滨、史金波：《莫高窟、榆林窟西夏资料概述》，《敦煌学辑刊》1986年第2期，第63—69页。
⑤ 史金波：《西夏佛教史略》，银川：宁夏人民出版社，1988年。
⑥ 史金波：《西夏皇室和敦煌莫高窟刍议》，载《西夏学》（第四辑），银川：宁夏人民出版社，2009年，第165—171页。
⑦ 陈育宁、汤晓芳：《西夏艺术史》，上海：三联书店，2010年。

2.沙州回鹘洞窟壁画艺术研究

在沙州回鹘洞窟壁画艺术研究论著中，以刘玉权先生《沙州回鹘石窟艺术》一文最为宏观，最具综合性、全面性，对沙州回鹘洞窟的题材、风格、样式、供养人等都有不同程度的涉及①。其后，关有惠、沙武田先生在相关论著中也提及沙州回鹘洞窟壁画艺术的相关问题。关友惠先生《敦煌宋西夏石窟壁画装饰风格及其相关的问题》一文对洞窟内的装饰图案做了解读，提出沙州回鹘洞窟中存在受高昌回鹘风格影响的洞窟，但是更多的洞窟则是延续了五代宋以来的风格样式②。沙武田先生《敦煌画稿研究》对沙州回鹘时期敦煌壁画的模式与风格做了总结，并提到曹氏画院在沙州回鹘壁画创作中具有作用与影响③。

近年，关于沙州回鹘洞窟及壁画的个案、专题研究多了起来。殷博博士《莫高窟第207窟初说法图考》一文通过参考相关佛典及图像，考证出莫高窟第207窟南、北壁说法图的内容均为释迦佛鹿野苑初说法④。此外，殷氏《莫高窟回鹘时期比丘形象初探》一文对沙州回鹘洞窟中的比丘形象做了分类整理研究⑤。学者张世奇、郭秀文《莫高窟第245窟主尊定名考》一文通过对莫高窟第245窟题材组合的讨论，最终将主尊的身份指向弥勒⑥。袁顿博士将沙州回鹘洞窟放置在丝路交流的大背景下去讨论，其《莫高窟第363窟壁画组合与丝路元素探析》⑦《由执扇弥勒与可汗之像看莫高窟第237窟重修相关问题》⑧

① 刘玉权：《沙州回鹘石窟艺术》，载敦煌研究院编《中国石窟·安西榆林窟》，北京：文物出版社，1989年，第216—227页；又载敦煌研究院编《榆林窟研究论文集》（下），上海：上海辞书出版社，2011年，第670—681页。

② 关友惠：《敦煌宋西夏石窟壁画装饰风格及其相关的问题》，载敦煌研究院编《2004年石窟研究国际学术会议论文集》，上海：上海古籍出版社，2006年，第1110—1141页。

③ 沙武田：《敦煌画稿研究》，北京：中央编译出版社，2007年，第393—394页。

④ 殷博：《莫高窟第207窟初说法图考》，《敦煌研究》2019年第6期，第25—33页。

⑤ 殷博：《莫高窟回鹘时期比丘形象初探》，载《丝绸之路研究集刊》（第四辑），北京：商务印书馆，2019年，第300—316页。

⑥ 张世奇、郭秀文：《莫高窟第245窟主尊定名考》，载《西夏学》（第十五辑），兰州：甘肃文化出版社，2017年，第161—174页。

⑦ 袁顿：《莫高窟第363窟壁画组合与丝路元素探析》，《西夏研究》2019年第1期，第101—110页。

⑧ 袁顿：《由执扇弥勒与可汗之像看莫高窟第237窟重修相关问题》，《河西学院学报》2020年第1期，第44—52页。

《行僧神化与图像重构——瓜州榆林窟第21窟新辨识行脚僧研究》①对水月观音、行脚僧、执扇弥勒等题材做了讨论。

3.沙州回鹘洞窟中的回鹘服饰研究

沙州回鹘洞窟中保存有一定数量的着回鹘装的供养人像,给学界提供了研究回鹘服饰的可贵材料,成果也较为突出。关于沙州回鹘服饰研究成果,最具代表性的为谢静、沈雁、竺小恩等学者的相关论著。谢静、谢生保先生《敦煌石窟中回鹘、西夏供养人服饰辨析》一文通过对比遗存中的回鹘、西夏服饰,阐明了沙州回鹘和西夏供养人服饰的区别②。谢静先生《敦煌石窟中的少数民族服饰文化研究》中有专文论述沙州回鹘洞窟中的回鹘服饰,从文献、样式等方面对其做了说明③。沈雁先生《回鹘服饰文化研究》一文基于敦煌、新疆出土图像、文献史料对回鹘服饰进行了分类研究④。竺小恩《敦煌石窟中沙州回鹘时期的回鹘服饰》认为沙州回鹘供养人像与高昌回鹘供养人像服饰相似,说明沙州回鹘与高昌回鹘有密切联系⑤。竺小恩《敦煌服饰文化研究》以敦煌壁画中的世俗人物为切入点,对少数民族服饰做了讨论,其中包括沙州回鹘服饰文化⑥。

4.沙州回鹘洞窟供养人画像研究

沙州回鹘供养人画像的讨论集中在莫高窟第409窟、莫高窟第148窟、莫高窟第237窟的王像上,主要是对其身份属性展开讨论,有沙州回鹘王、西州回鹘王、西夏王、西夏时期的回鹘王等。贾应逸、侯世新先生《莫高窟409窟与柏孜克里克石窟供养人对比研究》一文将莫高窟第409窟供养人与吐鲁番柏孜克里克石窟及吉木萨尔北庭西大寺供养人做对比,指出莫高窟第409窟回鹘供养人与高昌回鹘供养人在服饰与风格上既有区别也

---

① 袁顿、沙武田:《行僧神化与图像重构——瓜州榆林窟第21窟新辨识行脚僧研究》,《形象史学》(第十八辑),北京:中国社会科学出版社,2021年,第192—218页。

② 谢静、谢生保:《敦煌石窟中回鹘、西夏供养人服饰辨析》,《敦煌研究》2007年第4期,第80—85页。

③ 谢静:《敦煌石窟中的少数民族服饰文化研究》,兰州大学博士学位论文,2001年。

④ 沈雁:《回鹘服饰文化研究》,东华大学博士学位论文,2008年。

⑤ 竺小恩:《敦煌石窟中沙州回鹘时期的回鹘服饰》,《浙江纺织服装职业技术学院学报》2012年第1期,第38—42页。

⑥ 竺小恩:《敦煌服饰文化研究》,杭州:浙江大学出版社,2011年。

有联系，否定莫高窟第 409 窟回鹘供养人为高昌回鹘所绘制，推测莫高窟第 409 窟回鹘供养人应属于沙州回鹘时期①。刘永增先生《敦煌"西夏石窟"的年代问题》一文将莫高窟第 409 窟重写榜题"el arslan xan"（狮子王）与史书中高昌回鹘称阿厮兰汗（狮子王）的记载相关联，认为莫高窟第 409 窟回鹘王为高昌回鹘王②。汤晓芳先生《对敦煌 409 窟壁画人物"回鹘国王"的质疑》一文通过将莫高窟第 409 窟供养像与黑水城出土的西夏王像做对比，认为二者具有粉本上的关联，莫高窟第 409 窟供养像为西夏王像③。任怀晟《敦煌莫高窟第 409 窟、237 窟男供养人像思考》一文将莫高窟第 409 窟供养像与西夏文献记载中的西夏人相关联，认为莫高窟第 409 窟供养人为西夏人，非回鹘人④。张先堂先生《敦煌莫高窟第 148 窟西夏供养人图像新探——以佛教史考察为核心》一文对莫高窟第 148 窟供养人图像进行解读，分析功德主的背景，提出莫高窟第 148 窟的功德主为西夏时期的回鹘人的观点⑤。

5.沙州回鹘洞窟中的回鹘文题记释读

对于沙州回鹘洞窟的回鹘文题记释读，日本学者做了相当多的工作，重要的论著为松井太先生《敦煌諸石窟のウイグル語題記銘文に關する箚記》⑥《敦煌諸石窟のウイグル語題記銘文に關する箚記》（二）⑦，松井太、荒川慎太郎编《敦煌石窟多言语资料集成》⑧。松井太先生的论著中有通过回鹘文题记判断供养人身份属性的研究，多为学界引用。

6.沙州回鹘洞窟营建史

在众多敦煌石窟艺术研究著作中，也涉及沙州回鹘洞窟营建史的讨论，这一问题无专

---

① 贾应逸、侯世新：《莫高窟 409 窟与柏孜克里克石窟供养人对比研究》，《吐鲁番学研究》2008 年第 1 期，第 110—119 页。

② 刘永增：《敦煌"西夏石窟"的年代问题》，《故宫博物院院刊》2020 年第 3 期，第 4—14 页。

③ 汤晓芳：《对敦煌 409 窟壁画人物"回鹘国王"的质疑》，《西夏研究》2018 年第 3 期，第 54—61 页。

④ 任怀晟：《敦煌莫高窟第 409 窟、237 窟男供养人像思考》，《敦煌学辑刊》2019 年第 3 期，第 91—103 页。

⑤ 张先堂：《敦煌莫高窟第 148 窟西夏供养人图像新探——以佛教史考察为核心》，《西夏学》（第十一辑），上海：上海古籍出版社，2015 年，第 218—227 页。

⑥ [日] 松井太：《敦煌諸石窟のウイグル語題記銘文に關する箚記》，《人文社会论丛》人文科学编第 30 号，2013 年，第 29—50 页。

⑦ [日] 松井太：《敦煌諸石窟のウイグル語題記銘文に關する箚記》（二），《人文社会论丛》人文科学编第 32 号，2014 年，第 27—44 页。

⑧ [日] 松井太、荒川慎太郎：《敦煌石窟多言语资料集成》，东京：东京外国语大学アジアアフリカ言语文化研究所，2017 年。

题论述，只在相关研究中略有一提。沙武田先生《归义军时期敦煌石窟考古研究》[①]和《敦煌西夏石窟营建史构建》[②]二文对归义军时期和沙州回鹘时期的洞窟关系、沙州回鹘洞窟对西夏洞窟营建的影响等问题有所涉及。

综上所述，学界讨论重点主要集中于沙州回鹘历史发展方面，虽有文章涉及沙州回鹘时期的洞窟营建，但是较为零散，不成系统。沙州回鹘洞窟研究中成果较为显著的方面是服饰研究，争议较大的为王像身份属性问题。

---

① 沙武田：《归义军时期敦煌石窟考古研究》，兰州：甘肃教育出版社，2017 年。
② 沙武田：《敦煌西夏石窟营建史构建》，《西夏研究》2018 年第 1 期，第 3—16 页。

第 一 章　沙州回鹘的历史源流与沙州回鹘洞窟

20 世纪 80 年代以前,敦煌石窟的断代分期中无沙州回鹘洞窟。随着河西回鹘历史研究的逐步深入,敦煌石窟的断代分期作了相应调整,划分出沙州回鹘洞窟。沙州回鹘洞窟与沙州回鹘密切关联,沙州回鹘洞窟是沙州回鹘在瓜、沙地区影响下的产物。"沙州回鹘"一词的正式使用见于《宋会要辑稿》,其历史可以追溯到漠北回鹘灭亡,回鹘部众西迁。虽然,正史有"沙州回鹘"条目记载,但是并不详细,沙州回鹘洞窟一定程度上补正了文献之缺。

一、回鹘历史简述

回鹘,在历史上各个时期写法不同,南北朝时期作乌护、乌纥、袁纥,隋作韦纥。大业年间,以韦纥为首的铁勒诸部组成联盟,称作"回纥"。至唐德宗贞元四年(788 年),回纥首领合·骨咄禄·毗伽可汗向唐朝上表,请改"回纥"为"回鹘",取"回旋轻捷如鹘"之意,获准。以后史书中多以"回鹘"称之,直到宋代①。

回鹘,原本是生活在北方的一个游牧部落,隋唐之际发展壮大,于 744 年建立汗国,称雄漠北,史称漠北回鹘汗国②。"回鹘汗国之职官制度,主要沿用突厥旧制,同时使用唐官

① 杨富学:《回鹘与敦煌》,兰州:甘肃教育出版社,2013 年,第 1 页。
② 关于回鹘源流与漠北回鹘汗国历史可参见杨富学:《回鹘与敦煌》,兰州:甘肃教育出版社,2013 年,第 1—49 页;朱悦梅、杨富学:《甘州回鹘史》,北京:中国社会科学出版社,2013 年,第 15—59 页;郭平梁、刘戈:《回鹘史指南》,乌鲁木齐:新疆人民出版社,1995 年,第 1—26 页。

号。可汗是汗国的元首和最高统治者"① "可汗之妻称可敦,袭自突厥"②。

开成五年(840 年),漠北回鹘汗国被黠戛斯所灭。"回鹘汗国灭亡后,可汗的兄弟子侄和汗国的宰相、都督及其他贵族,大部分人还控制着众多的部落,这些人大都留在漠北草原,以后基本上融入了他族"③ "其他的回鹘人,则分为数支,在各部落首领的统率下有组织的撤离了漠北,分别向南、向西奔去"④。

南迁的回鹘人有两支,后来融于唐,学者称"南走者逐渐汉化,失其民族意识,史传不传"⑤。西迁"投吐蕃"的一支回鹘人,主要盘踞在今甘肃河西走廊,成为吐蕃属民,848 年张议潮发动起义,赶走吐蕃后,又归附于张议潮的归义军政权,后来建立了甘州回鹘政权⑥。西迁"投安西"的一支回鹘人,是西迁的主要部分,866 年在仆固俊率领下打败了吐蕃,占领了西州和北庭,后来成立了高昌回鹘汗国(西州回鹘汗国);西迁"奔葛逻禄"的一支,后来以巴拉沙衮、喀什为中心建立了喀喇汗王朝⑦。

虽然,漠北回鹘部众西迁历史的粗线条较为清晰,但是回鹘部众"流亡阶段"⑧的相关史料较少,很多问题还未能清楚明了。森安孝夫先生曾说道:"关于南迁部分的史料较多,对其以后的历史阐述也较详尽。至于西迁部分,不但史料极少,而且对其以后的行踪也有诸多疑点,特别是对他们建立的西回鹘王国及河西回鹘王国的经过,众说纷纭,问题迄今未得到解决。"⑨

① 杨富学:《回鹘与敦煌》,兰州:甘肃教育出版社,2013 年,第 12 页。

② 杨富学:《回鹘与敦煌》,兰州:甘肃教育出版社,2013 年,第 12 页。

③ 杨富学:《回鹘与敦煌》,兰州:甘肃教育出版社,2013 年,第 58 页。

④ 杨富学:《回鹘与敦煌》,兰州:甘肃教育出版社,2013 年,第 58 页。

⑤ 王日蔚:《唐后回鹘考》,《史学集刊》1936 年第 1 期,第 13 页。

⑥ 按照朱悦梅先生的研究,回鹘自 840 年西迁,大举进攻河西,至 874 年左右开始形成割据一方的势力。至于其政权的建立,大致应该从 884 年算起,以敦煌写本《肃州防戍都状》中出现"回鹘王"为标志。参见朱悦梅、杨富学:《甘州回鹘史》,北京:中国社会科学出版社,2013 年,第 80 页。

⑦ 前述漠北回鹘汗国部众流迁情况参考杨富学:《回鹘与敦煌》,兰州:甘肃教育出版社,2013 年,第 58—63 页;[德]茨默著,桂林、杨富学译:《佛教与回鹘社会》,北京:民族出版社,2007 年,第 7 页;朱悦梅、杨富学:《甘州回鹘史》,北京:中国社会科学出版社,2013 年,第 54—59 页。

⑧ 从漠北回鹘汗国灭亡,部众西迁至各自政权完全形成的时间阶段,学者称为"流亡阶段"。参见林幹、高自厚:《关于回鹘西迁若干问题的辨正》,《民族研究》1992 年第 5 期,第 68—75 页。

⑨ [日]森安孝夫著,陈俊谋译:《关于回鹘的西迁》,《民族译丛》1980 年第 1 期,第 8 页。

二、瓜、沙地区回鹘人的相关记载

《新五代史》载回鹘汗国灭亡后，"其余众西徙，役属吐蕃。是时吐蕃已陷河西、陇右，乃以回鹘散处之"①；《宋史》记载会昌中，回鹘汗国衰乱，回鹘相驱职者拥外甥将庞勒西奔安西，庞勒自称可汗，居甘、沙、西州②；《西夏书事》记载"回鹘自唐末浸微，散处甘、凉、瓜、沙间，各立君长，分领族帐"③。史料多记载回鹘西迁于河西地区的史实④，对回鹘在河西地区的具体活动着墨不多。

（一）张氏归义军时期瓜、沙地区的回鹘人情况

学者认为在漠北回鹘西迁以前，瓜、沙二州东、西两侧的甘、凉、伊、西、庭等州就已经有回鹘人居住，独瓜、沙二州尚无回鹘人居住的明显迹象。根据史料记载，瓜、沙二州的回鹘人应该出现在9世纪中叶回鹘西迁时期⑤。虽然史料反映出回鹘西迁于瓜、沙二地区的历史事实，但回鹘人在张氏归义军时期于瓜、沙地区的具体活动，传统史籍记载付之阙如。幸而敦煌藏经洞出土文书的相关记载中有些许线索，可以反映出张氏归义军时期回鹘人于瓜、沙地区活动的一个侧面。

纪年较早的敦煌文献记载的回鹘与瓜、沙地区相关史实，多为军事摩擦。"目前所见记载回鹘进入河西走廊中心地带的最早文献是P.3451《张淮深变文》"⑥，《张淮深变文》⑦中

① （宋）欧阳修撰，徐无党注：《新五代史》卷七十四《四夷附录第三》，北京：中华书局，1974年，第916页。
② （元）脱脱等撰：《宋史》卷四百九十《列传第二百四十九·外国六》，北京：中华书局，1985年，第14114页。
③ （清）吴广成撰，龚世俊等校正：《西夏书事校证》，兰州：甘肃文化出版社，1995年，第79页。
④ 杨蕤先生在其著作中曾对河西的回鹘分布有简单描述，参见杨蕤：《回鹘时代：10—13世纪陆上丝绸之路贸易研究》，北京：中国社会科学出版社，2015年，第25—27页。
⑤ 高自厚：《甘州回鹘渊源考》，《西北民族学院学报》1982年第2期，第10—17页；杨富学、牛汝极：《沙州回鹘及其文献》，兰州：甘肃文化出版社，1995年，第10页。
⑥ 荣新江：《敦煌邈真赞所见归义军与东西回鹘的关系》，载饶宗颐编《敦煌邈真赞校录并研究》，台北：新文丰出版公司，1994年，第58页；又载荣新江：《归义军史研究——唐宋时代敦煌历史考察》，上海：上海古籍出版社，2015年，第299页。
⑦ 荣新江先生认为《张淮深变文》所述为咸通八年至咸通十三年之间的事。参见荣新江：《归义军史研究——唐宋时代敦煌历史考察》，上海：上海古籍出版社，2015年，第299页。

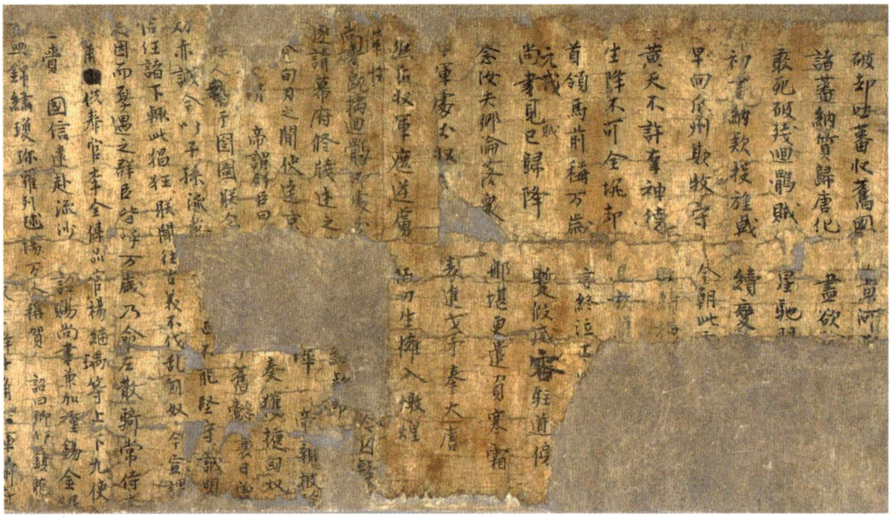

图 1-1   P.3451《张淮深变文》(局部)

"记有'破残回鹘'①进攻瓜州,被尚书击败,捕获其案。沙州上表朝廷,唐朝遣使到敦煌,尽放生擒之回鹘部案。使者东还,刚过酒泉,又有回鹘王子领兵西来,潜于西桐海畔。尚书率军西征西桐,大败回鹘"②(图 1-1)。另外,875 年,"回鹘又出现在沙州附近,P.2570V《毛诗故训传》(卷九写本背)有小字一行,云,'咸通拾陆年正月十五日,官更待西同打却回鹘至'"③。

较前述年代稍晚的敦煌文书已经反映出张氏归义军时期瓜、沙地区接纳回鹘人的情况。敦煌出土的 P.2741《于阗使臣奏本》、ch.00296《于阗使臣奏稿》两件于阗文文书,为于阗使者出使甘州的奏本,二者记载相互关联。敦煌出土的 P.2741《于阗使臣奏本》④记载:

① 荣新江先生认为此处"残破回鹘"为进入河西的回鹘,郑炳林、朱悦梅先生则认为其来自西州回鹘系统。参见荣新江:《归义军史研究——唐宋时代敦煌历史考察》,上海:上海古籍出版社,2015 年,第 300 页;郑炳林:《敦煌本〈张淮深变文〉研究》,《西北民族研究》1994 年第 1 期,第 155 页;朱悦梅、杨富学:《甘州回鹘史》,北京:中国社会科学出版社,2013 年,第 158 页。

② 荣新江:《敦煌邈真赞所见归义军与东西回鹘的关系》,载饶宗颐编《敦煌邈真赞校录并研究》,台北:新文丰出版公司,1994 年,第 58 页;又载荣新江:《归义军史研究——唐宋时代敦煌历史考察》,上海:上海古籍出版社,2015 年,第 299—300 页。

③ 荣新江:《敦煌邈真赞所见归义军与东西回鹘的关系》,载饶宗颐编《敦煌邈真赞校录并研究》,台北:新文丰出版公司,1994 年,第 61 页;又载荣新江:《归义军史研究——唐宋时代敦煌历史考察》,上海:上海古籍出版社,2015 年,第 302 页。

④ 朱悦梅先生认为文书年代为光启元年;黄盛璋先生认为文书年代为光启二年。参见朱悦梅、杨富学:《甘州回鹘史》,北京:中国社会科学出版社,2013 年,第 149—150 页;黄盛璋:《敦煌于阗文 P.2741、ch.00296、P.2790 号文书疏证》,《西北民族研究》1989 年第 2 期,第 45—47 页。

贱臣Thyai pada-taa谨呈于阗王庭

……贱巨于冬季第三月（汉历十一月）二十八日从沙州出发往甘州，第四月（汉历十二月）十五日到达甘州，第三天他们引我们见汗……春季第二月第一日，他们发一指令交由我的内梅录转说：现在七位于迦，乌古斯于迦与Barsa于迦及五位其他人走了，七位梅录和玉门的沙州人组织一政府……于是在春季第三月末尾沙州的军队来了，二十五位于迦带领二千仲云人与二百达悒人同来。他们进入甘州第三天，毗迦可汗及其妻与二女被杀。第八天军队就离开，远至山丹（Samdamä），他们不敢在突厥中冒险就回去了，于是仲云都火了，他们说：这是回鹘人和沙州人玩的手段，他们领导我们人达一个多月的陆地驰驱，却没有带到最后(决战)地点就走开了。沙州人占了甘州城，第六天突厥拔野古的军队来了……沙州人住了三天，他们和Begaraka Attima于伽、Ayavirä（奚邪勿）于迦、kongur Apa于迦、与Aha：ci（司库）Cinä（秦中国）都督及其他三个官吏离开了……这里Begera Attima于迦与其他国家分裂者离往沙州，住在城中的多罗斯走出城外，和突厥联合为一，那些在达头（Tardus）中的三银州（Ucincu），他们离开往突厥，随后有十个突厥的要人进来说：我们为你创建一邦。[①]（图1-2）

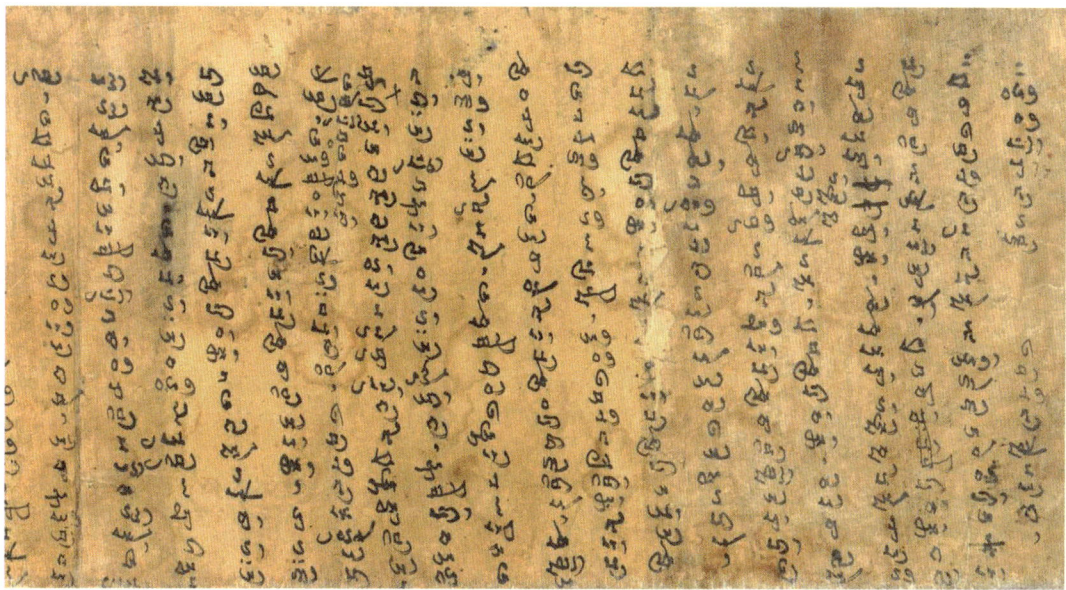

图1-2 P.2741《于阗使臣奏本》（局部）

_____

① 黄盛璋：《敦煌于阗文P.2741、ch.00296、P.2790号文书疏证》，《西北民族研究》1989年第2期，第42—44页。

又ch.00296《于阗使臣奏稿》记载：

在沙州呈给于阗王庭的奏疏

……当我们到达staha时，就遇到仲云（部落）一直到沙州，我们在被领导下王子们安全地到达沙州。……当我们贱臣到达沙州，已是军队开往甘州第二个月，十天或十五天过后，军队回来了，Bagarakä Attempa于迦去甘州已一个月，还有viara于迦、kanura婆温（Qongur Apa婆温）、梅录 Cina（秦？）督、梅录Mina-muka、梅录Dum（龙）Ttamga与Saraiha Chara Ahaci随同沙州人军队的都作为逃者离开来沙州，就是这些人杀死了驻于甘州的可汗，扶立Tai-Ysi（太子）dagyina（狄银），此时所有（甘州）部落都谴责逃亡者为罪魁，说，我们地方并无扰乱，都是你们的罪恶。……常传达于阗王庭诏令并受到王庭很多礼物的Uhuysa于迦已经死去，Tatai于迦后来也死了。Saraiha于迦在Gara人中到处搜查他，我们也追捕他，Abaci（司库）他现在沙州，汗是个小孩子，他的命令不能行于城中，没有这些（条件），人将如何去（甘州）？……①

两则文献透露出沙州归义军涉足甘州回鹘的分裂活动，"扶植乌古斯于迦等人在沙州另外成立了一个回鹘政权，并且借助于沙州以西、罗布泊东南的仲云和黄头鞑靼的兵力，与归义军一起进攻甘州，攻下城池，并向甘州回鹘的重城山进军"②。在这次活动中，甘州回鹘中的部分首领奔走进入沙州。

回鹘西迁流亡阶段的史料较少，关于回鹘政权如何建立，何时与归义军政权呈鼎立之势，成为归义军政权东、西方重要势力，尚不可知，但根据文书信息，至迟至光启年间归义军政权已与东、西方回鹘政权有官方外交往来，敦煌文书中有东、西方回鹘使者来到瓜、沙地区的记载。荣新江先生曾对敦煌藏经洞出土汉文文献所反映出来的归义军政权与回鹘之间的关系做过详细梳理③，其中包括前述使者往来记载，此处转引两则。P.2937《酒司状》记载：

① 黄盛璋：《敦煌于阗文P.2741、ch.00296、P.2790号文书疏证》，《西北民族研究》1989年第2期，第58—59页。
② 朱悦梅、杨富学：《甘州回鹘史》，北京：中国社会科学出版社，2013年，第149页。
③ 荣新江：《敦煌邈真赞所见归义军与东西回鹘的关系》，载饶宗颐编《敦煌邈真赞校录并研究》，台北：新文丰出版公司，1994年，第57—132页；又载荣新江：《归义军史研究——唐宋时代敦煌历史考察》，上海：上海古籍出版社，2015年，第298—397页。

今月□日，甘州回鹘一人，每月准例供酒□瓮，未蒙判凭，不敢不申，伏请处分。……准深。[1]

又 P.3569 背《光启三年四月官酒户马三娘、龙粉堆支酒本和算会牒》记载：

西州回鹘使上下三十五人，每一日供酒八斗六胜，从三月廿二日至四月廿三日，中间计三十二日，计供酒四十五瓮五斗二胜。……廿二日西衙设回鹘使用酒三瓮……[2]

至张氏归义军晚期，归义军与东西回鹘的关系较为紧张。据学者研究，金山国成立不足一年的时间曾与回鹘发生过三次较大战役，其中楼兰、伊吾之战的对象是西州系回鹘；金河之战、便桥之战的对象是甘州回鹘；对西州系回鹘的战争加速了甘州回鹘对沙州的出击，甘、沙间战争的结果使短命的金山国寿终正寝，完成了归义军张氏向归义军曹氏的过渡[3]。

综上所述，张氏归义军与回鹘的关系有战有和，现有文献表明张氏归义军时期已经有逃亡回鹘人、回鹘使者进入瓜、沙地区。

（二）曹氏归义军时期瓜、沙地区回鹘人的发展和壮大

曹议金的上台与张氏归义军政权晚期的衰落有直接关系，而张氏归义军政权的衰落与回鹘之间的战争关系密切。在张议潮和张淮深时期，战争主要在远离瓜、沙的伊州和甘、凉一带进行，而金山国时期，回鹘的包围圈日益缩小，瓜、沙地区直接成为战场。张承奉也不得不屈膝投降，臣事甘州回鹘以求生存[4]，与甘州回鹘建立了父子关系，P.3633《辛未年（911年）沙州百姓一万人上回鹘大圣可汗状》载：

① 上海古籍出版社、法国国家图书馆编：《法藏敦煌西域文献》第 20 册，上海：上海古籍出版社，2002 年，第 166 页。

② 上海古籍出版社、法国国家图书馆编：《法藏敦煌西域文献》第 25 册，上海：上海古籍出版社，2002 年，第 345 页。

③ 陆庆夫：《金山国与甘州回鹘关系考论》，《敦煌学辑刊》1991 年第 1 期，第 49—58 页。

④ 朱悦梅、杨富学：《甘州回鹘史》，北京：中国社会科学出版社，2013 年，第 165 页。

……等一万人献状上，□（回）鹘大圣天可汗金帐……天可汗居住张掖，事同一家，更无贰心，东路开通，天使不绝，此则，可汗威力所置……伏惟大圣回鹘天可汗，为北方之人主，是苍生之□□，□□□知，百姓何辜，遭此残害？今□□□□□□□□和，两件使回，未蒙决□□□□□□□，兵戈抄劫，相续不断。□□廿六日，狄银领兵，又到管内。两刃交锋，各有伤损。口云索和，此亦切要。遂令宰相、大德僧人，兼将顿递，迎接跪拜，言语却总□□。狄银令天子出拜，即与言约。城隍耆寿百姓，再三商量：可汗是父，天子是子，和断若定，此即差大宰相、僧中大德、敦煌贵族耆寿，赍持国信、设盟文状，便到甘州。函书发日，天子面□拜跪，固是本事，不敢虚诳，岂有未拜□耶，先拜其子？恰似不顺公格。罗通达所入南蕃，只为方便打叠吐蕃。甘州今已和了，请不□来，各守疆界，亦是百姓实情。……两地既为子父，更莫信馋，今且先百姓情实，更无虚□，乞天可汗速与回报，便遣大臣僧俗一时齐到。……①（图1-3）

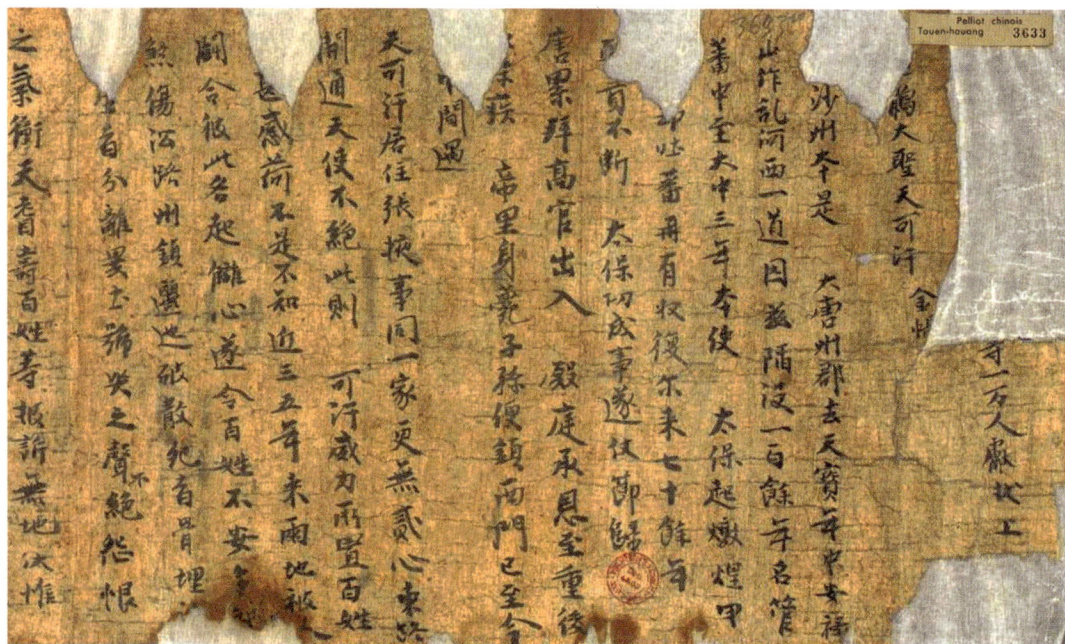

图1-3　P.3633《辛未年（911年）沙州百姓一万人上回鹘大圣可汗状》（局部）

① 上海古籍出版社、法国国家图书馆编：《法藏敦煌西域文献》第26册，上海：上海古籍出版社，2002年，第156—157页。

"后梁乾化四年（914 年），张承奉薨亡。因其无后，曹议金遂以长史代掌归义军政权"①，从此进入曹氏归义军政权阶段。曹议金吸取了张氏灭亡的教训，与甘州回鹘保持良好的关系往来，并与其结成姻亲关系②，曹议金娶了甘州回鹘天公主。伴随着回鹘天公主进入瓜、沙地区，回鹘开始参与归义军政权政治，并影响瓜、沙地区的文化，曹氏归义军政权开始了回鹘化。

回鹘天公主嫁给汉族政权统治者之后，未改变自己的回鹘装束，仍以回鹘人的形象出现在曹氏洞窟中。包括莫高窟第 100 窟在内的曹氏洞窟中出现回鹘侍从、回鹘使节、回鹘大旗，这种反传统现象便是曹氏归义军政权回鹘化的表现之一③。此外，在敦煌藏经洞 10 世纪写本中，"鸟形押"出现在一些记录曹氏归义军节度使衙内诸司的财务账目文书中，这种鸟形有回鹘人本民族图腾"鹘"的因素，无疑是曹氏受回鹘影响的结果④。另外，归义军政权中的汉人女子也开始效仿回鹘女性装束，在原来大袖襦裙、高髻、博鬓的装扮基础上，开始头戴桃形冠，项饰瑟瑟珠⑤。曹氏归义军政权自建立起就开始回鹘化，除却借助甘州回鹘稳固统治的政治因素外，曹氏统治者自身为粟特后裔也是重要的原因⑥，因此曹氏统治者对这种回鹘化表现没有明显的排斥心理。

发展到曹氏归义军晚期，回鹘对归义军政权的影响更甚。当时瓜、沙地区的统治者为曹氏，但是部分史料记载中却称之为"沙州回鹘"。"沙州回鹘"首次明确的记载是在《宋会要辑稿·番夷四》：

---

① 朱悦梅、杨富学：《甘州回鹘史》，北京：中国社会科学出版社，2013 年，第 166 页。

② 关于曹议金与甘州回鹘天公主的结亲时间，有贞明四年以前（918 年）和天复四年（904 年）两说，学界基本赞同前者。参见朱悦梅、杨富学：《甘州回鹘史》，北京：中国社会科学出版社，2013 年，第 167 页；荣新江：《归义军史研究——唐宋时代敦煌历史考察》，上海：上海古籍出版社，2015 年，第 310—311 页；徐晓丽：《曹议金与甘州回鹘天公主结亲时代考——以 P.2915 卷为中心》，《敦煌研究》2001 年第 4 期，第 112—118 页。

③ 沙武田：《五代宋敦煌石窟回鹘装女性供养人画像与曹氏归义军的民族特性》，《敦煌研究》2013 年第 2 期，第 81 页。

④ 沙武田：《五代宋敦煌石窟回鹘装女性供养人画像与曹氏归义军的民族特性》，《敦煌研究》2013 年第 2 期，第 81 页。

⑤ 谢静：《敦煌石窟中的少数民族服饰研究》，兰州：甘肃教育出版社，2016 年，第 198 页。

⑥ 荣新江：《敦煌归义军曹氏统治者为粟特后裔说》，《历史研究》2001 年第 1 期，第 65—72 页；冯培红：《敦煌曹氏族属与曹氏归义军政权》，《历史研究》2001 年第 1 期，第 73—86 页。

太宗太平兴国元年（976年）冬，遣殿直张璨赍诏谕甘、沙州回鹘可汗外甥，赐以器币，招致名马、美玉，以备车骑琮璜之用。五年（980年）闰二月，甘、沙州回鹘可汗夜落纥密礼遏遣使，以驼囊、名马、珊瑚、琥珀为贡。①

在《辽史》中记载归义军首领贡辽时已经冠上"沙州回鹘"之称号：

乙亥，沙州回鹘曹顺遣使来贡。②
甲寅，遣使赐沙州回鹘敦煌郡王曹顺衣物。③
乙亥，沙州回鹘敦煌郡王曹顺遣使来贡。④

学界对此处出现的"沙州回鹘"有不同解释。杨富学先生认为当时沙州的统治者为归义军曹氏，但是文献中却出现沙州回鹘，是因为甘州回鹘可汗景琼曾进攻过瓜、沙二州，迫使曹氏臣属自己，于是景琼开始自称为"甘、沙州回鹘"，至11世纪初，沙州的回鹘势力进一步壮大，沙州被认为是回鹘的天下，归义军首领也自称"沙州回鹘"⑤。冯培红先生则认为沙州回鹘即生活在敦煌的沙州蕃族，在辽史中出现的沙州回鹘应该是归义军政权，如此记载应该与归义军的回鹘化有关⑥。另有学者认为沙州回鹘与西州回鹘有关，参见前学术史。

虽然，关于沙州回鹘的来源众说纷纭，限于史料，还不能弄清楚，但是至少在曹氏归义军晚期，回鹘在瓜、沙地区有极大势力，并影响甚至控制了归义军政权政治，这一点是毫无疑问的。

---

① (清)徐松：《宋会要辑稿》第一九七册《番夷四》，北京：中华书局，1957年，第7714页。此条记载同样见于《宋史》，但是其记载"太平兴国元年"为"太平兴国二年"。参见(元)脱脱等撰：《宋史》卷四百九十《列传第二百四十九·外国六》，北京：中华书局，1985年，第14114页。
② (元)脱脱等撰：《辽史》卷十五《本纪第十五》，北京：中华书局，1974年，第175页。
③ (元)脱脱等撰：《辽史》卷十六《本纪第十六》，北京：中华书局，1974年，第187页。
④ (元)脱脱等撰：《辽史》卷十六《本纪第十六》，北京：中华书局，1974年，第187页。
⑤ 杨富学：《回鹘与敦煌》，兰州：甘肃教育出版社，2013年，第257—258页。
⑥ 冯培红：《敦煌的归义军时代》，兰州：甘肃教育出版社，2013年，第444—450页。关于归义军的回鹘化，冯先生推测曹宗寿于1002年在敦煌发生政变时，可能勾结了当时游牧于沙州城外的沙州回鹘，也正是因为如此，沙州回鹘壮大起来，在曹宗寿、曹贤顺时期，使归义军政权发生了回鹘化。

（三）历史学界对"沙州回鹘统治时期"的界定

关于曹氏归义军政权的灭亡，史料几乎没有记载，学者多根据相关记载推测。同时，在归义军政权与西夏统治瓜、沙时期之间，是否存在一个沙州回鹘政权，亦没有史料记载，因此也多有争议。但是考虑到《宋会要辑稿》中有关于沙州地区回鹘可汗的相关记载：

[康定]二年（1041年）十一月十五日，北亭可汗奉表贡玉、乳香、碙砂、名马。①

庆历二年（1042年）二月，沙州北亭可汗王遣大使密、副使张进零、和延进、大使曹都都，大使翟入贡。②

加之在敦煌石窟中有一批绘有回鹘装供养人像及回鹘可汗像的洞窟，因此笔者较为认同西夏占领了瓜、沙地区后，瓜、沙地区被纳入西夏版图，但是由于瓜、沙地区强大的回鹘势力，西夏当时并没有在瓜、沙地区实现有效的统治，瓜、沙地区存在一个短暂的由回鹘统治的时期。

关于"沙州回鹘统治时期"的开始时间，一般来说学界有以下几种观点③：

第一，1030年说。学者据"[天圣]八年（1030年），瓜州王以千骑降于夏"④记载推测1030年归义军政权已经灭亡，沙州回鹘取代归义军政权对瓜、沙州进行了有效统治。⑤

第二，1035年说。学者据"是岁（1035年），元昊攻唃厮啰，取瓜、沙、肃三州"⑥等相关记载，认为1035年西夏占据了瓜、沙地区，归义军政权灭亡。按照前面归义军政权灭亡后，西夏并没有实际统治瓜、沙地区的观点，沙州回鹘统治的时间应该从此时算起。

第三，1036年说。学者据"（1036年）十二月，辛未……[元昊]再举兵攻回纥，陷瓜、沙、肃三州，尽有河西故地"⑦等相关史料记载提出西夏元昊取得河西，证明归义军政权灭

① （清）徐松：《宋会要辑稿》第一百九十九册《番夷七》，北京：中华书局，1957年，第7852页。
② （清）徐松：《宋会要辑稿》第一百九十八册《番夷五》，北京：中华书局，1957年，第7768页。
③ 李国、沙武田：《敦煌石窟西夏时期汉文题记辑录——兼谈西夏占领瓜州的时间问题》，《敦煌学辑刊》2014年第2期，第50—61页。
④ （元）脱脱等撰：《宋史》卷四八五《外国一》，北京：中华书局，1977年，第13992页。
⑤ 冯培红：《敦煌的归义军时代》，兰州：甘肃教育出版社，2013年，第454页。
⑥ （宋）李埴：《皇宋十朝纲要》，北京：中华书局，2013年，第185页。
⑦ （宋）李焘撰，（清）黄以周等辑补：《续资治通鉴长编》卷一百十九《仁宗》，上海：上海古籍出版社，1986年，第1078页。

亡。沙州回鹘统治从此时间算起的理由同第二点。

由于未在回鹘文、汉文材料中看到归义军政权在 1030 年后的活动轨迹，笔者同意第一种观点，将沙州回鹘统治时期的时间上限定于 1030 年。

关于时间下限，学界现今有两种观点：

第一，1053—1056 年。学者对莫高窟第 297 窟甬道南壁西夏文题记进行了释读，识别出"福圣年中"这一西夏年号，该学者认为西夏纪年题记在敦煌石窟中出现，说明西夏开始对瓜、沙地区进行有效统治，因此沙州回鹘统治时期的时间下限为福圣年，即 1053 年至 1056 年①。

第二，1067 年左右。《司马文正公传家集》中记载司马光于治平四年（1067 年）九月二十四日上疏：

> 俟百职既举，庶政既修，百姓既安，仓库既实，将帅既选，军法既立，士卒既练，器械既精，然后惟陛下之所欲为。复灵夏，取瓜沙，平幽蓟，收蔚朔，无可不也。②

此处的"取瓜沙"，学者认为应该是从回鹘手中取得瓜沙。再者这之后，敦煌石窟中有西夏纪年的题记逐渐多了起来。莫高窟第 444 窟保存有最早的汉文墨书西夏纪年题记：

> 天赐礼盛国庆二年
> 师父□□……盖以重佛……③

学者将前引史料与莫高窟第 444 窟西夏纪年题记相联系，认为此时的西夏纪年汉文墨书题记的出现才证明西夏此时已经取代沙州回鹘对瓜、沙地区进行了有效统治，故沙州回

---

① 陈光文：《敦煌莫高窟第 297 窟甬道南壁西夏文题记译释——兼论西夏统治敦煌的时间问题》，《敦煌学辑刊》2014 年第 2 期，第 22—33 页。

② （宋）司马光：《司马文正公传家集》卷四十一《论横山疏》，文渊阁《四库全书》第 1094 册，台北：台湾商务印书馆，1986 年，第 382 页。

③ 敦煌研究院编：《敦煌莫高窟供养人题记》，北京：文物出版社，1986 年，第 168 页。

鹘统治时期的时间下限应定于 1067 年①。

莫高窟第 297 窟题记为刻文，更具游人礼佛性质，不能作为西夏对瓜、沙地区实行有效统治的证据。经过推敲，1067 年这一说法更具合理性，故而笔者认为沙州回鹘统治时期应该界定为 1030—1067 年。

三、沙州回鹘时期与沙州回鹘洞窟

历史学界认为归义军政权灭亡后，瓜、沙地区存在一个短暂的由回鹘绝对统治的时期，笔者将这一时期称之为"沙州回鹘统治时期"，沙州回鹘统治时期的时间上限和下限，有不同的说法，笔者较为赞同沙州回鹘统治时期的时间为 1030—1067 年。

沙州回鹘统治时期是一个历史学分期，这一分期与沙州回鹘洞窟的营建年代并非严格对标。敦煌石窟中沙州回鹘洞窟分期是一个考古学上的分期，是通过考古类型学、风格学划分出一批有明显回鹘特征的洞窟，以及与前述回鹘风格洞窟有发展序列关系的洞窟。沙州回鹘洞窟的风格特征并不是在沙州回鹘统治时期突然出现的，也并非随其在瓜、沙地区绝对统治地位的丧失而结束，它是随着西夏佛教艺术在瓜、沙地区影响力的深入而渐亡。

实际上，从曹氏归义军政权晚期归义军称沙州回鹘开始，就应该算沙州回鹘在瓜、沙地区经营的开始，虽然此时期沙州回鹘还并不是名义上的统治者，但据现有文献观之，沙州回鹘的声望势力俨然已超越归义军政权，可能还控制了归义军政权。因此，沙州回鹘洞窟营建的时间上限应该为曹氏归义军政权晚期归义军冠"沙州回鹘"之时，即 11 世纪初（曹宗寿、曹贤顺时期）；时间下限为西夏在瓜、沙地区绝对统治的后十几年，大致为 11 世纪末。

是故，沙州回鹘洞窟的营建年代实际上包括三个时期：曹氏归义军政权晚期、沙州回鹘统治时期、西夏初期。本书所指的"沙州回鹘时期"，是沙州回鹘洞窟营建时期，即上述 11 世纪初至 11 世纪末，并不只局限于沙州回鹘统治时期（1030—1067 年），特此说明。

总而言之，沙州回鹘洞窟所出现的风格、特点，并不严格界定在沙州回鹘统治时期内，

① 杨富学：《回鹘与敦煌》，兰州：甘肃教育出版社，2013 年，第 277—278 页。

而是应该追溯到曹氏归义军政权晚期的回鹘化。同时，一种风格、特征的消失也是渐进式的，不会随着统治的突然结束而结束。故而，以风格学及类型学为标准划分出来的沙州回鹘洞窟，其营建年代绝非囿于沙州回鹘统治时期。

第二章 沙州回鹘洞窟概述

刘玉权先生在沙州回鹘洞窟分期中做了奠基性的工作，这一工作经过了反复的过程，最终确定了 23 个沙州回鹘洞窟。沙州回鹘洞窟的分期工作是复杂的，最初敦煌石窟的分期中并没有沙州回鹘洞窟，后来才在西夏洞窟中划分出沙州回鹘洞窟，这一批洞窟壁画基本体现了与归义军早期壁画、西夏壁画的区别。虽然，在《敦煌石窟内容总录》中另提到 11 窟有回鹘参与重修，但是重修不多，刘玉权先生划分洞窟足以反映出瓜、沙地区回鹘历史、回鹘艺术的信息、特征，因此，本文将在刘玉权先生分期工作的基础上进行研究。

一、沙州回鹘洞窟数量

"1964 年，敦煌文物研究所与中国社会科学院民族研究所合作，对敦煌莫高窟和安西榆林窟西夏洞窟进行了一次专门调查。调查过程中，发现原定宋代洞窟中，有一批洞窟在题材布局、艺术造型、壁画作风等方面，与瓜、沙石窟群中那些明确的宋代曹家晚期洞窟有所区别"[①]，后来敦煌研究院在石窟分期中将其划分为西夏洞窟，共 77 个。

20 世纪 80 年代，"沙州回鹘"观点提出后，敦煌石窟的断代分期也随之作了调整，以"历史上存在沙州回鹘、洞窟中有回鹘人像和题记、洞窟有回鹘佛教艺术特点"等为依据，于"西夏洞窟"中划分出 23 个"沙州回鹘洞窟"[②]，以下为刘玉权先生沙州回鹘洞窟分期

[①] 刘玉权：《敦煌莫高窟、安西榆林窟西夏洞窟分期》，载敦煌研究院编《敦煌研究文集》，兰州：甘肃人民出版社，1982 年，第 273 页。

[②] 参见刘玉权：《关于沙州回鹘洞窟的划分》，《敦煌研究》1988 年第 2 期，第 2—4 页；全文收录于段文杰、赵敏、樊锦诗编《1987 年敦煌石窟研究国际讨论会文集·石窟考古编》，沈阳：辽宁美术出版社，1990 年，第 1—29 页。刘玉权：《敦煌西夏洞窟分期再议》，《敦煌研究》1998 年第 3 期，第 1—4 页。

以及相对年代判定表：

表2-1　沙州回鹘洞窟分期及相对年代表①

分期	石窟寺	窟号	相对年代
前期	莫高窟	306、307、308、363、399、418、244（甬道）	11世纪初至11世纪后半期
	榆林窟	21（前室甬道）、39	
后期	莫高窟	409、237（前室、甬道）、148（甬道及后室局部）309、97、330、310、245、207	11世纪后半期至12世纪初
	西千佛洞	4、9（甬道）、10（甬道）、12、13	

　　随着学术研究和科技手段的进步，近年敦煌研究院保护研究所通过紫外线摄影技术发现了莫高窟第194窟壁画层下的供养人像，影像显示的男、女供养人着装与刘氏沙州回鹘洞窟分期中的供养人像相同，因此，此窟应该划分至沙州回鹘洞窟中。

　　在《敦煌石窟内容总录》中提到榆林窟第6、17、26窟；西千佛洞第1、2、3、5、9窟；莫高窟第373、140、152窟等窟回鹘参与重修，但是参与比重非常少，因此，本文的研究对象以刘玉权先生所划分的23个洞窟及后来红外线所探照出的莫高窟第194窟为主，共24个。

　　沙州回鹘洞窟皆无纪年，无标型窟进行年代参照，笔者以为刘玉权先生对洞窟相对年代的判断可能还需要更多证据，故本文将沙州回鹘洞窟的年代限定在沙州回鹘时期内，并不对其进行更为具体的判定。以下为本文的洞窟划分与年代判断表：

表2-2　沙州回鹘洞窟的划分

石窟寺	窟号	年代
莫高窟	97、148、194、207、237、244、245、306、307、308、309、310、330、363、399、409、418、	11世纪初至11世纪末
榆林窟	21、39	
西千佛洞②	4、11、12、15、16	

二、沙州回鹘洞窟内容

　　沙州回鹘洞窟中除了莫高窟第330窟为新修洞窟外，其余洞窟皆为在前代洞窟基础上重绘，部分窟非完全重绘，窟内还保存有前代壁画。敦煌研究院编《敦煌石窟内容总录》

---

① 刘玉权：《关于沙州回鹘洞窟的划分》，《敦煌研究》1988年第2期，第4页。
② 此编号为西千佛洞新编号。

对敦煌石窟各窟情况有较为详细的介绍，为了研究的整体性，笔者依照《敦煌石窟内容总录》（以下简称《总录》）记录，对沙州回鹘洞窟情况作一简单罗列①，部分处依据笔者的考察结果和学界最新研究成果作了修改。

（一）莫高窟第97窟

修建年代：始建于唐；回鹘、清重修。

回鹘重绘：整窟壁画重绘。

形制与内容：覆斗形顶，西壁开一龛。

前室不存，现存甬道，甬道壁画不存。

主室窟顶藻井画团龙井心，藻井四周饰连珠纹、卷云纹，四披画团花图案，每披以连珠纹、卷云纹相隔。西壁龛内存清修一佛二弟子二天王塑像；龛顶中央画团花，西披画菩提宝盖，南、北披画飞天，东披画卷云纹；龛沿饰波状卷云纹；龛内西壁唐浮塑佛光，以卷草、卷云等重画佛光，佛光两侧画童子飞天、花卉；南、北壁画花卉；龛上画跏坐佛十身，榜题残存个别字"南无□南方网明佛""南无□南□□碍佛""□□□北方德□佛""南无东北方□智佛"，龛下被后代涂盖；龛外南、北侧画观世音菩萨各一身，分别存榜题"南无大慈大悲救苦观世音菩萨""南无大慈大悲救苦观音菩萨"。南、北壁西端各画执花供养比丘一身，比丘像分别存榜题"比丘持花供养时"。南、北壁及东壁画十六罗汉，榜题尚存，王惠民先生曾作过录文②，三壁下方模糊，可见供养人像残迹。各壁面边界以缠枝花卉纹、菱形团花纹、波状卷云纹、连珠纹等隔断、装饰（图2-1—图2-6）。

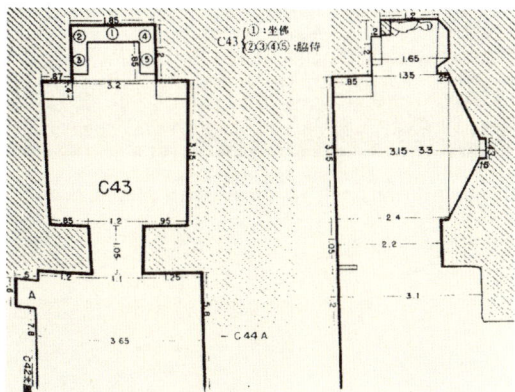

图2-1　莫高窟第97窟平、剖面图

采自石璋如《莫高窟形 二》第45页

---

① 本书对《敦煌石窟内容总录》中记录的原为"西夏洞窟"，但后来被刘玉权先生划分为"回鹘洞窟"的那一批洞窟，在时期上做了相应修改。此外，本书提到的"回鹘重修""回鹘重绘"是指沙州回鹘时期进行重绘重修，而不是指回鹘人进行了重修，特此说明。

② 王惠民：《敦煌壁画〈十六罗汉图〉榜题研究》，《敦煌研究》1993年第1期，第25—36、118—121页；又载氏著《敦煌佛教图像研究》，杭州：浙江大学出版社，2016年，第116—138页。

图 2-2　莫高窟第 97 窟主室内景

图 2-3　莫高窟第 97 窟主室南壁

图 2-4　莫高窟第 97 窟主室北壁

图 2-5　莫高窟第 97 窟主室东壁门南、北

图 2-6　莫高窟第 97 窟主室窟顶

（二）莫高窟第 148 窟

修建年代：初建于盛唐；晚唐、回鹘、清重修。

回鹘重绘：主室、甬道下方供养人像。

形制与内容：拱形顶，西壁设佛坛，南、北壁各开一龛。

前室存唐代壁画、塑像。

甬道盝形顶唐画报恩经变；南壁回鹘画男供养人像；北壁回鹘画女供养人像。

主室窟顶唐画千佛。西壁坛上唐塑涅槃像、弟子举哀像等；涅槃像后壁唐画涅槃经变；坛下唐画供养人像。南壁龛内塑像毁；龛顶部唐画密教观音；龛内唐画屏风画式佛教图像等；龛上唐画弥勒经变；龛下回鹘画僧人像；龛外东、西侧唐画文殊菩萨、涅槃经变（后接西壁）。北壁龛内塑像毁；龛顶部唐画欢喜藏摩尼宝胜佛、药王菩萨、地藏菩萨；龛内唐画屏风画式佛教图像等；龛上唐画天请问经变；龛下回鹘画僧人像；龛外东、西侧唐画普贤菩萨、涅槃经变（前接西壁）。东壁门上、南、北唐画千手观音

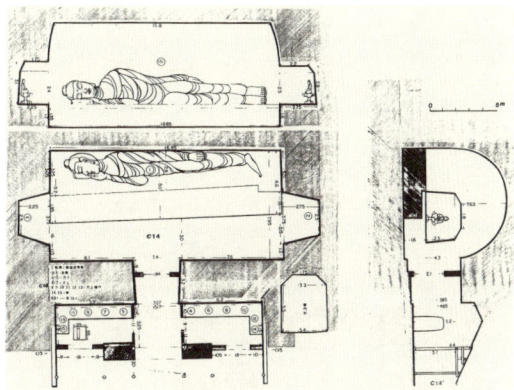

图 2-7　莫高窟第 148 窟平、剖面图

采自石璋如《莫高窟形 二》第 30—31 页

图 2-8　莫高窟第 148 窟主室内景

经变、观无量寿经变、药师经变；下回鹘画供养人像（图2-7—图2-8）。

（三）莫高窟第194窟

修建年代：初建于盛唐；晚唐、回鹘重修。

回鹘重绘：主室下方供养人像。

形制与内容：覆斗形顶，西壁开一龛。

前室、甬道为唐代壁画。

主室窟顶北披残存唐画。西壁龛内唐塑一佛二弟子二菩萨二天王，龛外两侧唐塑力士。《总录》记录西龛下方回鹘画供养人像，今已模糊不清。南、北力士台下回鹘画供养人像。南壁唐画维摩诘经变；下回鹘画男、女供养人像。北壁唐画观无量寿经变；下唐画供

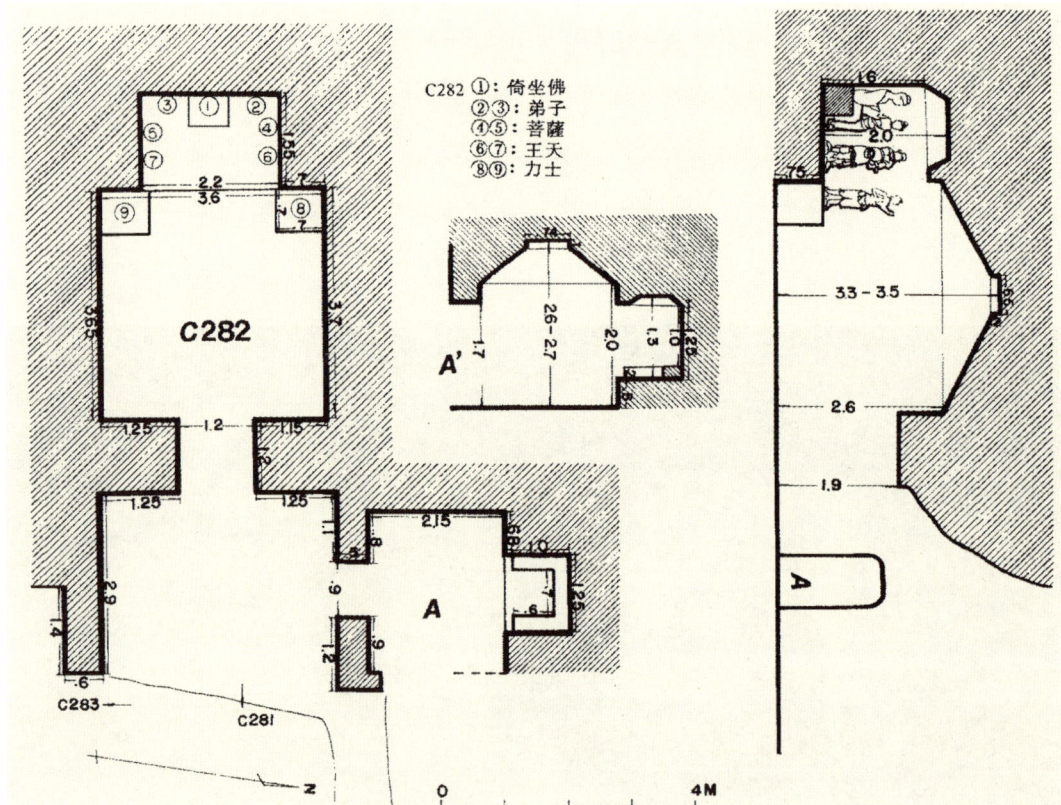

图2-9 莫高窟第194窟平、剖面图

采自石璋如《莫高窟形 二》第187页

养人像。《总录》记录北壁下方回鹘画女供养人像，今已模糊不清，无法辨识。东壁北侧唐画千佛、观音、供养人像；南侧唐画地藏、观音、供养人像（图2-9）。

（四）莫高窟第207窟

修建年代：初建于初唐；回鹘重修。

回鹘重绘：整窟壁画重绘。

形制与内容：覆斗形顶，西壁开一龛。

前室、甬道情况不详。

主室窟顶藻井画团龙井心，藻井四周饰垂幔，四披画团花（东披缺）。西壁龛内存唐塑一佛二弟子二菩萨；龛顶画菩提宝盖；龛内西壁画佛光、项光、散花；龛内南、北壁各画项光、披巾、花卉；龛上上接窟顶西披画龛楣，龛楣中画飞天，龛沿饰半团花，龛楣边缘饰连珠纹；龛下正中画供器，供器两侧壁画模糊。龛外南北侧、南北壁、东壁顶部铺一圈垂幔，绕四壁一周。龛外南、北侧上画菩萨一身（题记不存）、下画供养比丘一身（模糊）。南、北壁各画说法图一铺。东壁门上画七佛（存三身）（题记不存）；门南画药师佛一铺；门北壁画脱落。各壁面边界以波状卷云纹、半团花纹等间隔、装饰（图2-10—图2-15）。

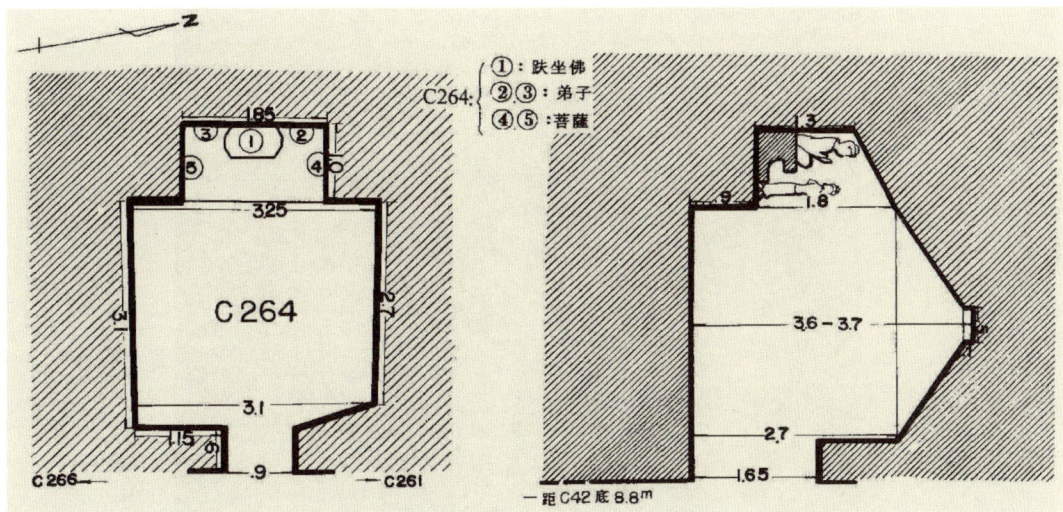

图2-10 莫高窟第207窟平、剖面图

采自石璋如《莫高窟形 二》第172页

图 2-11　莫高窟第 207 窟主室内景

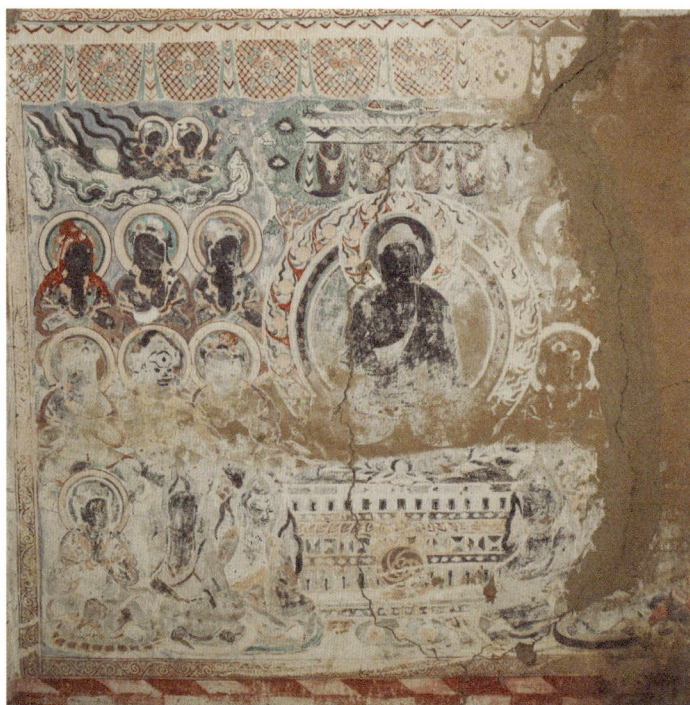

图 2-12　莫高窟第 207 窟主室北壁

图 2-13　莫高窟第 207 窟主室南壁

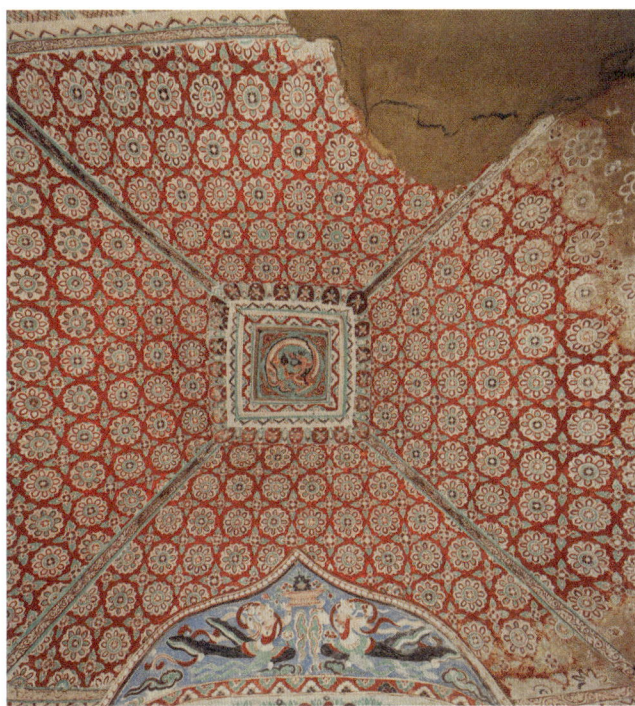

图 2-14　莫高窟第 207 窟主室窟顶

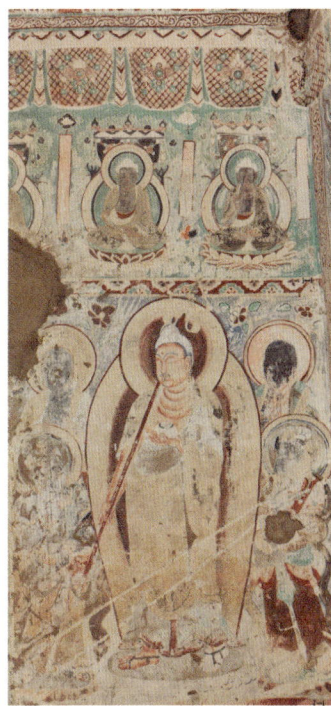

图 2-15　莫高窟第 207 窟主室东壁南

（五）莫高窟第237窟

修建年代：初建于中唐；回鹘、清重修。

回鹘重绘：重绘前室、甬道。

形制与内容：覆斗形顶，西壁开一龛。

前室顶回鹘左、右浮塑团龙各一，四周回鹘画团花图案。西壁门上回鹘画执扇弥勒及胁侍①一铺、水月观音两身；门楣回鹘画菩萨（存二身）；门南、北回鹘画大部剥去，据冠式

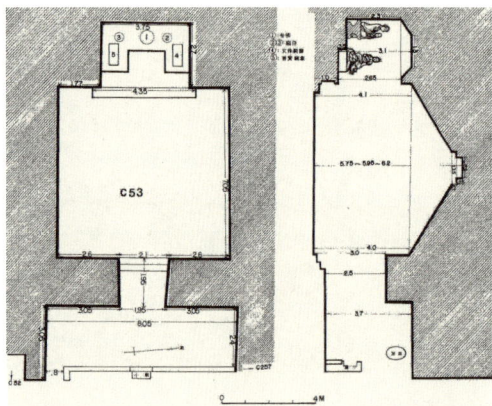

图2-16　莫高窟第237窟平、剖面图

采自石璋如《莫高窟形 二》第57页

图2-17　莫高窟第237窟前室顶

图2-18　莫高窟第237窟前室西壁门上

---

① 该图像的辨识为最新成果，参见郭俊叶：《敦煌执扇弥勒菩萨图像考》，《敦煌研究》2021年第2期，第72—84页。

和兽类残迹，推测分别为文殊、普贤。南、北壁上层回鹘残画各存一角，北壁上方存楼阁，推测北壁为净土变，南壁不可辨识。

甬道顶回鹘画团花图案；南壁回鹘画男供养人像；北壁回鹘画女供养人像。

主室为唐代壁画、清代塑像（图 2-16—图 2-18）。

（六）莫高窟第 244 窟

修建年代：初建于隋；五代、回鹘重修。

回鹘重绘：重绘前室、甬道[①]。

形制与内容：覆斗形顶，南、西、北壁设佛床。

前室顶西披回鹘画团花图案。西壁门上回鹘画坐佛（底层有五代壁画）；门南、北模糊。南、北壁回鹘画菩萨（残）、壶门供宝（疑回鹘画）。

甬道盝形顶回鹘画团花图案；南、北披回鹘画垂幔。南、北壁残存五代供养人像。

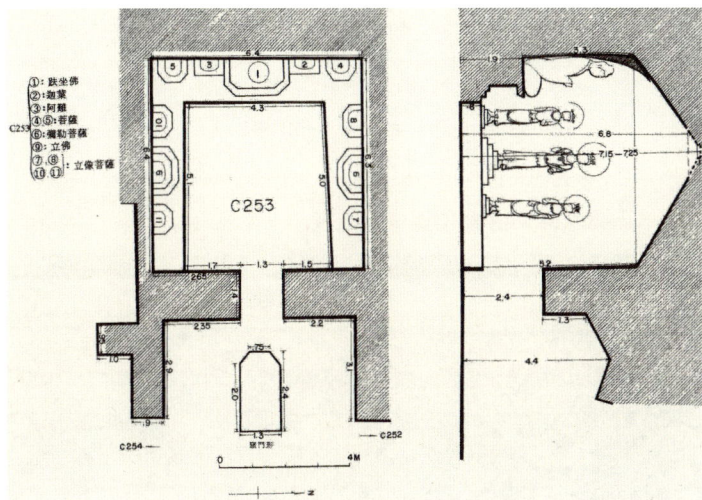

图 2-19　莫高窟第 244 窟平、剖面图

图 2-20　莫高窟第 244 窟前室北壁

采自石璋如《莫高窟形 二》第 167 页

[①] 刘玉权先生判断甬道为回鹘重绘。经过现场调查，前室与甬道下方皆有五代壁画层，应为同一时代。此外，《总录》记录主室西壁佛床、壶门、东壁立佛、东壁菩萨、东壁男供养人为一个时代，即西夏（回鹘）。从现场迹象来看，东壁门上五代画说法图中的菩萨飘带叠压在东壁立佛之上，说明立佛的绘制应该早于说法图，或者与说法图同时期，故笔者认为《总录》记录的主室回鹘画壁画有所存疑。

图 2-21　莫高窟第 244 窟前室西壁门上及顶部

图 2-22　莫高窟第 244 窟甬道顶

　　主室窟顶藻井存隋画木构十字梁架与部分斗木，四披隋画垂角帷幔、千佛。西壁隋塑跌坐佛及胁侍；壁上隋画说法图等；佛座（五代？）画菩萨。南壁隋塑立佛及胁侍；壁上隋画说法图等；佛床（五代？）画壶门。北壁隋塑弥勒菩萨及胁侍；壁上隋画说法图等；佛床（五代？）画壶门。东壁门上以及门南、北隋画说法图；门上五代画说法图；门上（五代？）画立佛一身、男供养人一身、供养菩萨、壶门供宝（图 2-19—图 2-23）。

图 2-23　莫高窟第 244 窟甬道南披垂幔

（七）莫高窟第 245 窟

修建年代：初建于唐；回鹘重修。

回鹘重绘：整窟壁画重绘。

形制与内容：覆斗形顶，西壁开一龛。

前室不存。

甬道盝形顶画团花；南、北披画云头花纹边饰。南、北壁各存菩萨两身，残损严重。

主室窟顶藻井画团龙井心，藻井四周饰卷草、半团花，四披画团花，以卷草纹分隔。西壁龛内唐塑倚坐佛

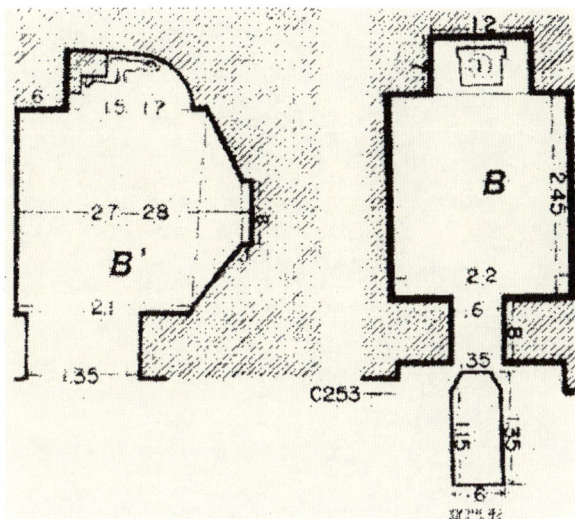

图 2-24 莫高窟第 245 窟平、剖面图

采自石璋如《莫高窟形 二》第 166 页

图 2-25 莫高窟第 245 窟甬道顶

一身；龛顶画菩提宝盖；龛正壁画佛光；龛两壁各画胁侍菩萨一身、花卉；龛沿饰半团花纹；龛外南、北侧画药师佛各一身，存榜题"南无北方药师琉璃光佛""南无南方药师佛"；西壁下方画供养花盘、菩萨、供养人。南、北壁各画说法图一铺，下方画供养人像。东壁门上画五佛及供器，存榜题

图 2-26 莫高窟第 245 窟主室内景

图 2-27 莫高窟第 245 窟主室南壁

图 2-28 莫高窟第 245 窟主室北壁

"南无毗婆尸佛""南无尸弃佛""南无毗舍浮佛""南无拘留孙佛""南无拘那含牟尼佛";门南、北分别画文殊、普贤。各壁面边界以缠枝花卉纹、半团花纹、卷草纹等间隔、装饰（图2-24—图2-30）。

图2-29　莫高窟第245窟主室东壁　▷

图2-30　莫高窟第245窟主室窟顶

（八）莫高窟第306窟（307窟南耳室）

修建年代：初建于隋；五代、回鹘重修。

回鹘重绘：整窟壁画重绘。

形制与内容：前部人字披顶，后部平顶。

前室南壁门上画说法图一铺（门上存五代画飞天）；门东存菩萨二身；门西画化生以及缠枝花卉。

甬道顶画团花；东、西披画垂幔。东、西壁上各画二跌坐佛；中各画行脚僧一身；下模糊。

主室窟顶画团花（残）。四壁顶部画垂幔一周，底部画壸门供宝一周。南壁（有清代穿洞)、东壁、西壁画净土变各一铺。北壁门上画七佛;门东画幢幡;门西画菩萨一身。各壁面边界以连珠纹、菱形四叶纹、半团花纹间隔、装饰(图2-31—图2-35)。

图 2-31　莫高窟第 306 窟主室内景

图 2-32　莫高窟第 306 窟主室内景

图 2-33　莫高窟第 306 窟主室西壁

(东壁布局同)

图 2-34 莫高窟第 306 窟主室窟顶

(九) 莫高窟第 307 窟

修建年代：初建于隋；五代、回鹘、清重修。

回鹘重绘：整窟壁画重绘。

形制与内容：前部人字披顶，后部平顶，西壁开一龛。

前室顶画团花，现残缺（底层有隋代及五代残画）。西壁门上画垂幔，垂幔下画说法图一铺；门南、北各画净土变一铺。

甬道盝形顶中央画团花；南、北披画垂幔。南、北壁各画药师图像一铺。

图 2-35 莫高窟第 306 窟甬道西侧

主室窟顶画团花，后部平顶中央方井画团龙卷瓣莲花井心，井心四周饰垂幔、半团花、连珠纹。四壁顶端画垂幔一周，底端画壶门供宝一周。西壁龛内起双层低台，上层低台画花卉，下层低台画壶门供宝，龛内推测为原塑清修一佛四弟子二菩萨；龛顶中央画团花图案，四披画垂幔；龛内西壁画佛光、飞天、花卉；龛内南、北壁画飞天、项光、花卉；龛沿画半团花边饰；龛外南、北侧各画净土变一铺。南、北壁各画净土变两铺。东壁门上画说法图一铺；门南、北各画净土变一铺。各壁面边界以半团花、连珠纹等间隔、装饰（图 2-36—图 2-41）。

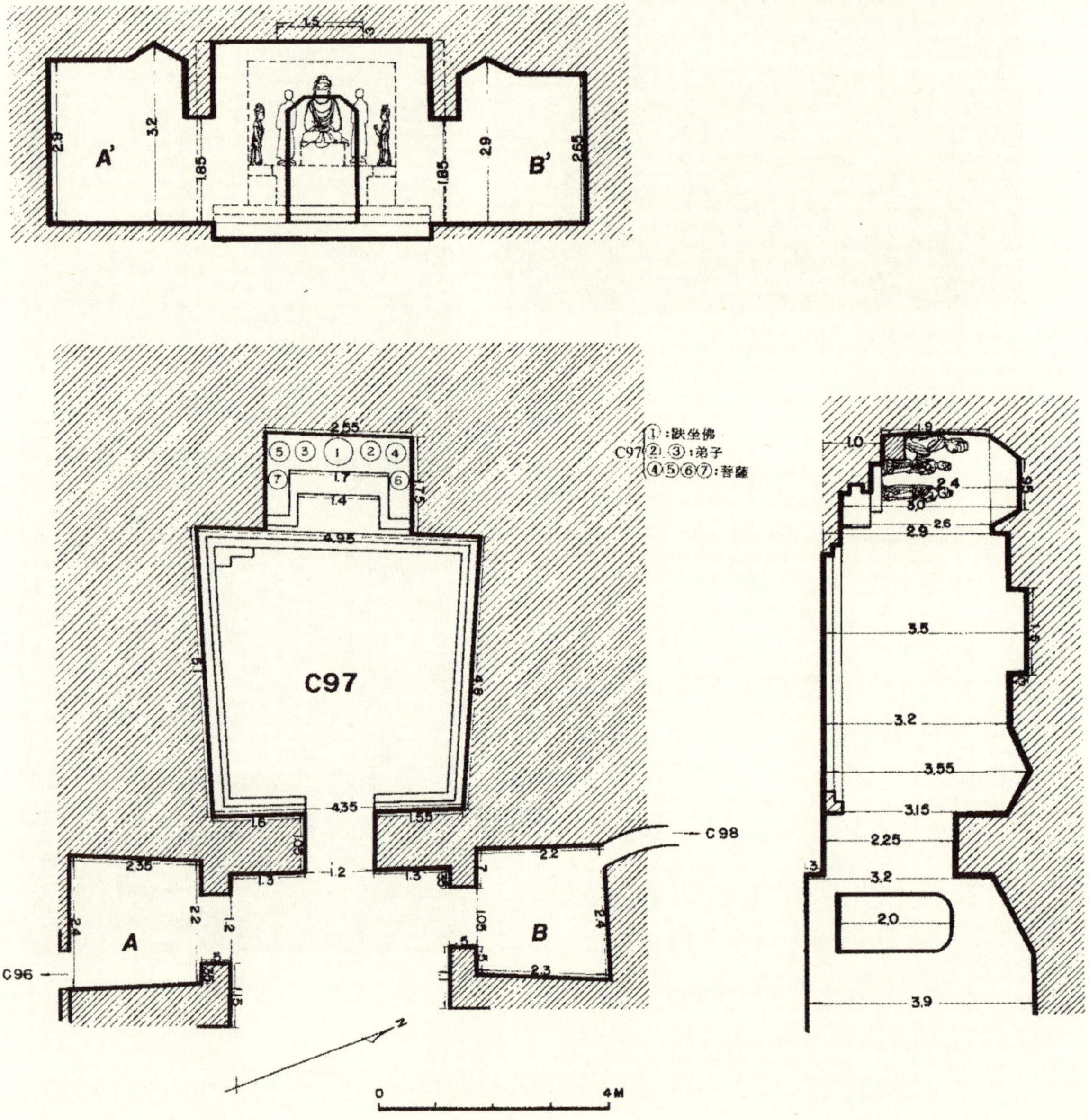

图 2-36　莫高窟第 306、307、308 平、剖面图

采自石璋如《莫高窟形 二》第 77 页

图 2-37 莫高窟第 307 窟前室内景

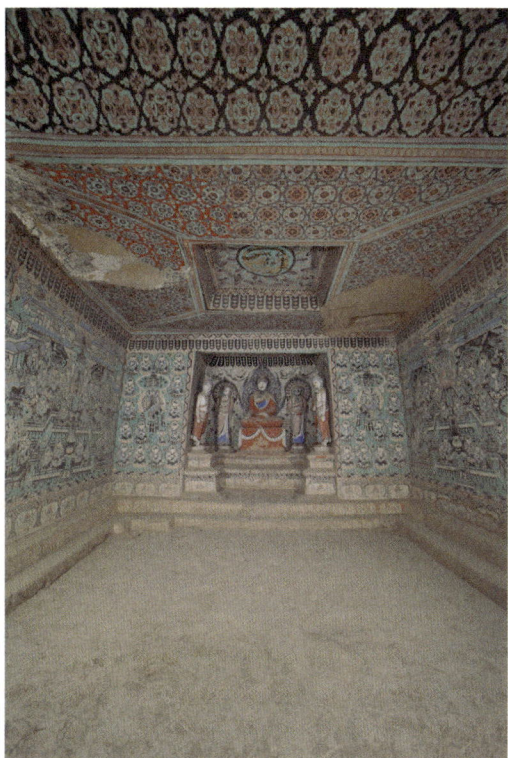

◁
图 2-38 莫高窟第 307 窟主室内景

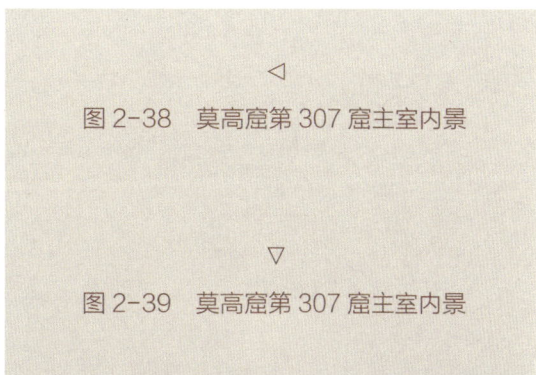

▽
图 2-39 莫高窟第 307 窟主室内景

图 2-40　莫高窟第 307 窟主室北壁

（南壁布局同）

图 2-41　莫高窟第 307 窟主室窟顶

（十）莫高窟第308窟（第307窟北耳室）

修建年代：初建于隋；五代、回鹘重修。

回鹘重绘：整窟重绘。

形制与内容：前部人字披顶，后部平顶。

前室北壁门上画说法图一铺；门东存菩萨二身；门西画化生以及缠枝花卉。

甬道盝形顶中央画团花；东、西披画垂幔。东、西壁上各画二跌坐佛；中各画行脚僧一身；下模糊。

主室窟顶画团花。四壁顶端画垂幔一周，底端画壶门供宝一周。北壁（有清代穿洞）、东壁、西壁各画净土变一铺。南壁门上画莲花供宝、菩萨两身；门东画幢幡；门西画供养菩萨一身。各壁面边界以半团花纹、菱形花纹、连珠纹等间隔、装饰（图2-42—图2-44）。

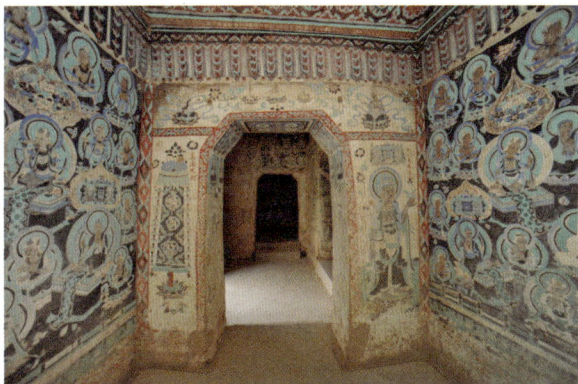

图2-42 莫高窟第308窟主室内景

图2-43 莫高窟第308窟主室东壁（西壁布局同）

图2-44 莫高窟第308窟甬道西侧

（十一）莫高窟第 309 窟

修建年代：初建于隋；回鹘、清重修。

回鹘重绘：整窟壁画重绘。

形制与内容：前部人字披顶，后部平顶，西壁开一龛。

前室毁去部分。西壁门上画七佛，完整者三身，七佛下有愿文题榜一方（内容不存），榜题两侧各菩萨一身；门北、南分别画文殊变、普贤变。南、北壁图像模糊，北壁不可辨

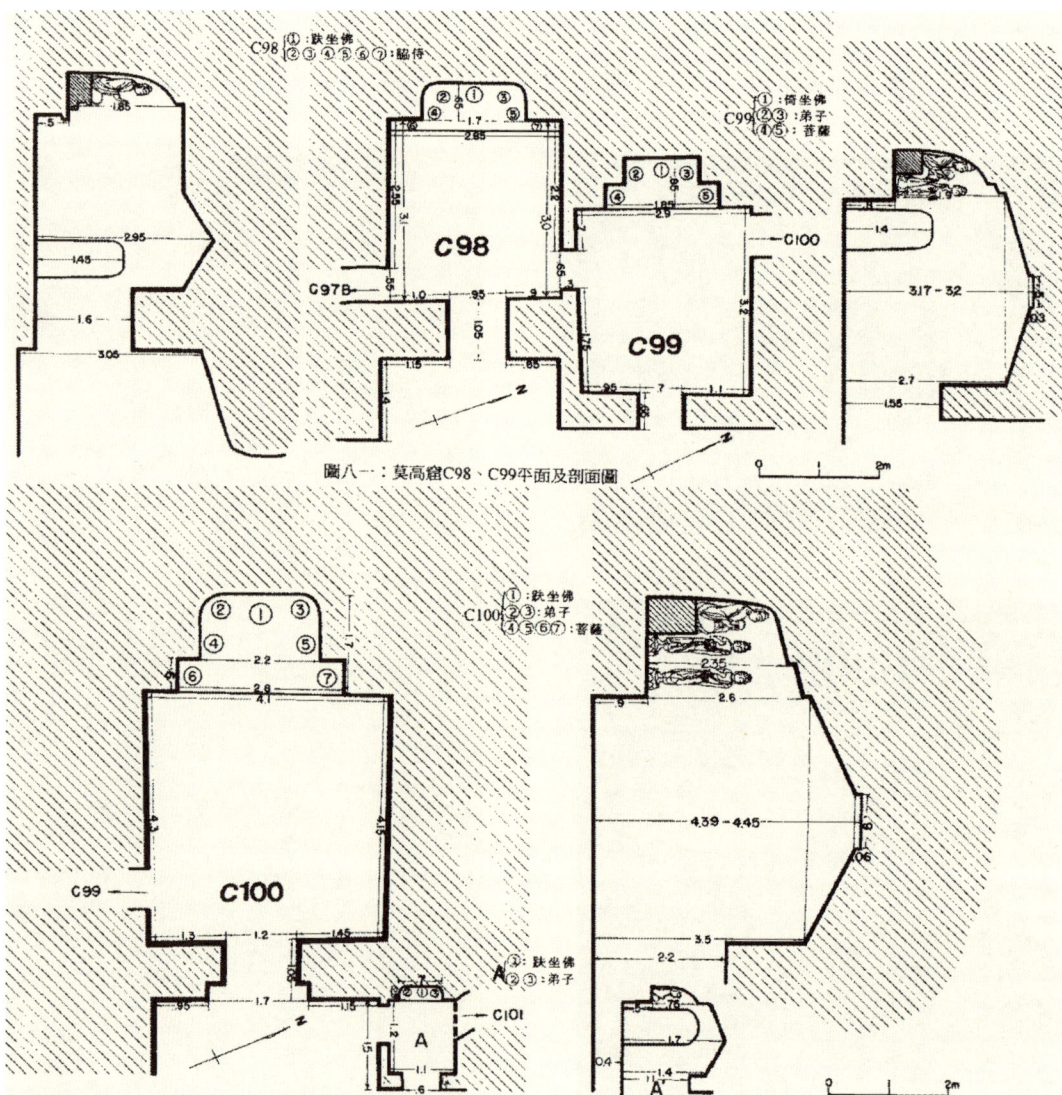

图 2-45　莫高窟第 309 窟、第 310 窟平、剖面图

采自石璋如《莫高窟形 二》第 78 页

识，南壁存残迹，可见主尊手持麈尾，戴桶状形冠饰，推测其可能为执扇弥勒。南壁底层有隋画。

　　甬道盝形顶中央画团花；南、北披画垂幔。南、北壁各画药师图像一铺（模糊）。

　　主室窟顶前部东、西披画椽条图案，椽间画缠枝花卉纹；后部平顶画团花。龛外南北侧、南北壁、东壁顶端画垂幔一周。西壁龛内清修一佛四弟子；龛壁隋画火焰佛光、八弟子、飞天；龛楣隋画化生莲花；龛外南、北侧各画菩萨一身；西壁底端画

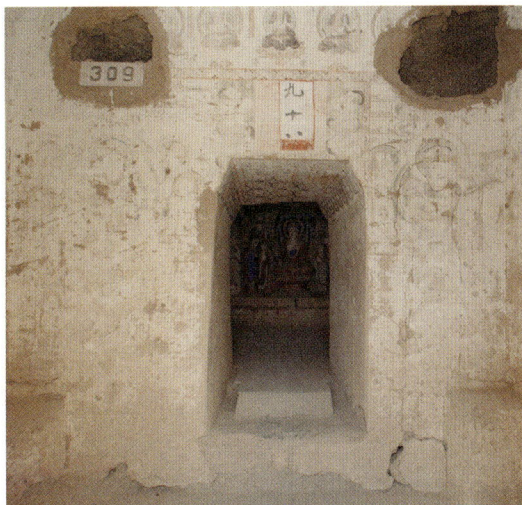

图 2-46　莫高窟第 309 窟前室

壶门供宝一排。南、北壁（有清代凿洞）各画说法图一铺，下画供养人（模糊）。东壁垂幔下画七佛，存榜题"南无毗婆尸佛""南无尸弃佛""南无毗舍浮佛""南无拘留孙佛""南无拘那含牟尼佛""南无迦叶佛""南无释迦牟尼佛"；门南、北各画六臂菩萨一身；下画供养人（模糊）。壁面各边界以波状卷云纹、半团花纹、缠枝花卉纹、连珠纹隔开、装饰（图 2-45—图 2-53）。

图 2-47　莫高窟第 309 窟前室南壁执扇
弥勒残迹

图 2-48　莫高窟第 309 窟前室南壁执扇
弥勒残迹线描图（胡天磊绘）

图 2-49　莫高窟第 309 窟甬道顶

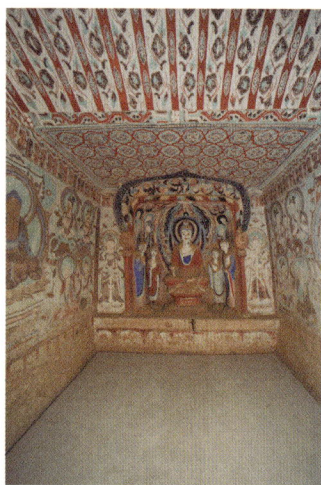

图 2-50　莫高窟第 309 窟主室
内景

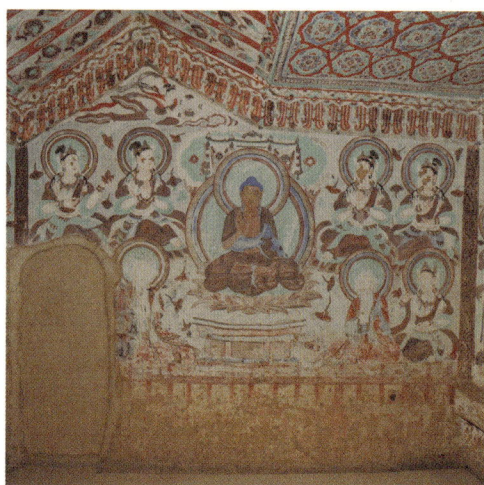

图 2-51　莫高窟第 309 窟主室南壁

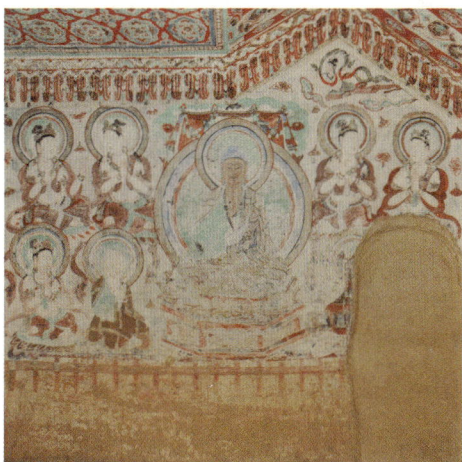

图 2-52　莫高窟第 309 窟主室北壁

图 2-53　莫高窟第 309 窟主室东壁

(十二) 莫高窟第 310 窟

修建年代：初建于隋；回鹘、清重修。

回鹘重修：整窟壁画重绘。

形制与内容：覆斗形顶，西壁开一龛。

前室不存。

甬道盝形顶中央画莲花；南、北披画宝盖。南、北壁各画供养菩萨一身（模糊）。

主室窟顶藻井画团龙井心，莲瓣铺于四披，四披画团花图案，以连珠纹相隔。西壁龛内隋塑清修倚坐佛一身、菩萨一身，清塑弟子二身，菩萨一身；内层龛画菩提宝盖、佛光、飞天、花卉；外层龛楣画火焰、波状卷云纹；龛外南、北侧各画药师佛一身；西壁下方画供养人与供器。南、北壁（有清代凿洞）各画说法图一铺，下画供养人。东壁门上画愿文题榜（模糊），榜题两侧画菩萨共四身；门南、北画天王，存榜题框。各壁面边界以缠枝花卉纹、连珠纹、波状卷纹等间隔、装饰（图2-54—图 2-57）。

图 2-54　莫高窟第 310 窟主室内景

图 2-55　莫高窟第 310 窟主室北壁

图 2-56　莫高窟第 310 窟主室南壁

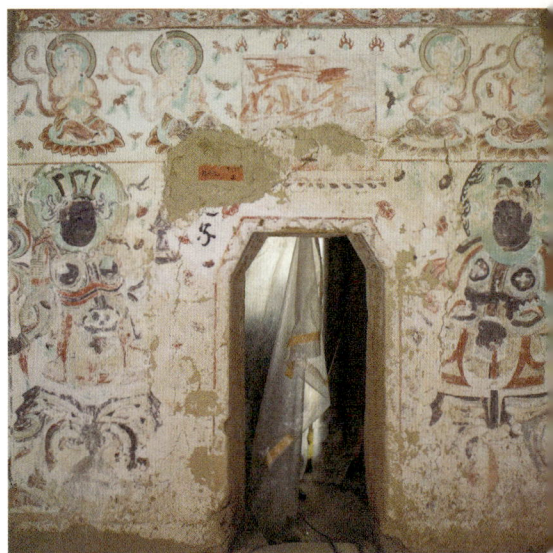

图 2-57　莫高窟第 310 窟主室东壁

（十三）莫高窟第330窟

修建年代：回鹘；清重修。

形制与内容：覆斗形顶，西壁起低台。

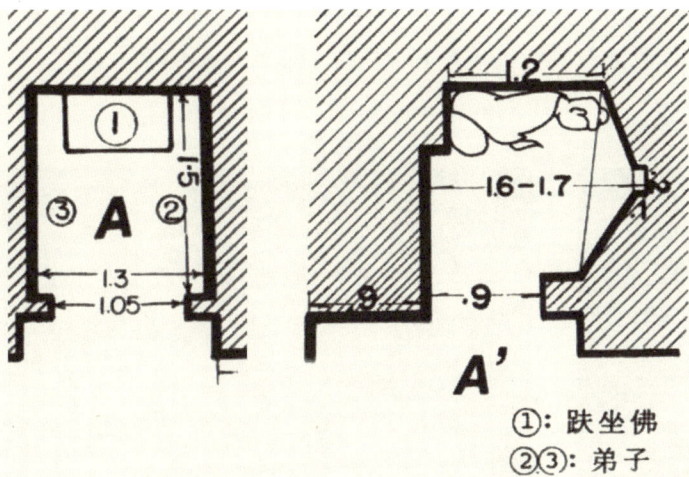

①：跌坐佛
②③：弟子

图 2-58 莫高窟第330窟平、剖面图

采自石璋如《莫高窟形 二》第95页

图 2-59 莫高窟第330窟
甬道

图 2-60 莫高窟第330窟主室西壁

前室破坏，前室西壁及甬道有壁画残迹，已不可辨识。

主室窟顶藻井画团花井心，井心四周饰连珠纹，四披画对波纹、宝珠等图案，每披以连珠纹相隔。西壁（清？）塑一佛、二弟子（主尊顶髻靠近西披处的壁画蹭落痕迹明显，故怀疑塑像为后来所作，其年代晚于壁画）。西、南、北壁各画说法图一铺。东壁门上画供器；门南、北画花树。各壁面边界以波状卷云纹等隔开、装饰（图 2-58—图 2-63）。

图 2-61　莫高窟第 330 窟主室南壁

图 2-62　莫高窟第 330 窟主室北壁

图 2-63　莫高窟第 330 窟主室窟顶

（十四）莫高窟第 363 窟

修建年代：初建于中唐；回鹘重修。

回鹘重绘：整窟壁画重绘。

形制与内容：覆斗形顶，西壁开一龛。

前室毁坏，水泥加固，壁画不存。

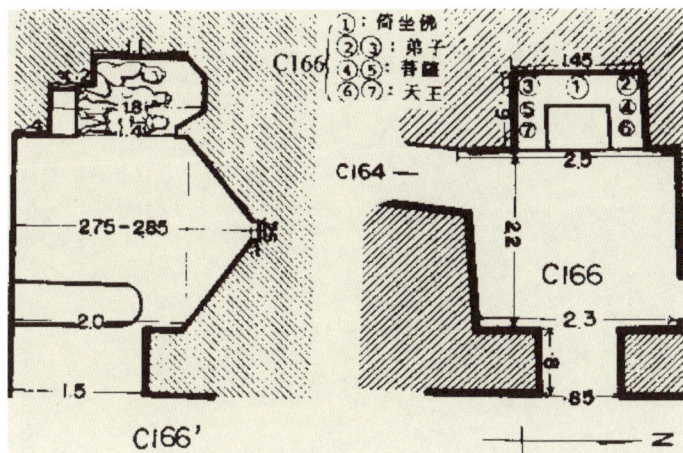

图 2-64　莫高窟第 363 窟平、剖面图

采自石璋如《莫高窟形 二》第 118 页

甬道盝形顶中央画团花图案；南、北披画垂幔。南、北壁各画行脚僧一身，北壁残存题记："南无宝胜如来佛……。"

主室窟顶藻井画团龙井心，井心四周饰莲瓣、连珠纹，四披画团花，每披以连珠纹相隔，四披底端画垂幔。西壁龛内唐塑一佛二弟子二菩萨二天王（疑回鹘重妆），唐浮塑佛光（回鹘重画）；龛顶中央画团花，西、南、北披画立佛（疑立佛为唐原迹，回鹘重描），东披画云气；龛内三壁画垂幔、花卉（底层有中唐屏风画残迹）；龛上画帐顶图案；龛外南、北侧画执扇弥勒各一身；西壁下方画供养人及供器。南、北壁（有清代凿洞）各画净土变一铺，下方画供养人。东壁门上画七佛（题记不存）；门南、北画药师佛一身，下方画供养人。各壁面边界以半团花、菱形四叶纹等间隔、装饰（图 2-64—图 2-69）。

图 2-65　莫高窟第 363 窟甬道顶

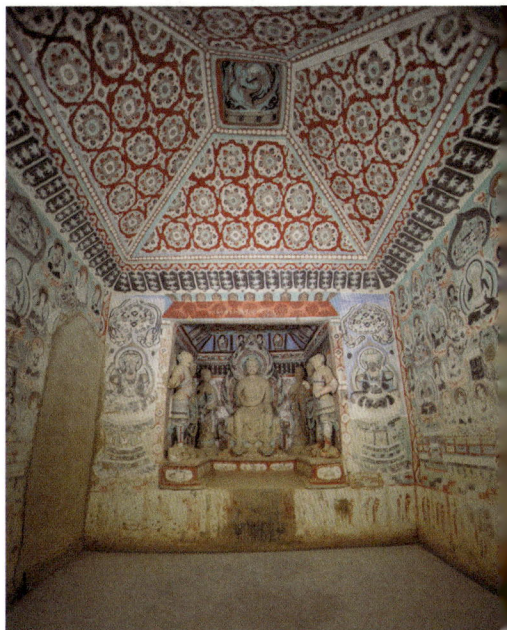

图 2-66　莫高窟第 363 窟主室内景

图 2-67　莫高窟第 363 窟主室南壁

图 2-68　莫高窟第 363 窟主室北壁

图 2-69　莫高窟第 363 窟主室东壁

（十五）莫高窟第 399 窟

修建年代：初建于隋；回鹘、清重修。

回鹘重修：整窟壁画重绘。

形制与内容：覆斗形顶，西壁开一龛。

前室毁坏，水泥加固，壁画不存。

甬道盝形顶中央画团花图案；南、北披画垂幔。南、北壁各存菩萨二身。

主室窟顶藻井画团龙井心，井心四周饰回纹、卷草纹、连珠纹，四披画团花，团花下缀连垂幔。西壁龛内隋塑清修跏坐佛一身；龛壁画佛光、花卉、菩提宝盖、飞天、比丘两身、菩萨两身；龛外南、北侧各画药师佛一身，其榜题框存（北侧底层露出隋画）；西壁下方画供养人。南、北壁（有清代凿洞）各画净土变一铺，下画供养人。东壁门上画云纹供宝；门南、北各画菩萨一身，下画供养人。各壁面边界以半团花、连珠纹等间隔、装饰（图 2-70—图 2-75）。

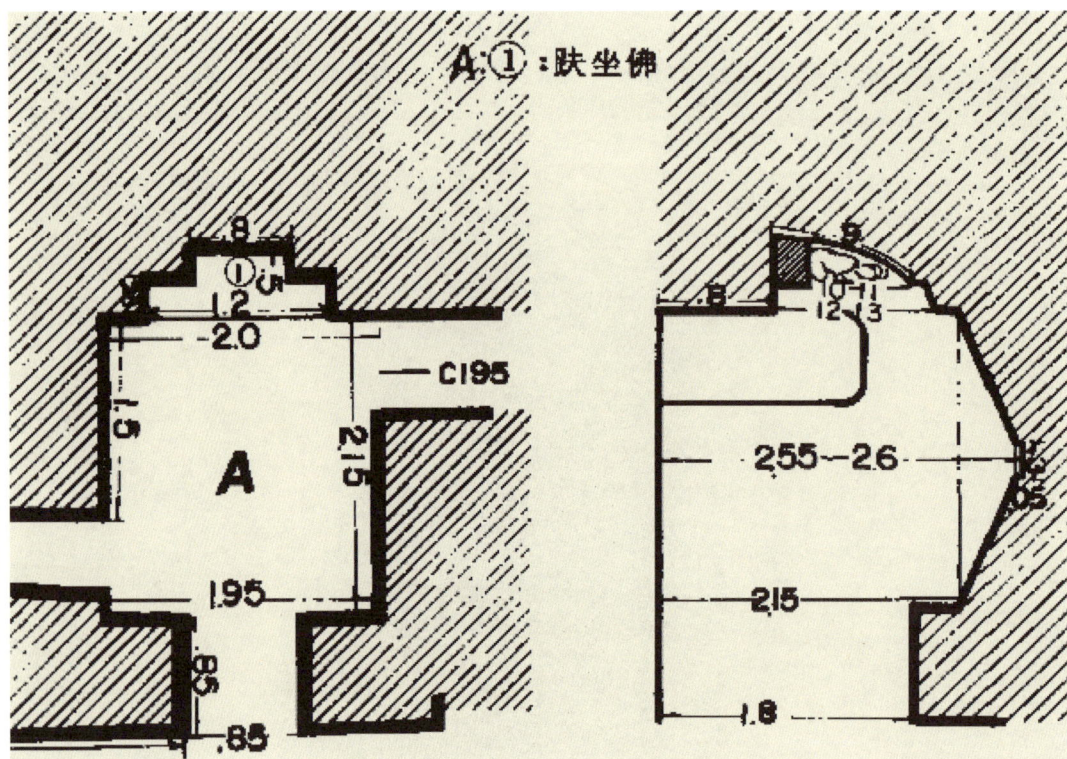

A:①:趺坐佛

图 2-70 莫高窟第 399 窟平、剖面图

采自石璋如《莫高窟形 二》第 127 页

图 2-71 莫高窟第 399 窟甬道顶

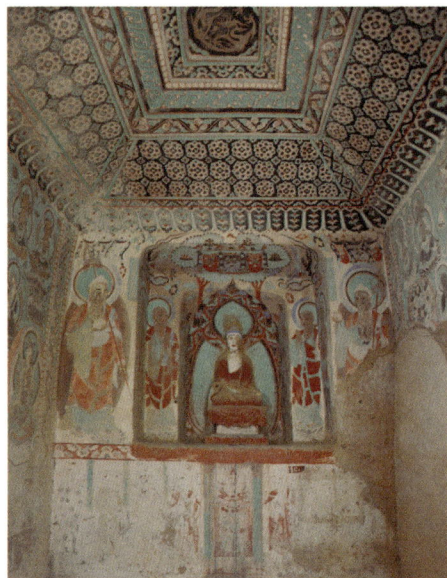

图 2-72 莫高窟第 399 窟主室内景

图 2-73 莫高窟第 399 窟主室南壁

图 2-74 莫高窟第 399 窟主室北壁

图 2-75 莫高窟第 399 窟主室东壁门南、北

（十六）莫高窟第 409 窟

修建年代：始建于五代；回鹘、清重修。

回鹘重绘：整窟壁画重绘。

形制与内容：前部人字披顶，后部平顶，西壁开一龛。

前室大致可见西壁门两侧分别画文殊、普贤（模糊），其余内容不可辨识。

甬道顶中央画团花。南、北壁各画药师图像一铺，药师的宝盖分别画于两披上。

主室窟顶画团花。西壁龛内存五代塑清修一佛一菩萨二天王，清塑二弟子、一菩萨；龛外两侧五代塑清修乘象普贤、乘狮文殊；龛顶画菩提宝盖、二飞天；内层龛壁画花卉；外层龛壁画千佛；龛下画供器，供器两侧画菩萨。四壁最上方画垂幔一周，最下方画壸门供宝，除东壁门两侧绘供养人以及门上写有愿文题榜一方（题记不存）外，四壁壁面绘制千佛。南、北壁有清代穿洞毁坏痕迹。各壁面边界以半团花、连珠纹、缠枝花卉纹等间隔、装饰（图2-76—图2-78）。

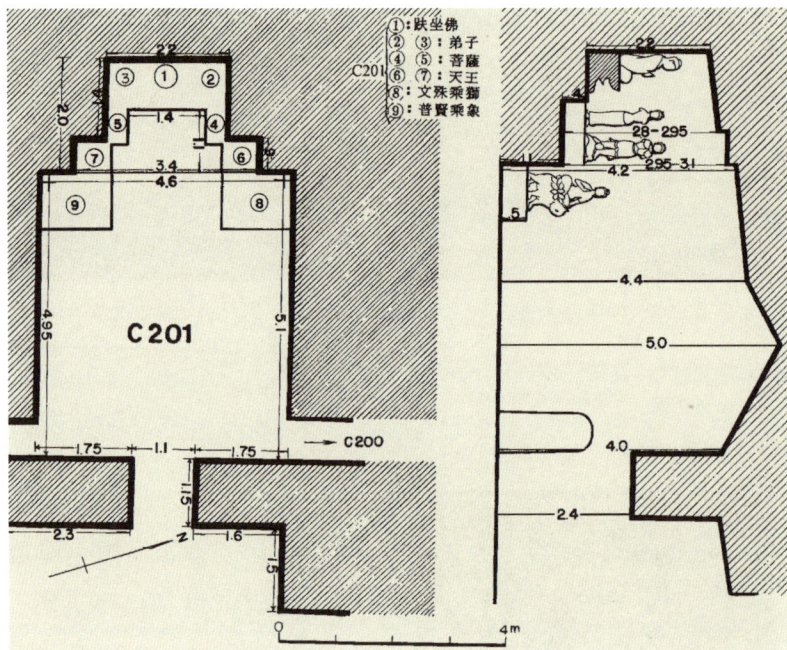

图 2-76　莫高窟第 409 窟平、剖面图

采自石璋如《莫高窟形 二》第 131 页

图 2-77　莫高窟第 409 窟主室内景

图 2-78　莫高窟第 409 窟主室内景

（十七）莫高窟第418窟

修建年代：初建于隋；回鹘重修。

回鹘重绘：整窟壁画重绘。

形制与内容：前部人字披顶，后部平顶，西壁开一龛。

前室图像残损严重，可识南、北壁分别画普贤、文殊（模糊），有隋画残迹。

甬道顶中央画团花图案，其余残不可识。

主室窟顶前部东、西披画椽条图案，椽间画缠枝花卉，后部平顶画团花图案（底层各有隋画）。西壁龛内隋塑一佛二弟子二菩萨（疑回鹘重妆）；龛内隋画飞天、佛光、鹿头梵志、婆薮仙、弟子十一身、菩萨五身等，隋画被回鹘重新涂色；龛沿以及两侧隋浮塑倒龙、立柱，龛沿外画扇形龛楣（上接平顶部），扇形边缘饰火焰纹，内绘莲花花卉；龛外南、北侧各画飞天一身、天王两身；西壁下方画供器、供养人、引路菩萨。南壁（有清代凿洞）前部人字披下回鹘画脱落，露出隋画千佛，千佛下为净土变一铺，后部画药师图像一铺，南壁下方画供养人。北壁（有清代凿洞）前部人字披下画说法图一铺，说法图下方画净土变一铺，后部画药师图像一铺，北壁下方画供养人。东壁门上画五趺坐佛（存榜题框）；门南、北各画二菩萨；下方画供养人。各壁面边界以团花、半团花等间隔、装饰（图2-79—图2-84）。

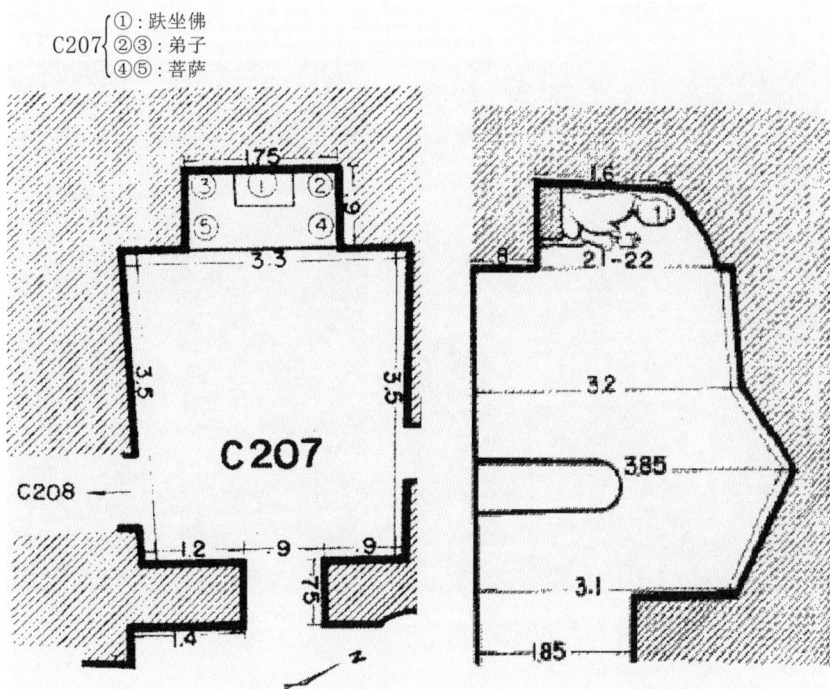

图2-79 莫高窟第418窟平、剖面图

采自石璋如《莫高窟形 二》第134页

图 2-80　莫高窟第 418 窟前室南、北壁

图 2-81　莫高窟第 418 窟主室内景

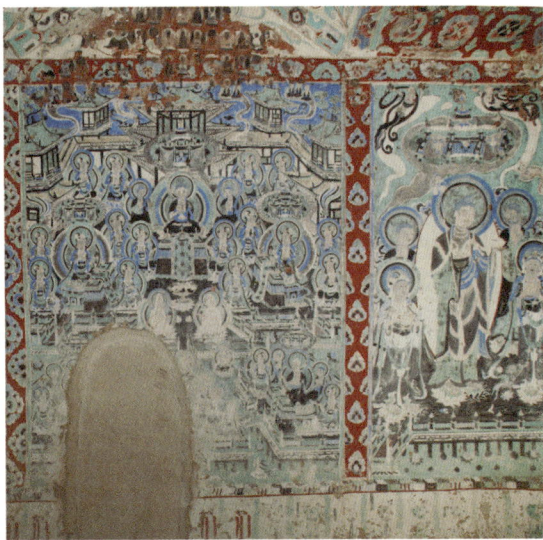

图 2-82　莫高窟第 418 窟主室南壁

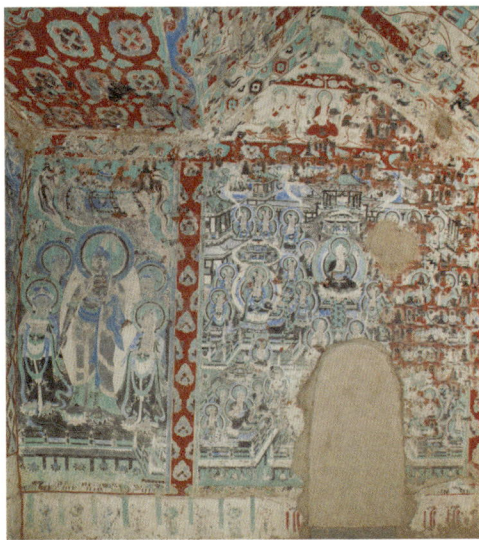

图 2-83　莫高窟第 418 窟主室北壁

图 2-84　莫高窟第 418 窟主室东壁门南、北

(十八)榆林窟第 21 窟

修建年代：初建于唐；宋、回鹘、清重修。

回鹘重绘：前甬道。

形制与内容：覆斗形顶，设中心佛坛。前室一面披顶。

《总录》记录前甬道、前室有回鹘重绘壁画，其记录的前室回鹘重绘壁画的题材和风格与其他洞窟差异明显，笔者认为榆林窟第 21 窟能够确定的回鹘重绘部分为前甬道。

前甬道纵券顶唐画千佛，南、北壁回鹘各画说法图一铺。前甬道前端有水泥加固（图2-85—图 2-86）。

图 2-85　榆林窟第 21 窟前甬道北壁局部

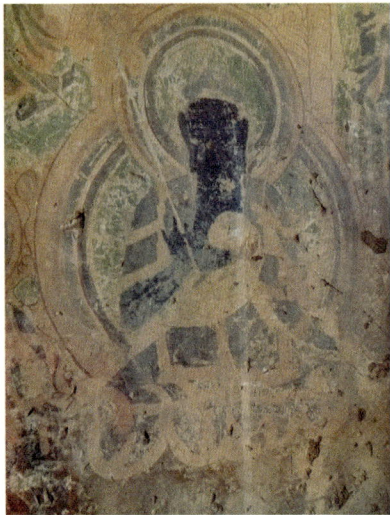

图 2-86　榆林窟第 21 窟前甬道
南壁局部

（十九）榆林窟第 39 窟

修建年代：初建于唐；回鹘、清重修。

回鹘重绘：整窟壁画重绘。

形制与内容：偏后设中心柱，柱四面各开一龛，上方四面斜披顶。前室一面披顶，南、北间各设一像台。

前甬道纵券顶画瑞像（残）①。南、北壁上画伎乐飞天，下画供养人像，供养人像下画壶门供宝。

前室顶画说法图一铺。西壁门上画十五佛，存榜题，"南无宝□□佛灭贪长住罪""南无白亿万恒沙□起佛□念一遍同看大藏经一遍""南无一切香花自在力王佛念一声灭破斋□罪""南无下方世界一切法门神变威德光明照耀如来""南无上方世界虚空吼声净妙庄严光明照如来""南无东北方世界无数劫积集菩提如来""南无西北方世界种种胜光明威德王（如来）""南无西南方世界最上妙色殊胜光明如来""南无东南方世界千云雷吼声王如来""南无北方世界积集无量辩才智慧如来""南无西方世界一切法殊胜辩才庄严如来""南无南方世界功德宝胜庄严威德王（如来）""南无东方世界无量功德宝庄严威德王如来""南无金刚坚强□伏散坏佛念一声去煞罪""南无宝光日殿妙音尊佛念一声免入阿

---

①《总录》记录此为元代重绘，笔者认为无证据表明窟顶瑞像为元代重绘，从瑞像的色彩、风格来看，应与窟内其他壁画属于同一时期。

鼻地狱";门南、北各画药师图像一铺,下画壶门供宝。南、北壁上画说法图;下画壶门供宝。东壁门南、北画菩萨各四身;下画壶门供宝。西壁、东壁像台上存清代塑文殊、普贤像。甬道平顶残,存菩萨一身。南、北壁各画千手观音一铺,下画壶门供宝。

主室窟顶画椽条,椽条间画缠枝花卉(窟顶北部残)。中心柱东向面龛内画菩提宝盖、佛光、二弟子、二胁侍项光、花卉;龛外两侧上画飞天、中画菩萨各一身、下画壶门供宝;龛内原塑像不存,现为清塑一佛二菩萨。中心柱北向面龛内画菩提树、祥云、佛光、二胁侍项光、花卉;龛外两侧各画弟子一身、下画壶门供宝;龛内原塑像不存,现为清塑一佛二菩萨。中心柱南向面龛内画菩提树、佛光、二胁侍项光、花卉;龛外两侧各画弟子一身、下画壶门供宝;龛内原塑像不存,现为清塑一佛二弟子。中心柱西向面龛内画佛光,另有(清?)画金翅鸟一身;龛外两侧画花树;龛内原塑像不存,现为清塑立佛一身。中心柱四龛上方皆画有摩尼珠,龛两侧画祥云、花朵散落。东壁门南、北画定光佛授记(儒童本生)各一铺,下画壶门供宝。北壁东侧画三佛一铺,下画壶门供宝;西侧存罗汉二身。南壁东侧画三佛一铺,下壶门供宝;西侧罗汉三身。西壁墙皮脱落(图2-87—图2-91)。

图 2-87 榆林窟第 39 窟内景

图 2-88　榆林窟第 39 窟甬道北侧
（南侧题材同）

图 2-89　榆林窟第 39 窟主室东壁门南侧
（北侧题材同）

图 2-90　榆林窟第 39 窟主室北壁前端
（南壁前端题材同）

图 2-91 榆林窟第 39 窟主室罗汉图像局部

采自刘玉权《沙州回鹘石窟艺术》图 4

（二十）西千佛洞第4窟

修建年代：初建于隋；唐、回鹘、民国重修。

回鹘重修：前室、主室。

形制与内容：主室覆斗形顶，北壁开一龛。前室纵浅拱顶，东壁开一门，门内今编号为第5窟。

前室顶回鹘画坐佛一铺（残），回鹘于坐佛四周画千佛。北壁门上盛唐画说法图一铺；门东回鹘画一项光、五弟子（接东壁北侧弟子共五身）；门西回鹘画一项光、五弟子（接西壁北侧弟子共五身）。东壁门上回鹘画坐佛三身；门南回鹘画文殊一铺。西壁南侧回鹘画普贤一铺。

甬道平顶残存回鹘画宝盖。东、西壁回鹘各画药师图像一铺。

主室窟顶回鹘画藻井（井心毁），垂幔铺于四披，四披画团花。北壁龛内东、西壁回鹘各画菩提枝叶、一塑像项光；龛外两侧回鹘画菩萨各一身；龛内原塑像不存，现为民国所塑一佛二弟子。东、西壁回鹘各画说法图一铺，下回鹘画壶门供宝一排（模糊）。南壁回鹘画门上红色愿文题榜一方；门东、西回鹘画菩萨各一身。各壁面边界以波状卷云纹、半团花、连珠纹装饰、间隔。此窟残存前代壁画多处（图2-92—图2-96）。

西千佛洞第4窟甬道西壁菩萨、甬道东壁花卉、主室东壁龛下的壶门供宝、主室南壁西端的弟子像似为回鹘画残迹。《总录》记录甬道平顶回鹘画一佛，现已残，露出泥皮。

图2-92　西千佛洞第4窟前室内景

采自敦煌研究院编《中国石窟 安西榆林窟》图228

图2-93　西千佛洞第4窟主室北壁

（作者绘）

图 2-94　西千佛洞第 4 窟主室东壁

（作者绘）

图 2-95　西千佛洞第 4 窟主室西壁

（作者绘）

图 2-96　西千佛洞第 4 窟主室窟顶

图 2-97　西千佛洞第 11 窟甬道菩萨

（二十一）西千佛洞第 11 窟

修建年代：初建于北周；隋、唐、回鹘、民国重修。

回鹘重绘：甬道、主室。

形制与内容：横人字披顶，北壁开一圆券龛。

甬道东、西壁残存回鹘画菩萨各三身。主室南披回鹘补绘千佛（图 2-97）。

（二十二）西千佛洞第 12 窟

修建年代：初建于北周；隋、唐、回鹘、民国重修。

回鹘重修：甬道、主室。

形制与内容：前部人字披、后部平棋顶，有中心柱，柱南向面开一龛，东、西壁南端各设佛床。原塑像不存，现塑像为民国作。

甬道顶回鹘画立佛一身（头毁）。西壁回鹘画菩萨一身（下部漫漶）、供养人（残）。东壁回鹘画菩萨一身（下部漫漶）、供养人（残）。

主室中心柱南向面龛内东、西壁回鹘重画弟子各一身、花朵；龛沿回鹘重绘浮塑龛梁、树干，龛外两侧回鹘各画一塑像项光、菩提花叶。中心柱北向面回鹘画说法图一铺。北壁

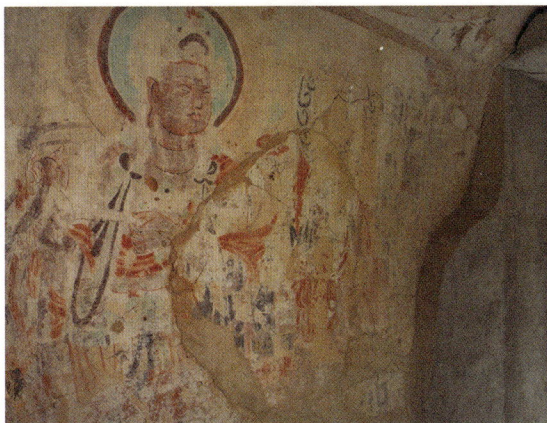

图 2-98 西千佛洞第 12 窟甬道东壁

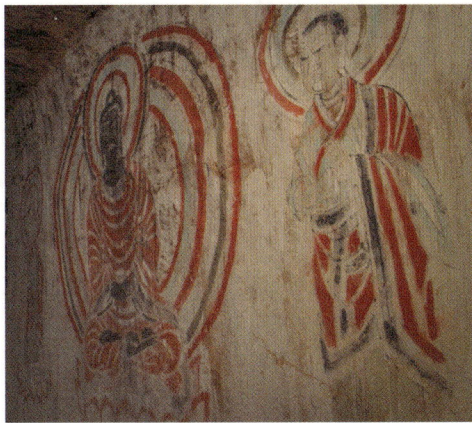

图 2-99 西千佛洞第 12 窟主室中心柱侧

回鹘画坐佛七身。东壁后部上部回鹘画说法图一铺。壁面边饰主要为波状卷纹云纹（图2-98—图2-100）。

（二十三）西千佛洞第 15 窟

修建年代：初建于隋；唐、回鹘重修。

回鹘重绘：整窟壁画重绘。

形制与内容：覆斗形顶，北壁开一双层龛。

甬道顶画坐佛一身（残）。西壁残存菩萨一身。东壁残存花朵、榜题框。

主室窟顶画团龙井心，井心四周围饰莲瓣、连珠纹、半团花纹，垂幔铺于四披，四披画团花（东披南端底层露隋画千佛）。北壁内层龛内残存唐塑一坐佛，以及龛壁存唐画背光；内层龛顶画树叶；内层龛内东、西壁各画

图 2-100 西千佛洞第 12 窟甬道顶

佛弟子一身、花朵；外层龛顶画菩提宝盖；外层龛两侧画树木（底层唐各画弟子）；东、西壁残存画项光各一（底层有唐画残迹）；龛外两侧皆上画坐佛一身、菩萨一身，下供养人皆漫漶。东、西壁各画说法图一铺，下画供养人（漫漶）。东、西壁说法图上端左、右各画一

图 2-101　西千佛洞第 15 窟主室北壁

坐佛。南壁门上画七佛；门南、北画药师佛各一身，下画供养人（漫漶）。壁面边饰主要为波状卷云纹（图 2-101—图 2-105）。

图 2-102　西千佛洞第 15 窟主室西壁

图 2-103　西千佛洞第 15 窟主室东壁

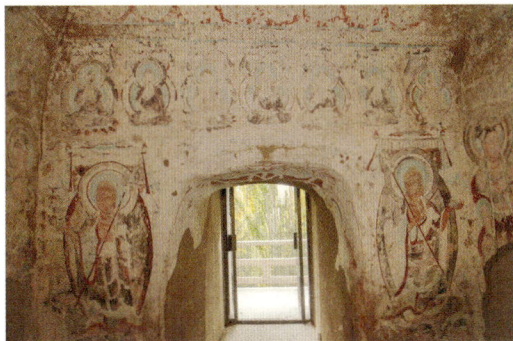

图 2-104　西千佛洞第 15 窟主室南壁

图 2-105　西千佛洞第 15 窟主室窟顶

（二十四）西千佛洞第 16 窟

修建年代：初建于唐；五代、宋、回鹘重修。

回鹘重绘：前室、甬道、主室。

形制与内容：覆斗形顶，北壁设佛床。前室横券顶，北壁门东、西各设一像台。

前室顶残存东北角、西北角回鹘画边饰，北壁门上回鹘涂红色愿文题榜一方。其余为晚唐五代壁画。

甬道顶回鹘画立佛（残），东、西壁回鹘画供养人，东、西壁底层残存五代、宋画。

主室窟顶晚唐画团花井心，四披晚唐画千佛，南披西部回鹘补画千佛。北壁佛床上为民国塑像，北壁中间晚唐画浮塑佛背光。佛床两侧接东西壁稍前端，回鹘各画飞天二身、弟子三身、二项光。东、西壁回鹘画说法图各一铺。北壁佛床下端以及东、西壁下端回鹘画供养人一排。南壁门上回鹘画七佛一铺；门东回鹘画药师佛一身；门西回鹘画高僧像、回鹘王子供养像。壁面边饰主要为波状卷云纹（图 2-106—图 2-109）。

图 2-106　西千佛洞第 16 窟内景

图 2-107 西千佛洞第 16 窟主室北壁以及东、西壁前端

图 2-108 西千佛洞第 16
窟主室东壁后部

采自段文杰主编《中国敦煌壁
画全集 10》图 40

图 2-109　西千佛洞第 16

窟主室西壁后部

（作者绘）

三、沙州回鹘洞窟壁画题材

在前代洞窟基础上进行重绘是沙州回鹘洞窟营建的重要特点，有的洞窟为整窟重绘，有的洞窟绘制部分佛教题材，有的洞窟则只绘制供养人。因此，对沙州回鹘洞窟的研究，多以壁画题材、壁画风格为主，而较少涉及洞窟形制等问题。

沙州回鹘洞窟一共24个，佛教题材有说法图、净土变、文殊普贤、药师图像、七佛、五佛、十方佛、千佛、十六罗汉、儒童本生、千手观音、六臂观音、菩萨、水月观音、执扇弥勒、行脚僧、瑞像、弟子、天王等（表2-3），其中以说法图、药师图像、菩萨所占比例较高（表2-4）；装饰题材有壸门供宝、团花、花卉、垂幔、幢幡、波状卷云纹、菱形四叶纹、半团花纹、对波纹、团龙等。

总体看来，沙州回鹘洞窟的壁画题材不多，在表现方式上以简约为主，没有了唐五代时期巨幅经变恢宏场景的表达，屏风画等方式也不再采用了。但是，也有一些新的题材，比如，单行本儒童本生、白衣观音等。

表2-3　沙州回鹘洞窟壁画题材一览表

石窟名称	窟号	原修时代	重修部分	佛教题材	装饰题材	藻井	供养人
	97	唐	整窟	十六罗汉、（观音）菩萨、十方佛、比丘	团花、花卉、连珠纹、波状卷云纹、缠枝花卉纹等	团龙	√
莫高窟	148	唐	供养人				√
	194	唐	供养人				√
	207	唐	整窟	说法图、药师佛、菩萨、七佛、供养比丘	波状卷云纹、团花、垂幔等	团龙	
	237①	唐	前室、甬道	菩萨、水月观音、执扇弥勒、文殊普贤（残迹）、净土变（残迹）	团花等	前室浮塑团龙	√
	244	隋	前室、甬道	菩萨（残）、坐佛	团花、垂幔等		
	245	唐	整窟	说法图、药师佛、菩萨、文殊普贤、五佛	缠枝花卉纹、团花、卷草纹等	团龙	√

① 莫高窟第237窟净土变残损非常严重，因此笔者并没有将其纳入后面的讨论中。

续表

石窟名称	窟号	原修时代	重修部分	佛教题材	装饰题材	藻井	供养人
莫高窟	306	隋	整窟	说法图、净土变、七佛、化佛、行脚僧、菩萨	壶门供宝、团花、垂幔、幢幡等		
	307	隋	整窟	说法图、净土变、药师、壶门供宝	半团花、团花、垂幔、花卉、壶门供宝等	团龙	
	308	隋	整窟	说法图、净土变、化佛、行脚僧、菩萨	壶门供宝、团花、垂幔、幢幡等		
	309	隋	整窟	说法图、菩萨、药师佛、六臂菩萨、文殊普贤、七佛、执扇弥勒	团花、垂幔、半团花、缠枝花卉纹、壶门供宝、波状卷云纹等		√
	310	隋	整窟	说法图、药师佛、天王、菩萨	缠枝花卉纹、波状卷云纹等	团龙	√
	330	回鹘		说法图	波状卷云纹、对波纹、连珠纹等	团花	
	363	唐	整窟	行脚僧、执扇弥勒、净土变、药师、七佛	团花、垂幔、花卉、半团花等	团龙	√
	399	隋	整窟	菩萨、比丘、净土变、药师佛	团花、半团花、垂幔、回纹、卷草、花卉等	团龙	√
	409	五代	整窟	药师佛、菩萨、千佛、文殊普贤（模糊）	团花、壶门供宝、花卉、缠枝花卉等		√
	418	隋	整窟	说法图、净土变、药师佛、文殊普贤、天王、五佛、引路菩萨	半团花、团花、缠枝花卉等		√
榆林窟	21	唐	前甬道	说法图			
	39	唐	整窟	瑞像、说法图、药师佛、三佛、十五佛、（十六）罗汉、儒童本生、千手观音、菩萨、比丘	壶门供宝、花卉、云纹、缠枝花卉等		√
西千佛洞	4	隋	前室、甬道、主室	化佛（千佛）、菩萨、文殊普贤、比丘、说法图、药师佛、菩萨	壶门供宝、波状卷云纹、半团花纹等	毁	
	11	北周	甬道、主室	菩萨、千佛（补绘）			
	12	北周	甬道、主室	菩萨、立佛（瑞像）、比丘、说法图、七佛			√
	15	隋	整窟	坐佛、七佛、菩萨、说法图、比丘、药师佛	团花、垂幔、波状卷云纹等	团龙	√
	16	唐	前室、甬道、主室	立佛、比丘、说法图、七佛、药师佛	波状卷云纹等		√

表2-4　沙州回鹘洞窟壁画题材比例一览表

题材	洞窟	数量
说法图	207、245、306、307、308、309、310、330、418、榆21、榆39、西4、西15、西12、西16	15
药师图	207、245、307、309、310、363、399、409、418、榆21、榆39、西4、西15、西16	14
净土变	237（残）、306、307、308、363、399、418	7
文殊普贤	237（残）、245、309、418、409（残）、西4	6
白衣观音	306、308、399、418	4
行脚僧	306、308、363、榆21	4
执扇弥勒	237、309、363	3
天王	310、363、418	3
水月观音	237、榆21	2
十六罗汉	97、榆39	2
儒童本生	榆39	1
千手观音	榆39	1
化佛	97（十方佛）、207（七佛）、244（化佛）、245（五佛）、306（七佛）、309（七佛）、363（七佛）、409（千佛）、榆39（化佛）、西4（化佛）、西15（七佛）、西16（七佛）等	

四、沙州回鹘洞窟重修背景探析

　　沙州回鹘洞窟中只有莫高窟第330窟是新营建洞窟，其余皆为重修前代洞窟，故选择前代洞窟进行重修是沙州回鹘洞窟营建的一个重要特点，此现象出现的缘由是多方面的，主要包括以下几点：

（一）崖面空间位置受限

　　从前秦建元二年（366年）开始，敦煌地区便开始营建石窟，至唐代敦煌石窟开凿达到顶峰，也几乎将崖面利用完毕。学者研究，"五代宋曹氏归义军政权时期，则更是莫高窟南区崖面位置已成饱和状态，因此这一时期的洞窟要么是重修，要么是夹在其他各时代洞窟之间，同时这一时期也开始了破坏前代小型洞窟而开凿大窟的情况"①。因此，由于没

---

① 郑炳林、沙武田：《敦煌石窟艺术概论》，兰州：甘肃文化出版社，2005年，第42页。

有多余可利用的崖面，晚期洞窟营建多采用重修的方式。据调查，沙州回鹘洞窟中唯一新建洞窟是莫高窟第330窟，"是利用第329与第331窟之间崖面稍宽的空当，见缝插针增开的一个非常小的洞窟"①。

（二）政治形势的影响

瓜、沙地区由于其重要的位置，一直以来都是各势力的争夺地。沙州回鹘时期，西夏是沙州回鹘东部的最大威胁者，西边的西州回鹘也虎视眈眈。而新营建石窟的消耗又是巨大的，S.5448《敦煌录一卷》记载："州南有莫高窟，……其山西壁南北二里，并是镌凿高大沙窟，塑画佛像。每窟动计费税百万，前设楼阁数层，有大像堂殿，其像长一百六十尺。"②因此，外部威胁与战争，以及修建新石窟会耗费大量人力、物力、财力，沙州回鹘时期的统治者及信众没有开凿新的洞窟。

（三）历史与宗教传统的影响

河西地区佛事活动频繁，依其性质可将佛事活动分为祈赛活动和功德活动。营造石窟是功德活动的一项重要内容，S.3929《董保德功颂》载有："君臣缔构而兴隆，道俗镌妆而信仰。"③营造石窟的方式有新建和重修重绘两种。据研究，从目前石窟保存的题记以及出土文献资料来看，晚唐、五代直到宋初，人们对旧窟的重修重绘活动比较频繁，修缮旧佛窟的供养人几乎囊括了沙州各个阶层，上起最高统治者曹议金及其继任者曹元德、曹延禄等，下及押衙、军将、县尉等文武僚佐，都僧统、僧录、僧正等借官，普通僧人、尼姑、民间佛教信徒等④。可见，重修重绘是一种在河西地区贯行已久的受佛教认可的宗教行为。

此外，沙州回鹘不同于归义军政权，回鹘人早期信仰摩尼教，迁到河西地区之后，河

① 刘玉权：《沙州回鹘石窟艺术》，载敦煌研究院编《中国石窟·安西榆林窟》，北京：文物出版社，1989年，第217页。

② 唐耕耦、陆宏基编：《敦煌社会经济文献真迹释录》（第一辑），北京：书目文献出版社，1986年，第46页。

③ 刘光华主编，尹伟先、杨富学、魏明孔著：《甘肃通史》（隋唐五代卷），兰州：甘肃人民出版社，2013年，第338页。

④ 刘光华主编，尹伟先、杨富学、魏明孔著：《甘肃通史》（隋唐五代卷），兰州：甘肃人民出版社，2013年，第338页。

西地区自汉至唐久盛不衰的佛教文明对回鹘佛教产生了既深且巨的影响，除回鹘王室仍尊信摩尼教外，其广大民众差不多很快接受了佛教①，在后来的发展中，回鹘王室也开始信仰佛教。故而，回鹘人信仰佛教的历史远比汉人短得多，对于佛教信仰的虔诚程度可能也比不上敦煌当地汉人，他们重修石窟或是为了融入当地汉人集体，争取他们的支持。另外，袁頔博士提出"作为古老的游牧民族，回鹘人逐水草而居，不拘于固定城寨的习惯有着悠久的历史，所以在耗费较大人力、物力、开凿全新洞窟与重修旧窟之间，后者显然更适合回鹘人生产生活特性"②的观点，也颇有新意。

① 杨富学：《回鹘之佛教》，乌鲁木齐：新疆人民出版社，1998 年，第 47 页。
② 袁頔：《莫高窟第 363 窟壁画组合与丝路元素探析》，《西夏研究》2019 年第 1 期，第 106 页。

第 三 章　宗教与世俗：洞窟中的供养人像

供养人作为敦煌石窟营建的功德主，其重要性毋庸置疑。借助敦煌文书、供养人榜题、传统古籍资料，唐五代及其之前的敦煌石窟供养人像已得到充分研究。宋代以降，尤其是沙州回鹘时期，由于藏经洞封闭、供养人榜题大量漫漶及传统史籍文献记载缺失，这一时期的历史至今还比较模糊，学界对其的研究处于碎片化，窟内的供养人像也未集中整理过。供养人像是洞窟内的重要内容之一，反映了当时环境下的信众身份和民族特征等信息，以缩影的形式记载了沙州回鹘的历史，是研究沙州回鹘时期社会的重要线索。

一、供养人像概况

本书所划定的 24 个沙州回鹘洞窟中有 15 个洞窟绘有供养人画像，其中莫高窟 11 个，榆林窟 1 个，西千佛洞 3 个。现将这 15 个洞窟的供养人像资料整理如下：

表 3-1　沙州回鹘洞窟供养人像一览表

序号	石窟名称	窟号	原修时代	供养人画像现状	供养人榜题状况
1	莫高窟	97	唐	漫漶（仅见残迹）	残存 4 条
2	莫高窟	148	唐	尚存	残存 21 条
3	莫高窟	194	唐	尚存	漫漶
4	莫高窟	237	唐	尚存	漫漶
5	莫高窟	245	唐	尚存	漫漶
6	莫高窟	309	隋	漫漶（仅见残迹）	漫漶
7	莫高窟	310	隋	尚存	漫漶
8	莫高窟	363	唐	尚存	残存 2 条
9	莫高窟	399	隋	尚存	残存 1 条

续表

序号	石窟名称	窟号	原修时代	供养人画像现状	供养人榜题状况
10	莫高窟	409	隋	尚存	漫漶
11	莫高窟	418	隋	尚存	残存 4 条
12	榆林窟	39	唐	尚存	残存 15 条
13	西千佛洞	12	北周	尚存	漫漶
14	西千佛洞	15	隋	漫漶（仅见残迹）	漫漶
15	西千佛洞	16	唐	尚存	漫漶

以上洞窟的供养人像[1]可分为以下 4 组：

（一）男性着圆领窄袖长袍带小团花的回鹘装，女性着红色大袖襦裙袍服的汉装。

1.莫高窟第 97 窟

莫高窟第 97 窟原绘有男、女供养人像，现今几乎漫漶。南壁残存 1 身男像的圆帽冠饰。东壁门北侧残存 2 身女像的花钗头饰及红色大袖襦裙。北壁供养人像漫漶，不可辨识。据伯希和记录，此窟存题记 4 条，位置不详（图 3-1—图 3-2）。

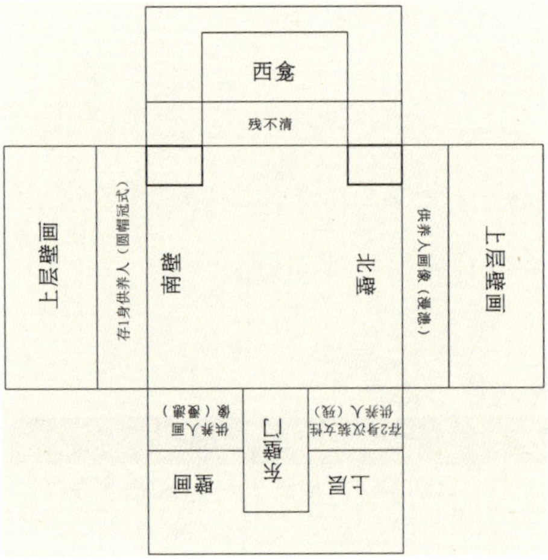

图 3-1　莫高窟第 97 窟供养人像分布图

（作者绘）

图 3-2　莫高窟第 97 窟主室东壁供养人像残迹

---

[1] 沙州回鹘洞窟供养人服饰命名参照谢静：《敦煌石窟中的少数民族服饰研究》，兰州：甘肃教育出版社，2016 年；沈雁：《回鹘服饰文化研究》，东华大学博士学位论文，2008 年；竺小恩：《敦煌服饰文化研究》，杭州：浙江大学出版社，2011 年。

2.莫高窟第194窟

据《总录》记录，南、北像台分别存供养人像7、2身，西龛存供养人像9身，南壁存供养人像16身，现可知西龛南、北像台东面各存男性供养人像4身，南像台北面有供养人像残迹，南壁存供养人像10身，其余位置供养人像已不可辨识。南壁供养人像自西向东第1—4身为（冠式模糊）着圆领窄袖双带式长袍的回鹘装男像；第5—10身为头戴花钗、着红色大袖襦裙、帔帛绕臂的汉装女像。南像台男像（冠式模糊）着圆领窄袖双带式长袍的回鹘装，北像台男像（冠式模糊）着圆领窄袖（疑）双带式（可能由于漫漶等原因，在红外线下只表现出腰带）长袍的回鹘装。榜题框残存18条，题记漫漶（图3-3—图3-8）。

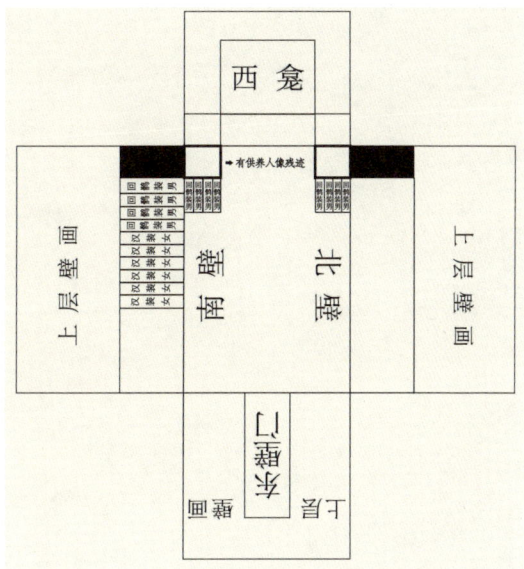

图3-3　莫高窟第194窟供养人像分布图
（作者绘）

图3-4　莫高窟第194窟主室南像台东面红外线探照下的供养人像

图 3-5　莫高窟第 194 窟主室南壁红外线探照下的供养人像

图 3-6　莫高窟第 194 窟主室北像台东侧供养人像

图 3-7 莫高窟第 194 窟主室北像台东侧红外线探照下的供养人像

图 3-8 莫高窟第 194 窟主室南像台北侧供养人像残迹

3.莫高窟第 245 窟

莫高窟第 245 窟供养人像绘制于主室西、南、北壁下层。西壁共 5 身，自南向北第 1—2 身为（冠式漫漶）着绿色圆领窄袖单带式长袍的回鹘装男像（服饰上的团花纹清晰可见），第 1 身残损严重；第 3 身为头戴翻檐帽、着黑褐色圆领窄袖单带式长袍的回鹘装男像（服饰上的团花纹清晰可见）；第 4—5 身为头戴花钗、着红色大袖襦裙、帔帛绕臂的汉装女像，第 5 身女像携带 1 孩童，孩童像有部分残损，隐约可见其腰带、衣着下摆及脸部轮廓。西壁供养人像比南、北壁供养人像略高。南壁共（疑）4 身回鹘装男像，几乎漫漶，大致可见自西向东第 1 身携带孩童，第 4 身戴三叉冠。北壁可见 6 身，皆为头戴花钗、着红色大袖襦裙、帔帛绕臂的汉装女像。榜题框残存（约）14 条，题记漫漶（图 3-9—图 3-13）。

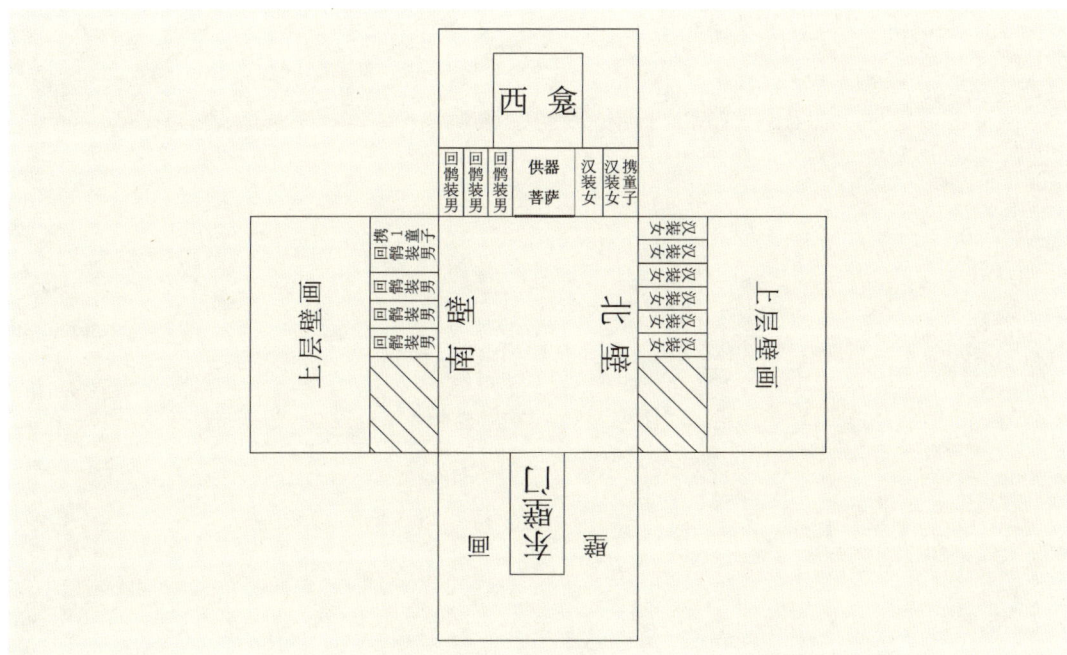

图 3-9 莫高窟第 245 窟供养人像分布图（作者绘）

图 3-10　莫高窟第 245 窟主室西龛男像

图 3-11　莫高窟第 245 窟主室西龛女像

图 3-12   莫高窟第 245 窟主室南壁男像

图 3-13   莫高窟第 245 窟主室北壁女像

4.莫高窟第 310 窟

莫高窟第 310 窟供养人像绘制于主室西、南、北壁下层。西壁共（疑）8 身，自南向北第 1—2 身为着圆领窄袖双带式长袍的回鹘装男像（服饰褪色），第 1 身头戴圆帽，第 2 身头戴扇形冠；第 8 身为头戴花钗、着红色大袖襦裙、帔帛绕臂的汉装女像；第 3—5 身皆漫漶，不可辨识；第 6—7 身残损严重，只余垂发部分（推测可能为男像）。西壁自南向北第 2 身男像脚下绘一方小毯。南壁共存 10 身，皆为着圆领窄袖双带式长袍的回鹘装男像（服饰褪色，冠式疑是圆帽）。北壁共存 11 身，皆为头戴花钗、着红色大袖襦裙、帔帛绕臂的汉装女像。榜题框残存（约）21 条，题记漫漶（图 3-14—图 3-17）。

西龛

回鹘装男 回鹘装男 漫漶 漫漶 供器 回鹘装男 汉装女

上层壁画

南壁 回鹘装男女 回鹘装男女 回鹘装男男 回鹘装男男

黄洞

北壁 汉装女 汉装女 汉装女 汉装女 汉装女 汉装女 汉装女 汉装女 汉装女

黄洞

上层壁画

东壁 上层壁画

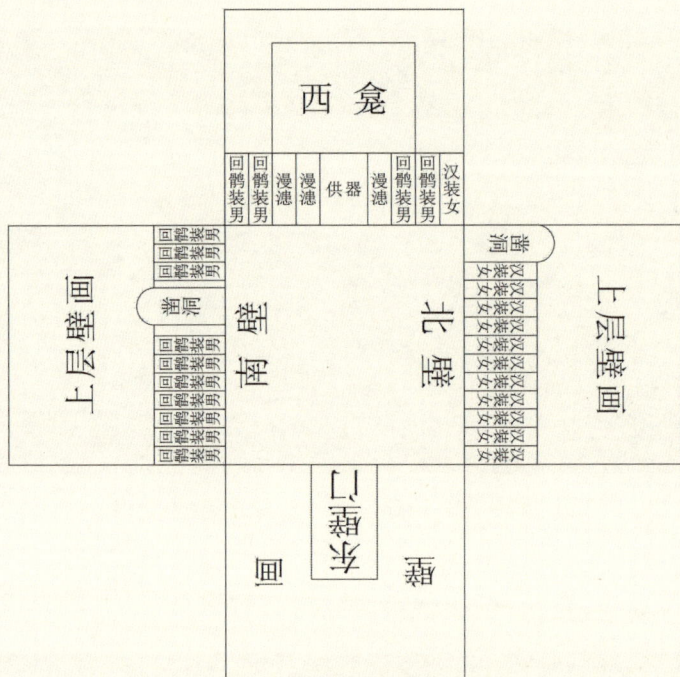

图 3-14　莫高窟第 310 窟供养人像分布图（作者绘）

图 3-15　莫高窟第 310 窟主室西壁供养人像

图 3-16　莫高窟第 310 窟主室南壁供养人像

图 3-17 莫高窟第 310 窟主室北壁供养人像

5.莫高窟第 309 窟

莫高窟第 309 窟原绘有着回鹘装的男性供养人像和着汉装的女性供养人像[①]，但现在全部漫漶。榜题框残存（约）41 条，题记漫漶（图 3-18—图 3-21）。

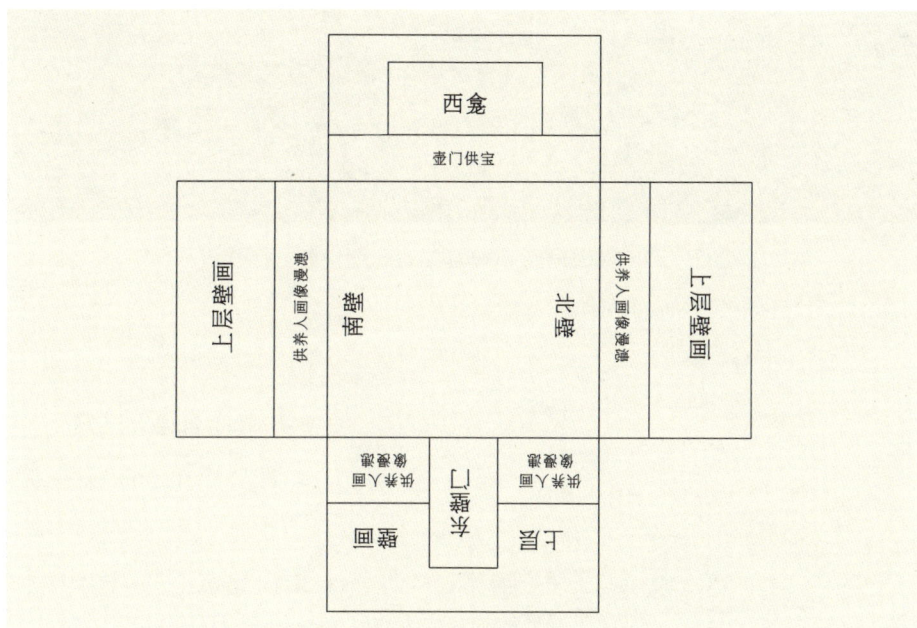

图 3-18　莫高窟第 309 窟供养人像分布图（作者绘）

图 3-19　莫高窟第 309 窟主室北壁供养人像残迹

[①] 刘玉权：《沙州回鹘石窟艺术》，载敦煌研究院编《中国石窟·安西榆林窟》，北京：文物出版社，1989 年，第 216—227 页。

图 3-20　莫高窟第 309 窟主室南壁供养人像残迹

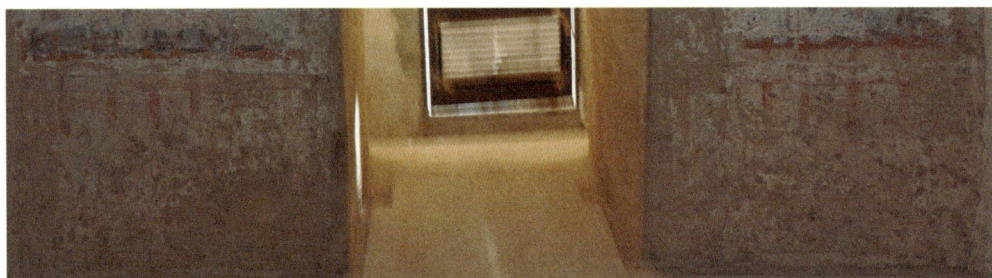

图 3-21　莫高窟第 309 窟主室东壁供养人像残迹

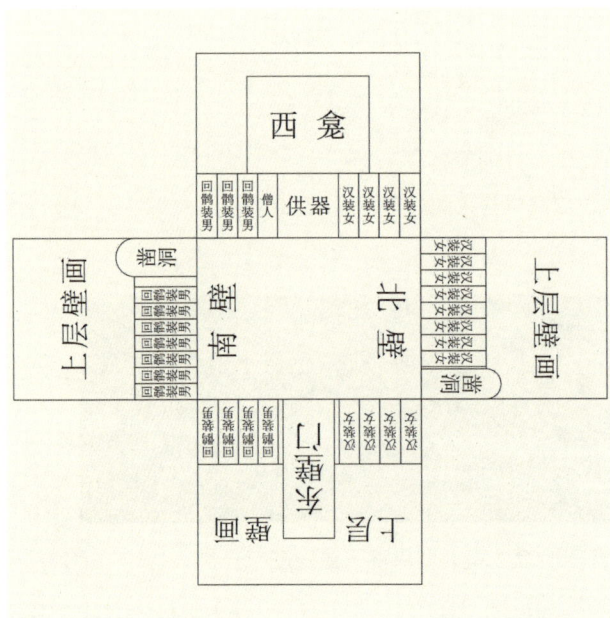

图 3-22　莫高窟第 363 窟供养人像分布图（作者绘）

6.莫高窟第 363 窟

莫高窟第 363 窟供养人像绘制于主室四壁下层。西壁共 8 身，自南向北第 1、3 身为（冠式漫漶）着圆领窄袖单带式长袍的回鹘装男像（服饰褪色）；第 2 身漫漶，不能辨识，根据位置推测为男像；第 4 身为着覆肩红色袈裟的僧人像；第 5—8 身为头戴花钗、着红色大袖襦裙、帔帛绕臂的汉装女像。西壁自南向北第 4 身僧人像的左上方绘一坐在云中的小人像（疑为世俗人像或佛像）。南壁共存 7 身，皆为着圆领窄袖单带式长

图 3-23　莫高窟第 363 窟主室西壁供养人像

袍的回鹘装男像（服饰褪色），自东向西第 1、3、4 身冠式为扇形冠，其余供养人像冠式漫漶。北壁共存 8 身，皆为头戴花钗、着红色大袖襦裙、帔帛绕臂的汉装女像。东壁共 8 身，北侧为 4 身头戴花钗、着红色大袖襦裙、帔帛绕臂的汉装女像。南侧为 4 身（冠式漫漶）着圆领窄袖单带式长袍的回鹘装男像（服饰褪色）。榜题框残存（约）28 条，题记 3 条，可释读 2 条（图 3-22—图 3-27）。

图 3-24　莫高窟第 363 窟主室南壁男像

图 3-25　莫高窟第 363 窟主室北壁女像

图 3-26　莫高窟第 363 窟主室东壁供养人像

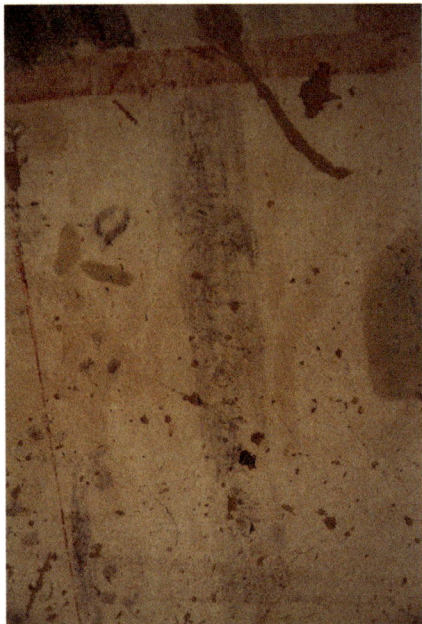

图 3-27　莫高窟第 363 窟题记

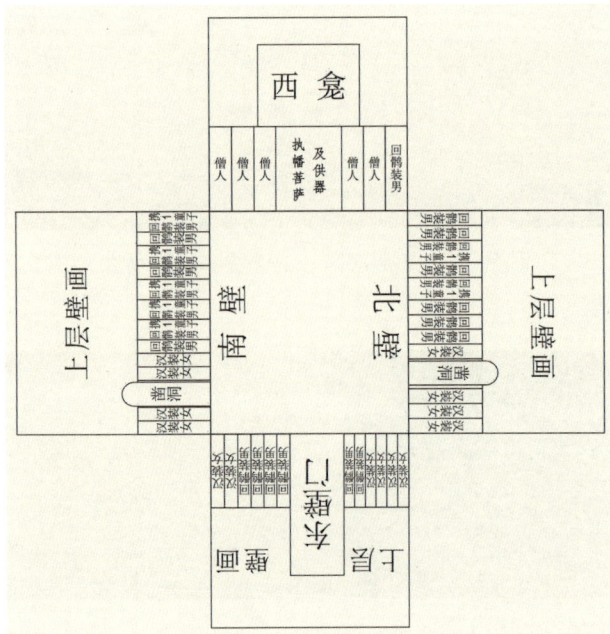

图 3-28　莫高窟第 418 窟供养人像分布图（作者绘）

7.莫高窟第 418 窟

莫高窟第 418 窟供养人像绘制于主室四壁下层。西壁共 6 身，自南向北第 1—5 身为着交领袈裟的僧人像（第 1 身服饰褪色，第 2—5 身服饰为红色），第 6 身为头戴扇形冠、着圆领窄袖双带式长袍的回鹘装男像（服饰上的团花纹清晰可见）。西壁供养人像的高度约为东、南、北壁供养人像高度的 2 倍。西壁自西向东第 1 身男像服饰虽是圆领窄袖系带式长袍的回鹘装样式，但是其领口与袖口做了细致处理。南北壁各存 12 身，自

图 3-29 莫高窟第 418 窟主室西龛供养人像

西向东第 1—8 身为着圆领窄袖双带式长袍的回鹘装男像（服饰上的团花清晰可见），南壁第 1 身冠式为扇形冠，其余男像冠式漫漶；第 9—12 身为头戴花钿、着红色大袖襦裙、帔帛绕臂的汉装女像。南壁第 1、3、5、6、7 身各携带 1 童子（第 1 身供养人像身后的童子无单独榜题框），北壁第 3、5 身各携带 1 童子（第 5 身供养人像身后的童子无单独榜题框），童子大数漫漶不清，只能依据痕迹辨认其形体。东壁共 12 身，自北向南第 5—10 身为（冠式漫漶）着圆领窄袖双带式长袍的回鹘装男像（服饰上的团花纹清晰可见）；第 1—4 身、第 11—12 身为头戴花钿、着红色大袖襦裙、帔帛绕臂的汉装女像。榜题框残存（约）29 条，可释读题记 4 条（图 3-28—图 3-31）。

图 3-30 莫高窟第 418 窟主室北壁供养人像

图 3-31　莫高窟第 418 窟主室东壁供养人像

（二）回鹘王夫妇像；男性着圆领窄袖长袍带小团花的回鹘装，女性着对襟窄袖长袍的回鹘装或者圆领窄袖长袍的回鹘装。

1.莫高窟第 148 窟

莫高窟第 148 窟供养人像绘制于主室南、北、东壁下层以及甬道南、北壁。南壁和北壁绘僧人像，南壁存 8 身，北壁存 7 身，着交领袈裟（服饰褪色）。东壁南侧共 12 身，自北向南第 1—4 身为着覆肩袈裟的僧人像（服饰褪色），第 5—6 身为头戴扇形冠、着圆领

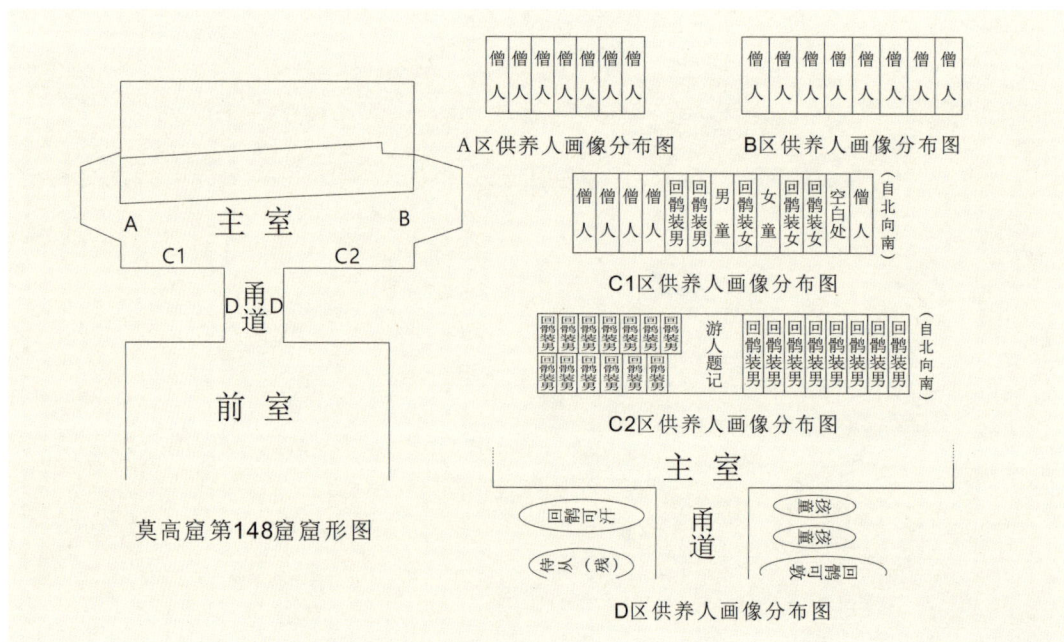

图 3-32　莫高窟第 148 窟供养人像分布图

（作者绘）

窄袖系带式长袍的回鹘装男像（服饰褪色）；第 7 身为着圆领窄袖系带式回鹘装的男童像（冠式漫漶，服饰褪色）；第 8、10 身为头戴如角前指冠、着对襟窄袖茜色长袍的回鹘装女像；第 9 身为头梳发髻、着对襟窄袖茜色长袍的回鹘装女童像；第 11 身为头戴元宝冠、着圆领窄袖团花纹的回鹘装女像；第 12 身为着交领袈裟的僧人像。东壁北侧共 21 身，第 1—4 身为头戴三叉冠、着圆领窄袖双带式长袍的回鹘装男像（服饰上的团花隐约可见）；第 5—8 身为头戴扇形冠、着圆领窄袖系带式（疑双带）长袍的回鹘装男像（服饰上的图花隐约可见），第 9—21 身为头戴翻檐帽、着圆领窄袖双带式长袍的回鹘装男像（服饰纹样模糊）。甬道原绘有回鹘王夫妇像，经过后代重修，甬道北侧残存可敦像半身，可敦头戴桃形冠、着对襟窄袖长袍（服饰褪色），服饰上有纹饰，推测为凤纹；女童像 2 身，头戴桃形冠、着对襟窄袖长袍（1 人服饰为绿色，1 人服饰变色）。甬道南侧残存回鹘王像 1 身，回鹘王头戴尖顶花瓣形冠、着圆领窄袖长袍（服饰褪色），服饰上绘团窠纹样，腰系蹀躞带。榜题框残存（约）51 条，可释读汉文题记 20 条，回鹘文题记 1 条（图 3-32—图 3-38）。

图 3-33 莫高窟第 148 窟甬道南侧男像

图 3-34　莫高窟第 148 窟甬道北侧女像

图 3-35   莫高窟第 148 窟主室东壁门
北侧前四身供养人像

采自张先堂《莫高窟第 148 窟西夏供养人像
新探》图 12

图 3-36   莫高窟第 148 窟主室东壁门北侧后部供养
人像

◁

图 3-37   莫高窟第 148 窟主室南龛供养人像

▽

图 3-38   莫高窟第 148 窟主室东壁门南侧供养人像

2.莫高窟第 237 窟

莫高窟第 237 窟供养人像绘制于甬
道南、北壁。甬道南侧绘回鹘王 1 身，
回鹘王头戴尖顶花瓣形冠、着黑色圆领
窄袖团龙纹长袍，腰系蹀躞带，回鹘王
身前（疑）绘童子 1 身，回鹘王身后侍
从残缺，现可见三身，侍从头戴扇形冠、
着圆领窄袖服，分别持剑、仗扇、伞盖。
甬道北侧绘可敦 2 身，可敦头戴桃形冠、
着对襟窄袖长袍，服饰褪色。榜题漫漶
（图 3-39—图 3-41）。

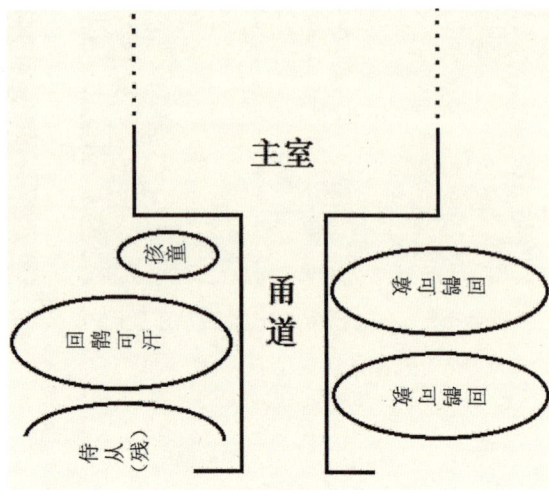

图 3-39　莫高窟第 237 窟供养人像分布图（作者绘）

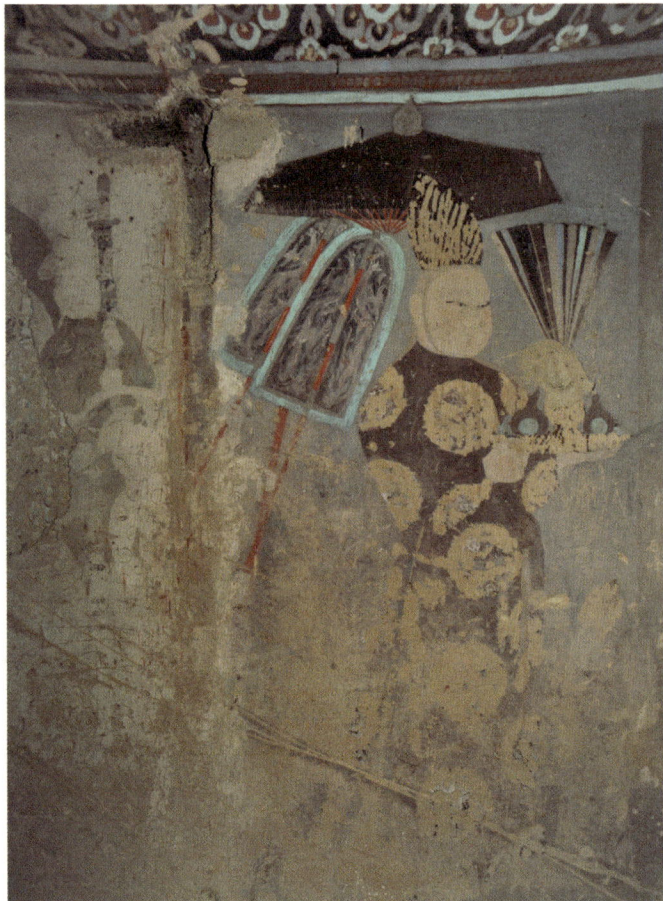

图 3-40　莫高窟第 237 窟甬道南壁男像

◁ 图 3-41　莫高窟第 237 窟甬道北壁女像

3.莫高窟第 409 窟

莫高窟第 409 窟供养人像绘制于主室东壁，东壁门南侧绘回鹘王 1 身，回鹘王头戴尖顶花瓣形冠、着黑色圆领窄袖团龙纹长袍，腰系蹀躞带。回鹘王身前绘男童 1 身，男童除服饰上未绘龙纹外，装扮与回鹘王相同。回鹘王身后绘头戴扇形冠、着圆领窄袖双带式长袍的回鹘装侍从 8 身（服饰上的团花清晰可见），分别持伞盖、仗扇、弓、箭筒、盾、金瓜、剑等器物。东壁门北侧绘回鹘可敦 2 身，可敦头戴桃形冠、着对襟窄袖茜色长袍，可敦身前绘女童 1 身（残缺且变色）。榜题框残存 3 条，可释读元代回鹘文题记 1 条（图 3-42—图 3-44）。

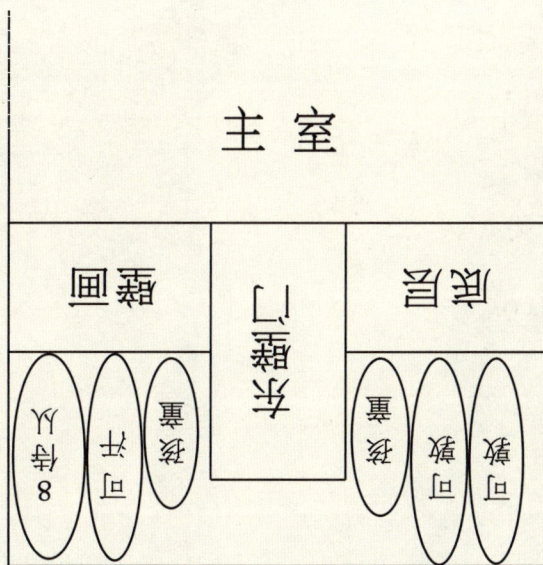

图 3-42　莫高窟第 409 窟供养人像分布图（作者绘）

图 3-43　莫高窟第 409 窟主室东壁门南侧男像

图 3-44　莫高窟第 409 窟主室东壁门北侧女像

4.西千佛洞第 12 窟

西千佛洞第 12 窟供养人像绘制于甬道东、西壁，甬道有明显绘制两层壁画的痕迹，回鹘供养人像绘于上层，残损严重。甬道西侧残存 1 身头戴三叉冠、着圆领窄袖系带式（疑单带）长袍的回鹘装男像（服饰上的团花清晰可见）；甬道东侧后部残存 2 身（冠式漫漶）着对襟窄袖茜色长袍的回鹘装女像（一大一小），前部有茜色服饰残迹。榜题框（疑）存 5 条，时代不确定（图 3-45—图 3-47）。

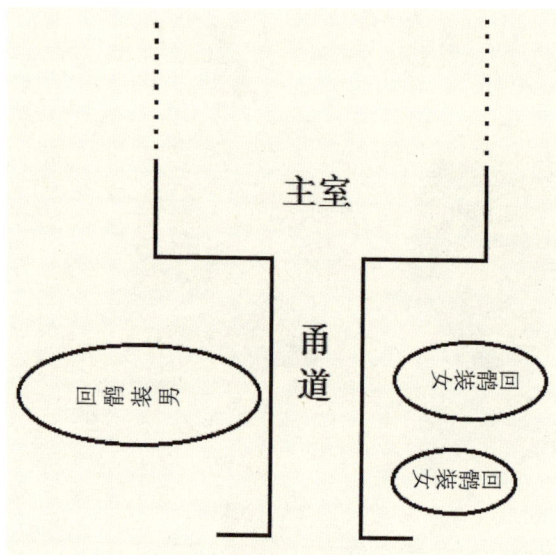

图 3-45　西千佛洞第 12 窟供养人像分布图（作者绘）

图 3-46　西千佛洞第 12 窟甬道西侧男像

图 3-47　西千佛洞第 12 窟甬道东侧女像

5.西千佛洞第 16 窟

西千佛洞第 16 窟供养人像绘制于主室北、东、西壁下层，南壁，甬道东、西壁。北壁、东壁、西壁各为（疑）15 身（部分残）、8 身、10 身头戴如角前指冠、着对襟窄袖茜色长袍的回鹘装女像。南壁共 2 身，自西向东第 1 身为着覆肩袈裟的僧人像（服饰略微褪色），第 2 身为头戴尖顶花瓣形冠、着红色圆领窄袖长袍、腰系蹀躞带的回鹘装男像（服饰上的团花清晰可见）。南壁的僧人像比俗人像更高大，且有一条帔帛从前胸绕肩垂至身后。甬道西侧绘回鹘王 1 身，回鹘王头戴尖顶花瓣形冠、着黑色圆领窄袖团龙纹长袍，腰系蹀躞带。回鹘王身后绘头戴扇形冠、着圆领窄袖双带式长袍的回鹘装侍从 4 身（服饰上的团花清晰可见），回鹘王身前绘女童 2 身，其着对襟窄袖茜色长袍，冠式漫漶。甬道东侧绘回鹘可敦 2 身，可敦着对襟窄袖茜色长袍，自北向南第 1 身冠式为桃形冠，第 2 身冠式漫漶。可敦身前绘女童 2 身，今余残迹。榜题框存（约）7 条，题记漫漶（图 3-48—图 3-52）。

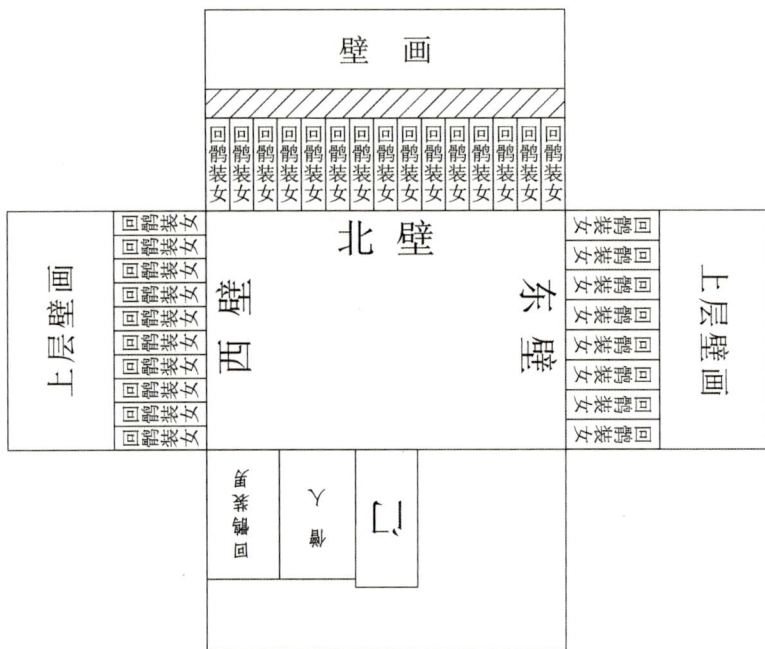

主室供养人画像分布图

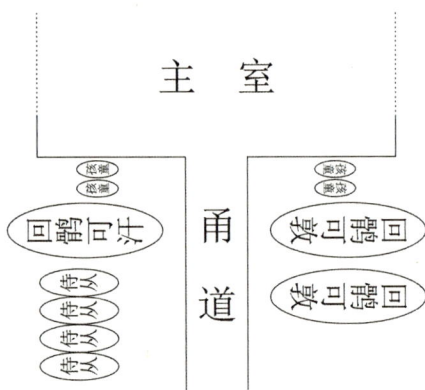

甬道供养人画像分布图

图 3-48　西千佛洞第 16 窟供养人像分布图（作者绘）

图 3-49　西千佛洞第 16 窟甬道西侧男像

采自敦煌研究院编《中国石窟 安西榆林窟》图 239

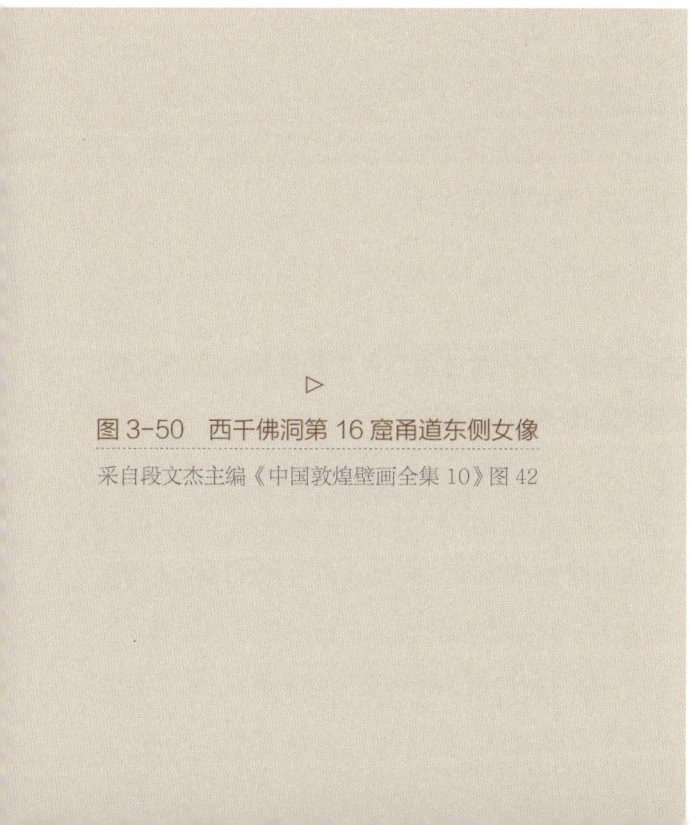

图 3-50　西千佛洞第 16 窟甬道东侧女像

采自段文杰主编《中国敦煌壁画全集 10》图 42

◁
图 3-51　西千佛洞第 16 窟主室南壁供养人像

采自段文杰主编《中国敦煌壁画全集 10》图 41

图 3-52　西千佛洞第 16 窟主室北壁女像

　　（三）男性着圆领窄袖长袍带小团花的回鹘装，部分女性着红色大袖襦裙袍服的汉装，部分女性着对襟窄袖长袍的回鹘装或者圆领窄袖长袍的回鹘装。

　　榆林窟第 39 窟

　　榆林窟第 39 窟供养人像绘制于前甬道南、北壁。前甬道北侧绘女像两列，上列共 11 身，自西向东第 1 身为着覆肩红色袈裟的女尼像；第 2 身为头戴桃形冠、着对襟窄袖茜色长袍的回鹘装女像；第 3 身、第 5 身为头戴花钗、着圆领窄袖茜色长袍的回鹘装女像；第 8—9 身、第 10—11 身为（冠式漫漶）着圆领窄袖绿色长袍的回鹘装女像；第 4、6、7 身为头戴花钗、着红色大袖襦裙、帔帛绕臂的汉装女像。第2、3、4、5、9身女像各带一童子，童子未绘独立的榜题框，其有大有小，形态各异。前甬道北侧下列共15身，自西向东第1身为着覆肩袈裟的女尼像（服饰褪色）；第2—3身为着交领袈裟的女尼像（服饰褪色），第3身只有半身且在第2身的左上方；第4—7身、第9—14身为头戴花钗、着大袖襦裙、帔帛绕臂的汉装女像（服饰褪色）；第8、15身为（冠式漫漶）着圆领窄袖长袍的回鹘装女像（第8身服饰为茜色，第15身服饰带团花纹）。前甬道南侧绘男像，自西向东前部绘1身男童（模糊），1身头戴三叉冠、着圆领窄袖双带式长袍的回鹘装男像（服饰上的团花清晰可见），1身头戴扇形冠、着圆领窄袖双带式长袍的回鹘装男像，此二身供养人绘得十分高大，且都跟有1身头戴扇形冠、着圆领窄袖双带式长袍的回鹘装持物侍从。后部男像共分两列，上列为1身着覆肩袈裟的僧人像（服饰褪色），9身（冠式模糊）着圆领窄袖双带式长袍的回鹘装男像（服饰上的团花清晰可见），下列绘10身（冠式模糊）着圆领窄袖双带式长袍的回鹘装男像（服饰上的团花清晰可见）。榜题框存（约）47条，可释读汉文题记11条，回鹘文题记4条（图3-53—图3-57）。

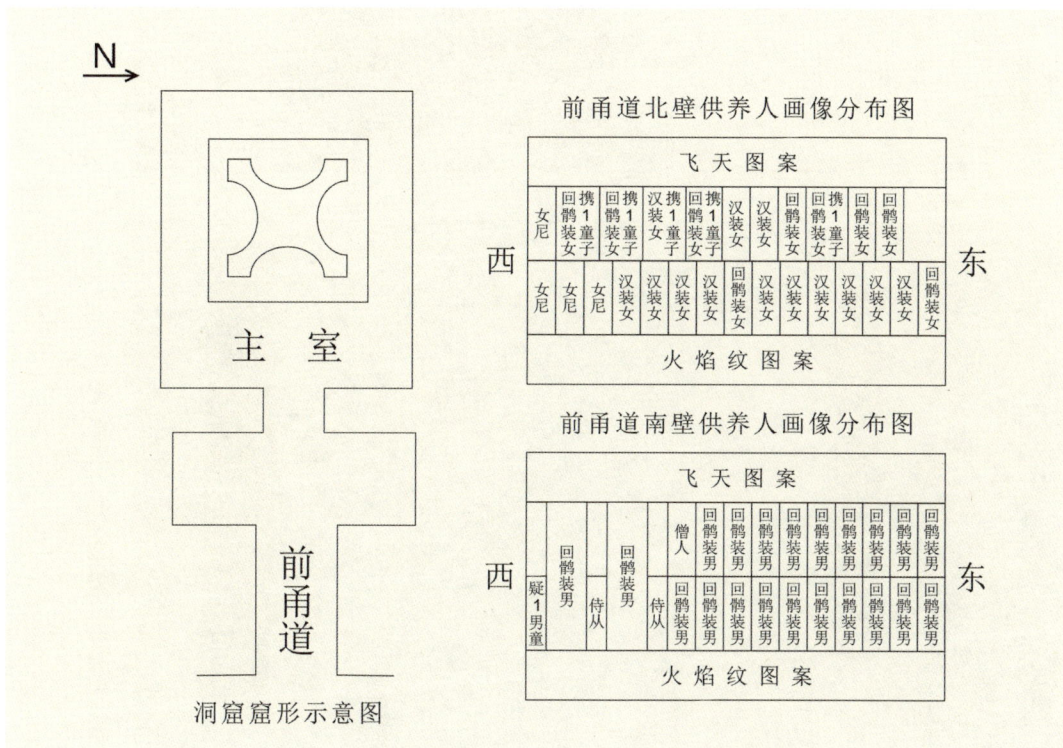

图 3-53　榆林窟第 39 窟供养人像分布图（作者绘）

图 3-54 榆林窟第 39 窟前甬道南侧男像

图 3-55 榆林窟第 39 窟前甬道南侧男像

图 3-56　榆林窟第 39 窟前甬道北侧女像

图 3-57　榆林窟第 39 窟前甬道北侧女像

（四）男性着圆领窄袖长袍带小团花的回鹘装

莫高窟第 399 窟

莫高窟第 399 窟供养人像绘于主室四壁下层，西壁共 9 身，自南向北第 1、2、5、9 身为（冠式漫漶）着圆领窄袖单带式长袍的回鹘装男像[1]（第 1、2、9 身怀疑有可能为双带，第 1、5 身服饰上的团花纹清晰可见，第 2、9 身服饰褪色）；第 4、6 身为着覆肩红色袈裟的僧人像；第 3、7、8 身皆漫漶，不可辨识。西壁供养人画像高度约为东、南、北壁供养人画像高度的 2 倍。西壁自南向北第 5 身供养人跪顶供器，且绘有两条榜题框。东壁共 9 身（北侧 6 身，南侧 3 身），皆为（冠式漫漶）

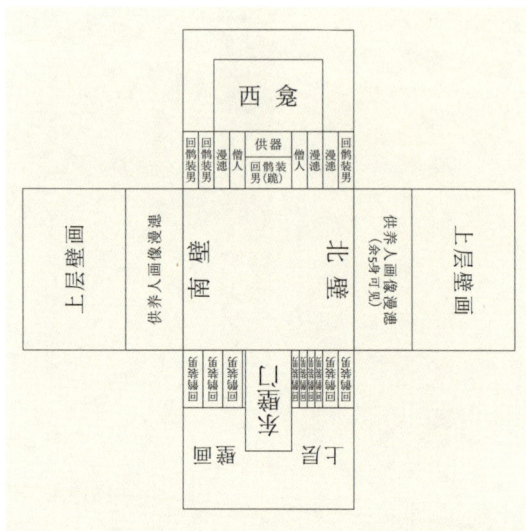

图 3-58　莫高窟第 399 窟供养人像分布图（作者绘）

着圆领窄袖单带式长袍的回鹘装男像（自北向南第 1、2 身服饰褪色，第 3—6 身服饰上的团花纹清晰可见，第 7—9 身残），自北向南第 1—2 身男像与第 3—6 身男像大致平分东壁北侧下层壁面，且第 3—6 身男像无榜题框。南、北壁有绘制供养人画像的痕迹，推测共有 15 身，现今只余北壁 5 身男像残迹（根据残迹可辨认其服饰为回鹘装）（图 3-58—图 3-62）。

图 3-59　莫高窟第 399 窟主室西龛供养人像

---

[1] 单带式指腰带，双带式指腰带和蹀躞带。男性供养人的服饰袖口分与袖同宽和在袖口处紧收两种，由于其服饰衣袖整体上都较小，因此并未对袖口再作具体分类描述，统称其为窄袖。

图 3-60　莫高窟第 399 窟主室北壁供养人像

图 3-61　莫高窟第 399 窟主室南壁供养人像漫漶

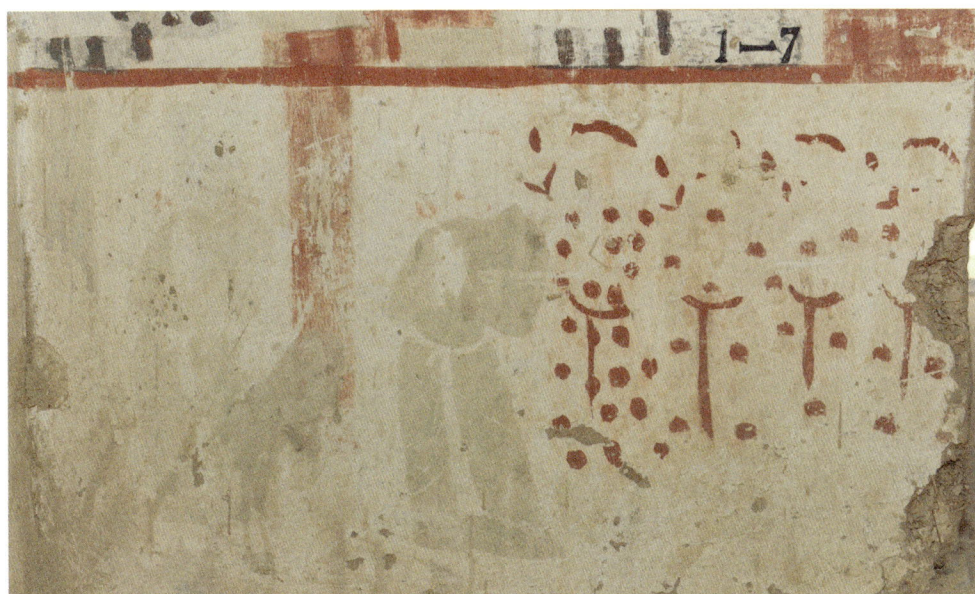

图 3-62　莫高窟第 399 窟主室东壁北侧供养人像

此外，西千佛洞第 15 窟原绘有供养人，如今皆漫漶，详情不得而知（图 3-63）。

图 3-63　西千佛洞第 15 窟主室供养人像残迹

根据笔者现场考察和前代学者录文，现将沙州回鹘供养人榜题内容整理如下：

表 3-2　沙州回鹘洞窟供养人题记一览表①

窟号	位置	题记录文	录者	备注
莫高窟第97 窟	不详	"故兄都头马使……""故兄都头军……""畕寺任比丘法光供养""女（或翚、翚）□□子一心供养"	伯希和	题记现今不存

① 此表参考敦煌研究院编：《敦煌莫高窟供养人题记》，北京：文物出版社，1986 年；谢稚柳：《敦煌艺术叙录》，上海：上海出版公司，1955 年；张伯元：《安西榆林窟》，成都：四川教育出版社，1995 年；［法］伯希和著，耿昇译：《伯希和敦煌石窟笔记》，兰州：甘肃人民出版社，2007 年；徐自强、张永强、陈晶：《敦煌莫高窟题记汇编》，北京：文物出版社，2014 年；［日］松井太、荒川慎太郎：《敦煌石窟多言语资料集成》，东京：东京外国语大学アジア・アフリカ言语文化研究所，2017 年。

续表

窟号	位置	题记录文	录者	备注
莫高窟第148窟	甬道	[tn]grikän qu[t] [t]utmïš t(ng)ri……	松井太	[1]北壁、南壁存供养人像8、7身。 [2]伯希和录为"典"。 [3]伯希和录为"现"，谢稚柳录为"儿"。 [4]伯希和录为"尣"，史岩录为"杏"。 [5]伯希和录为"平"。 [6]伯希和录为"安"。
	北壁[1]	西向第二身：窟禅报恩寺释门法律盐掯供养 西向第三身：窟禅莲台寺释门法律福遂供养 西向第四身：窟禅……寺法律兴道供养 西向第六身：窟禅圣光寺释门法律…… 西向第七身：窟禅显德寺释门法律兴遂供养 西向第九身：窟禅灵图寺法律□存供养	敦煌研究院	
	南壁	西向第一身：窟禅三界寺释门法律左兴[2]见[3]供养 西向第二身：窟禅龙兴寺释门法律周□[4]□[5]供养 西向第四身：窟禅□□寺法律□会长供养 西向第五身：……法律……供养 西向第六身：窟禅□□寺法律□□供养 西向第七身：窟禅开元寺法律□□□供养 西向第八身：窟禅……寺……法律索会存供养		
	东壁	北侧南向第九身：……继兴…… 北侧南向第十一身：……一心供养 北侧南向第十七身：……养 南侧北向第一身：……印充河西应管内外释门…… 南侧北向第二身：应管内外释门圣光寺…… 南侧北向第五身：故慈父贵[6]…… 南侧北向第八身：故慈母娘子……		
莫高窟第363窟	南壁	西向第二身：社户王定进□（永）□一心供□ 西向第四身：社户安存遂永充一心供□	敦煌研究院	
莫高窟第399窟	西壁	龛下中央：□施主□（郑）□……	敦煌研究院	第1、5字有残迹，第5字疑为"宪"。
莫高窟第409窟	东壁	南侧供养人：el arslan xan……män sävg（ï）……	松井太	元代题记

续表

窟号	位置	题记录文	录者	备注
莫高窟第418窟	西壁	南向第二身：……□（闰）……	敦煌研究院	
	南壁	西向第四身：施□（主）…… 西向第五身：施主…… 西向第六身：□（施）□（主）……		
榆林窟第39窟	北壁[2]	上列东向第二身:tngrikän oγšaγu qatun tngrim körki bo ärür qutluγ q[ïv]lïγ bo (l)maqï bolzun 上列东向第三身：šenkuy tngrim-ning körki bo ärür 上列东向第四身：清信弟子石会美一心供养 上列东向第五身[1]：küsänčüg buytuq kisisi čobï vušin körki ol 上列东向第七身：故……清信弟子王□儿…… 上列东向第八身：……清信弟子安□娘…… 上列东向第十一身：故……清信弟子安福满……一心供养 下列东向第二身：任律师…… 下列东向第四身：清信弟子优婆姨…… 下列东向第八身：清信弟子…… 下列东向第九身：清信弟子…… 下列东向第十身：……清信弟子安福……	松井太（回鹘文）张伯元（汉文）	[1]题记写于榜题框的下方，根据松井太对回鹘文的翻译"キユセンチユグ＝ビルクの妻チヨビ夫人の肖像である"，推测此文应该是题记内容。 [2]敦煌研究院在进行题记整理时，记录北壁下列比丘尼像2身，女像12身。笔者现场考察发现第2身比丘尼像左上方绘有半身比丘尼像，且绘有榜题框，于是认为北壁下方绘有15身供养人像，比丘尼3身，女像12身。
	南壁	前部东向第一身：el'ögäsi sangun ögä bilgä bäg qutï-nïng körmiš ätöz-i bo ärür qutluγ qïvlïγ bolmaqï bolzun yamu 后部上列东向第二身：□□知□都头安隆加奴一心供养 后部上列东向第四身：清信弟子……	松井太（回鹘文）敦煌研究院（汉文）	

二、供养人像内容与特征分析

与前期洞窟相比，沙州回鹘洞窟的营建在胡族统治、多民族共存的背景下进行，它带有深深的时代与民族烙印，这些时代特征在供养人像上亦有所体现：

（一）首次出现回鹘王夫妇像

回鹘与敦煌的历史渊源可追溯到张氏归义军时期，漠北回鹘汗国灭亡，回鹘余众西迁。至曹氏归义军时期，回鹘与归义军才建立了较为密切的关系，推动二者关系发展的重要事件便是回鹘与曹氏结成姻亲。虽然甘州回鹘与曹氏归义军交往逾一百年，并且往来文书P.2155背《曹元忠与回鹘可汗书》中提及"况是两地一家，并无疑阻"[①]、P.2992背《归义军节度兵马留后使检校司徒兼御史大夫曹（议金）上回鹘众宰相状》提及"结欢通好"[②]透露出二者关系的密切，但是值得注意的是，曹氏归义军统治者与于阗、甘州回鹘皆存在姻亲关系，敦煌石窟的曹氏洞窟中绘制了与曹氏归义军统治者有着姻亲关系的于阗王夫妇供养像，却并没有绘制与曹氏归义军统治者关系紧密且同样有姻亲关系的甘州回鹘王夫妇供养像。至归义军政权势力衰落，回鹘在瓜、沙地区统治地位的奠定，敦煌石窟中才出现了回鹘王夫妇供养像，当然此时的回鹘王夫妇供养像的身份已不是前述的甘州回鹘王夫妇了，而是沙州回鹘王夫妇。

沙州回鹘王夫妇供养像在沙州回鹘洞窟中共有 4 幅，分别见于莫高窟第 148 窟、莫高窟第 237 窟、莫高窟第 409 窟、西千佛洞第 16 窟。这 4 幅回鹘王夫妇像不仅是回鹘王夫妇首次以供养人的身份出现在敦煌石窟中，而且规格极高，以龙纹、凤冠、仪仗队等多种元素强调其地位的尊贵，既是首创也是独例，他们有别于沙州回鹘洞窟内的其他供养人画像，是沙州回鹘洞窟供养人画像中一类特殊的形象。

（二）供养人像服饰有回鹘装，亦有汉装

在整理供养人像资料过程中，笔者已经以供养人的服饰穿着为标准对供养人像进行了分类，共有男性回鹘装、女性回鹘装；男性回鹘装、女性汉装；男性回鹘装、女性回鹘装、女性汉装；男性回鹘装四种情况。从前面论述的四种情况来看，可知汉装和回鹘装在沙州回鹘洞窟中同时存在，但男性服饰种类单一，仅为回鹘装，未见汉装，女性服饰种类则较为多元，回鹘装和汉装皆有，故沙州回鹘供养人像的服饰样式总体上具有单一与多元并

---

① 唐耕耦、陆宏基：《敦煌社会经济文献真迹释录》（第四辑），北京：书目文献出版社，1990 年，第 401 页。

② 唐耕耦、陆宏基：《敦煌社会经济文献真迹释录》（第四辑），北京：书目文献出版社，1990 年，第 337 页。

存、胡服与汉服同在的特点。回鹘装与汉装是两种不同民族的服饰，它们同时出现在洞窟中既是沙州回鹘洞窟营建特征的体现，也是沙州回鹘时期社会服饰状况的反映，同时也是民族融合的例证。

（三）回鹘装供养人像的服饰装扮与高昌回鹘近似，但亦有敦煌地域特点

从男性服饰上看，高昌回鹘和沙州回鹘在服饰样式、冠式形制上大体不差，皆为着圆领窄袖系带长袍，分别头戴尖顶花瓣形冠、扇形冠、三叉冠、翻檐帽、圆帽等冠式（图3-64—图3-65）。沙州回鹘洞窟内的回鹘王所戴尖顶花瓣形冠上的线条几乎漫漶，只留下轮廓，因此显得此类冠饰与高昌回鹘的尖顶花瓣形冠有所不同，其实不然，笔者通过观察回鹘王冠饰图像遗迹，发现西千佛洞第16窟冠饰线条残留较多，其形制与高昌回鹘的尖

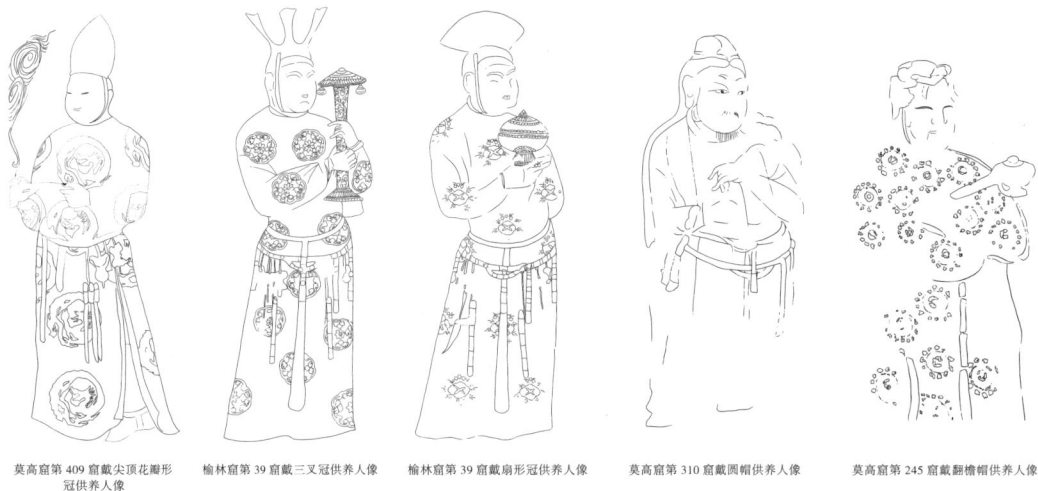

莫高窟第409窟戴尖顶花瓣形冠供养人像　　榆林窟第39窟戴三叉冠供养人像　　榆林窟第39窟戴扇形冠供养人像　　莫高窟第310窟戴圆帽供养人像　　莫高窟第245窟戴翻檐帽供养人像

图3-64　沙州回鹘洞窟中的各类冠饰供养人像（胡天磊绘）

图 3-65　新疆柏孜克里克石窟第 16 窟供养人像

采自新疆吐鲁番学研究院等编《中国新疆壁画艺术 6》图 217

顶花瓣形冠一致（图 3-66—图 3-67）。

　　虽然高昌回鹘与沙州回鹘洞窟内的男性供养人像冠、服饰非常近似，但还是存在一定差异。高昌回鹘与沙州回鹘洞窟内的男性供养人像除服饰花色、服饰颜色不同的细微差别外，最显著的差异是高昌回鹘石窟内的男性供养人像皆系一根蹀躞带，几乎没有出现腰间系双带的情况（图 3-68—图 3-70）。但是沙州回鹘洞窟内男性供养人像的腰带情况

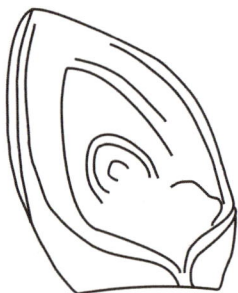

图 3-66 西千佛洞第 16 窟回鹘可汗像
冠饰线描图（作者绘）

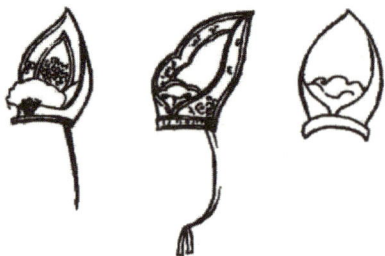

图 3-67 新疆高昌回鹘供养人冠饰线描图
采自任怀晟《敦煌莫高窟第 409 窟、237 窟
男供养人像思考》图 4

图 3-68 新疆柏孜克里克第 20 窟高昌
回鹘王族供养像   ▷
采自新疆吐鲁番学研究院等编《中国新疆壁画
艺术 6》图 90

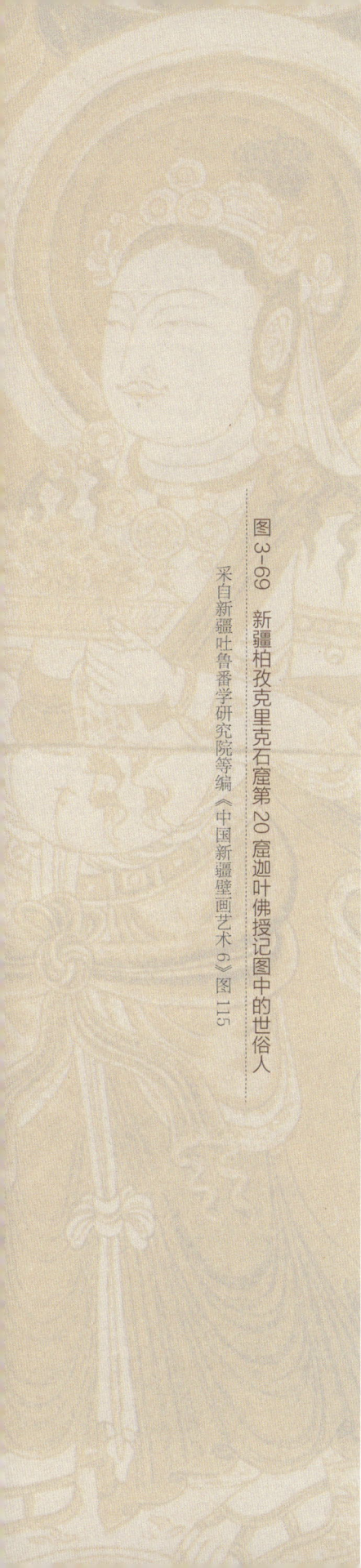

图 3-69　新疆柏孜克里克石窟第 20 窟迦叶佛授记图中的世俗人

采自新疆吐鲁番学研究院等编《中国新疆壁画艺术 6》图 115

图 3-70　新疆柏孜克里克石窟第 33 窟壁画中的商人像

采自新疆吐鲁番学研究院等编《中国新疆壁画艺术 6》图 175

相对较为复杂，腰带有系单带跟双带之分，回鹘王腰间系单一蹀躞带，大多数男性供养人为腰系双带，既系蹀躞带也系腰带，少数男性供养人只系腰带，不系蹀躞带（图 3-71—图 3-72）。此外，沙州回鹘洞窟中的王像中善用龙纹、仪仗，这不见于高昌回鹘中。

沙州回鹘洞窟内的回鹘装女性供养人像着对襟窄袖长袍、头戴桃形凤冠、如角前指冠的形象也能在高昌回鹘供养人像中找到来源，比如柏孜克里克石窟第 20 窟的女性供养人像与西千佛洞第 16 窟供养人像十分近似，沙州回鹘可敦像与吉木萨尔高昌回鹘佛寺遗址中的女性供养人像十分近似（图 3-73—图 3-74）。但是莫高窟第 148 窟中的戴元宝冠的回鹘装女像似乎在高昌回鹘中不多见。

只系蹀躞带的供养人像
莫高窟第 409 窟

只系腰带的供养人像
莫高窟第 363 窟

系腰带与蹀躞带的男像
榆林窟第 39 窟

漫漶条件下的双带情况
莫高窟第 194 窟

图 3-71　沙州回鹘洞窟中的系单带供养人像
　　　　　（胡天磊绘）

图 3-72　沙州回鹘洞窟中的系双带供养人像
　　　　　（胡天磊绘）

图 3-73　新疆柏孜克里克石窟第 20 窟高昌回鹘
女性供养人像

采自新疆吐鲁番学研究院等编《中国新疆壁画艺术 6》图 218

图 3-74 新疆吉木萨尔高昌回鹘佛寺遗址壁画

采自中国社会科学院考古研究所编《北庭高昌回鹘佛寺遗址》图 64

（四）回鹘文与汉文榜题同时使用

沙州回鹘洞窟的供养人题记大数漫漶，只有莫高窟第 97 窟、莫高窟第 148 窟、莫高窟第 363 窟、莫高窟第 399 窟、莫高窟第 418 窟、榆林窟第 39 窟残存题记，共计 47 条。根据现存题记情况来看，47 条题记由回鹘文和汉文两种语言文字书写，其中汉文 42 条，回鹘文 5 条。不同于柏孜克里克和库木吐喇等石窟回鹘文、汉文双语同时书写同一榜题的情况（图 3-75），沙州回鹘洞窟的回鹘文和汉文题记更多表现为分开书写，有的供养人榜题是回鹘文，有的是汉文（图 3-76—图 3-77）。笔者也不排除沙州回鹘洞窟中有双语榜题

图 3-75 新疆柏孜克里克石窟第 20 窟题记

采自新疆吐鲁番学研究院等编《中国新疆壁画艺术 6》图 123

使用的情况，但限于材料，这一现象是否存在，无从定论。从现存两种榜题的数量和使用情况来看，汉文是沙州回鹘洞窟中更为普遍和通用的文字，这与柏孜克里克和库木吐喇等石窟较多使用回鹘文书写榜题的情况不同。此外，新疆石窟中的汉文榜题还受到了回鹘文语言书写方式的影响，如柏孜克里克第20窟中的汉文榜题是按照回鹘文的书写习惯书写的[1]。

（五）供养孩童的绘制成为普遍现象

在前期洞窟中，供养人像中偶尔有孩童出现，而在沙州回鹘洞窟中供养孩童的绘制成为一种普遍现象。回鹘王夫妇像中都有男童或者女童，莫高窟第245窟、莫高窟第148窟、莫高窟第418窟、榆林窟第39窟中也有不同数量的孩童，这些孩童大小不等，有的不到十厘米，有的高至几十厘米，其所着服饰为回鹘男装或回鹘女装或者童子装，他们或与成年供养人绘制在一起共同使用一个榜题框，或单独作为一身供养人使用一个独立榜题框。可见，在此时期的社会观念中，孩童也是重要的供养人之一（图3-78）。

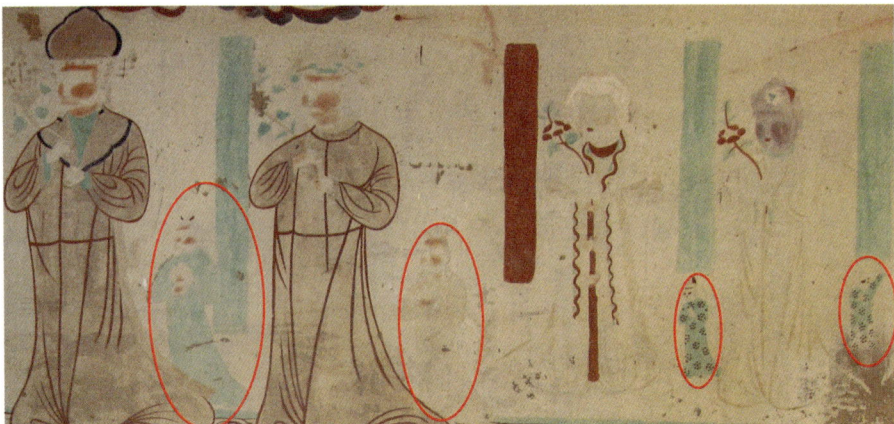

图3-77　榆林窟第39窟汉文题记

图3-76　榆林窟第39窟回鹘文题记

图3-78　榆林窟第39窟中携带孩童的供养人像
采自段文杰主编《中国敦煌壁画全集10》图13

[1] 杨富学：《柏孜克里克石窟第20窟的供养图与榜题》，载氏著《西域敦煌宗教论稿》，兰州：甘肃文化出版社，1998年，第127页。

（六）供养人像大小和位置排列延续传统并兼具创新

沙州回鹘洞窟中的供养人像基本上延续了前代绘制于四壁和甬道的传统，其有大有小，大的如真人或超过真人大小，小的约占壁面高度的四分之一至三分之一。供养人像的位置排列大致符合"无论什么时期，男女供养人总是分别开来，画在不同的壁面位置，或左或右，但却不同壁，充分反映了中国自古以来男女有别的观念"[1]的特点。虽说如此，供养人像的排列也有一些新的特点，比如莫高窟第 194 窟、莫高窟第 418 窟、莫高窟第 148 窟、莫高窟第 310 窟部分男女供养人像绘于同一壁面，西千佛洞第 16 窟主室几乎全是女性供养人像，莫高窟第 399 窟几乎全是男性供养人像。

（七）供养人像中的供养器出现新形式

沙州回鹘洞窟中的供养人像所持供养物大概有花、香、宝物等物体。花供养是佛教诸供养之一，南北朝时期就已十分普遍（图 3-79—图 3-80），沙州回鹘洞窟中的供养人像绝大多数都为持花供养。

香供养也是佛教诸供养之一，"密教有'香、花、灯、涂'四供养，香供养位列首位"[2]。在沙州回鹘洞窟中有部分供养人像持香进行供养，香供养的载体有三种类型：长柄香炉、香宝子、长颈香炉。在南北朝的佛教造像中，个别造像中可见僧人手持长柄香炉，最为常见的还是持花供养。至唐代及其以后，供养人像中持长柄香炉就十分普遍了，敦煌石窟中的唐、五

图 3-79　西安碑林藏北魏刘生保造弥勒像中
的持花供养人像（作者摄）

---

[1] 沙武田：《吐蕃统治时期敦煌石窟供养人画像考察》，《中国藏学》2003 年第 2 期，第 83 页。

[2] 王惠民：《敦煌与法门寺的香供养具——以"香宝子"与"调达子"为中心》，《敦煌学辑刊》2011 年第 1 期，第 65 页。

图 3-80　莫高窟第 62 窟隋代持花供养人像

采自段文杰主编《中国敦煌壁画全集 4》图 144

代供养人像中则多持长柄香炉（图 3-81）。在沙州回鹘洞窟中，手持长柄香炉的供养人像
一般位于该列供养人像前列，比如莫高窟第 409 窟回鹘王、莫高窟第 245 窟西壁供养人像、
莫高窟第 363 窟西壁供养僧人像、莫高窟第 418 窟西壁供养僧人像、莫高窟第 148 窟东壁
北侧供养人像、西千佛洞第 12 窟甬道西侧供养人像、西千佛洞第 16 窟南壁供养僧人像、
榆林窟第 39 窟前甬道北侧供养僧人像等。

　　香宝子，"也称'宝子'，乃盛香之器具，这一称呼流行于唐代"[1]，在敦煌石窟的唐、

---

① 王惠民：《敦煌与法门寺的香供养具——以"香宝子"与"调达子"为中心》，《敦煌学辑刊》2011 年第
　1 期，第 67 页。

图 3-81 莫高窟第 12 窟晚唐持长柄香炉供养人像

采自段文杰主编《中国敦煌壁画全集 8》图 101

图 3-82 榆林窟第 39 窟持长颈
香炉供养人像（胡天磊绘）

五代供养人像中也多见持香宝子进行供养，这种供养物在沙州回鹘洞窟中也有一例，榆林窟第 39 窟南侧男像手中就有一件香宝子。

此外，在榆林窟第 39 窟南侧男像手中持有一只长颈香炉，其不见于前期洞窟中，为沙州回鹘洞窟供养人像中较为特殊的持物（图 3-82）。这一类长颈香炉多见于高昌回鹘，在高昌回鹘的佛教神祇像与供养人像持物中皆可见（图 3-83—图 3-84），沙州回鹘洞窟中出现的这一新式香炉，可能为高昌回鹘传入。

宝物供养主要见于回鹘王夫妇像中。莫高窟第 237 窟、莫高窟第 148 窟、西千佛洞第 16 窟的回鹘王及西千佛洞第 16 窟的可敦手持圆盘，圆盘中间放一宝瓶，宝瓶左右放宝珠，宝瓶上方发出放射形光束（西千佛洞第 16 窟可敦像手中的宝瓶未放光），光束呈彩色，这一类供养器在前期洞窟中比较少见（图 3-85）。关于这一类供养器

图 3-83   新疆高昌回鹘壁画中的持长颈香炉
供养人像

采自中国社会科学院考古研究所编《北庭高昌回鹘
佛寺遗址》图 59

图 3-84   新疆柏孜克里克 9 号庙壁画
中的长颈香炉

采自［德］勒柯克《高昌——吐鲁番古代
艺术珍品》插图 26

图 3-85   莫高窟第 148 窟供养人像
手中放光供物

所表现的内涵，或可与舍利联系在一起，宝瓶放光意味着宝瓶内盛放着贵重之物，在经典中记载佛涅槃后盛放舍利的容器就是瓶类物：

　　尔时，大众中有一婆罗门姓烟，在八军中高声大唱："拘尸城诸力士主听，佛无量劫积善修忍，诸君亦常闻赞忍法，今日何可于佛灭后，为舍利故，起兵相夺？诸君当知此非敬事。舍利现在但当分作八分。"诸力士言："敬如来议。"尔时，姓烟婆罗门即分舍利以为八分，作八分竟，高声大唱："汝诸力士主听，盛舍利瓶请以见与，欲还头那罗聚落起瓶塔，华香、幡盖、伎乐供养。"……姓烟婆罗门得盛舍利瓶，还头那罗聚落起塔，华香供养；必波罗延那婆罗门居士得炭，还国起塔供养。①

三、供养人像所见敦煌人口阶层和人口构成

（一）从沙州回鹘洞窟壁画看该时期的人口阶层

沙州回鹘洞窟中的男性供养人着回鹘装，且分别戴尖顶花瓣形冠、三叉冠、扇形冠、圆帽、翻檐帽等不同的冠式，冠式是判断回鹘人身份高低的一个重要特征，不同冠式的出现表示沙州回鹘洞窟中的供养人的身份有阶层差别。参照学界回鹘供养人服饰研究成果，沙州回鹘洞窟中的男性供养人可以分为以下几个阶层类别：

1.上层贵族统治者

戴尖顶花瓣形冠的供养人身份最为尊贵，尖顶花瓣形冠供养人在柏孜克里克石窟第16窟供养人排列中处于最首的位置，柏孜克里克石窟第31窟、柏孜克里克石窟第20窟中的可汗、王子皆戴此冠，学者认为戴此冠者大多为贵族阶层②，在沙州回鹘洞窟中，回鹘王多戴此冠。

较戴尖顶花瓣形冠供养人地位次之的为戴三叉冠的供养人，在莫高窟第148窟东壁北侧、西千佛洞第16窟南壁西侧和榆林窟第39窟前甬道南侧中可见戴这种冠式的供养人像。值得注意的是，莫高窟第245窟南壁西向列第一身供养人戴三叉冠，其位于供养人像

①（唐）若那跋陀罗译：《大般涅槃经后分》，《大正藏》第12册，第912页。
②包铭新等主编，沈雁等撰：《中国北方古代少数民族服饰研究》（回鹘卷），上海：东华大学出版社，2013年，第91页。

的最后，或许此窟的供养人像未按照身份高低排列。

2.官员阶层

戴扇形冠的供养人或以侍者的形象出现在回鹘王身后，或单独出现在家族窟中，或单独出现在社户集资修窟中，据学者研究"他们的身份也属于贵族或官员，级别比戴尖顶冠以及三叉冠的供养人低，因为在供养人群像中，他们往往排在二者之后"[①]。

3.普通人员或者低级官员阶层

圆帽、翻檐帽，是回鹘官阶较低或者平民应用较多的样式[②]，戴此冠者地位应该不会太高，沙州回鹘洞窟莫高窟第310窟中供养人冠式有圆帽，莫高窟第245窟、莫高窟第148窟供养人冠式有翻檐帽，这些人应该是中下阶层人员开窟的代表。

总而言之，沙州回鹘洞窟中以戴尖顶花瓣形冠的回鹘王地位最高，其次是戴三叉冠的官员，最后是戴扇形冠、圆帽、翻檐帽的普通人员或者低级官员。在同一洞窟中，往往会出现好几种冠式，这应该与洞窟开凿性质及供养人具体身份有关。这同时也说明了沙州回鹘洞窟供养人像脱离了程式化，较为严格地按照身份等级绘制。

（二）沙州回鹘洞窟所见该时期的社会人口构成

10世纪之前敦煌的人口概况在敦煌文书和正史材料中都有较为详尽的记载，杨际平、郭锋、张和平[③]、齐陈俊[④]、土肥义和[⑤]等先生对此也做过详细论述。11世纪以降尤其是沙州回鹘时期，敦煌的人口线索在藏经洞的封闭及正史阙载的情形下显得较为模糊。笔者通过梳理供养人像资料，试图对沙州回鹘时期的人口状况作一简单分析与推测。

1.汉人世家大族与汉化的粟特大族

敦煌自古是一个以汉人居民为主的地区，自西汉设敦煌郡伊始至隋唐时期，形成了众

---

① 包铭新等主编，沈雁等撰：《中国北方古代少数民族服饰研究》（回鹘卷），上海：东华大学出版社，2013年，第111页。

② 包铭新等主编，沈雁等撰：《中国北方古代少数民族服饰研究》（回鹘卷），上海：东华大学出版社，2013年，第113页。

③ 杨际平、郭锋、张和平：《五—十世纪敦煌的家庭与家族关系》，长沙：岳麓书社，1997年。

④ 齐陈骏：《敦煌沿革与人口》（上），《敦煌学辑刊》1980年第1辑，第32—40页；齐陈骏：《敦煌沿革与人口》（下），《敦煌学辑刊》1981年第1辑，第59—72页。

⑤ ［日］土肥义和著，李永宁译：《归义军时期（晚唐、五代、宋）的敦煌》（一），《敦煌研究》1986年第4期，第82—93页。

多汉人豪族，他们与政治保持着密切联系。晚唐时期，"粟特人与敦煌大姓联合推翻吐蕃政权，建立以汉族为主的番汉政权"①，此后敦煌的粟特人势力逐渐壮大，比肩传统的汉族大姓，"以一种变相的大姓豪宗的家族方式在敦煌文书中出现"②。"他们在敦煌地位显赫，声势极隆，形成了盘根错节、荣损与共的地方势力。"③

沙州回鹘时期，敦煌本地的部分大族依旧活跃在敦煌石窟的营建中，敦煌石窟中保存的题记记录了其活动行迹。莫高窟第 363 窟题记中出现"王定进""安存遂"，榆林窟第 39 窟题记中出现"安隆加（奴）""石惠美""王□儿""安□娘""安福满"等供养人姓名，"王""石""安"姓的出现说明了敦煌当地具有影响力的部分大族在沙州回鹘时期依然致力于敦煌石窟的营建。但这些有明确题记标识的汉、粟特大族多戴圆帽、翻檐帽等冠式，据研究这是回鹘中下层所戴冠式④，所以与五代时期大族与政治紧密相连的情况不同。沙州回鹘时期，这些大族未进入统治的核心层，游离于核心政治之外，从侧面说明敦煌大族在沙州回鹘时期走向衰落。

2.普通汉人

敦煌虽是一个大族政治特点明显的地区，但是大族只占敦煌当地人口的少数，大部分人依然是平民阶层。10 种大姓到 100 种以上的小姓所组成的敦煌居民，大概分散混合居住在各乡⑤。笔者认为在关注敦煌当地大姓豪族的同时也不能忽略敦煌这些普通居民，莫高窟第 399 窟出现"郑"这一姓氏，其非大姓豪族的姓氏，是敦煌地区常住居民之姓氏⑥，可见以郑氏为代表的普通居民阶层在沙州回鹘时期同样致力于敦煌石窟的营建。

---

① 郑炳林：《唐五代敦煌的粟特人与归义军政权》，载郑炳林主编《敦煌归义军史专题研究》，兰州：兰州大学出版社，1997 年，第 417 页。

② 郑炳林：《唐五代敦煌的粟特人与归义军政权》，载郑炳林主编《敦煌归义军史专题研究》，兰州：兰州大学出版社，1997 年，第 426 页。

③ 汤开建、马明达：《对五代宋初河西若干民族问题的探讨》，《敦煌学辑刊》1983 年第 1 辑，第 69 页。

④ 包铭新等主编，沈雁等撰：《中国北方古代少数民族服饰研究》（回鹘卷），上海：东华大学出版社，2013 年，第 113 页。

⑤ ［日］土肥义和著，李永宁译：《归义军时期（晚唐、五代、宋）的敦煌》（一），《敦煌研究》1986 年第 4 期，第 90 页。

⑥ ［日］土肥义和著，李永宁译：《归义军时期（晚唐、五代、宋）的敦煌》（一），《敦煌研究》1986 年第 4 期，第 93 页。

3.回鹘人

"现今藏经洞出土的早期回鹘文献中,有 19 件为世俗文书,主要是往来书信与商品账目"[①],考虑到藏经洞封闭和回鹘人西迁的时间,此文书可作为归义军时期回鹘人在敦煌生活的证据。虽然张氏归义军时期已经有回鹘人流散入敦煌,但是曹氏归义军和甘州回鹘和亲,才使得更多回鹘人进入瓜、沙地区,以至于归义军后期出现了严重回鹘化,归义军贡宋、贡辽时在其名号前分别冠以"甘、沙州回鹘可汗"[②] "沙州回鹘"[③]的称号。甘州回鹘灭亡后,甘州回鹘余众奔至沙州,但数量应该不会太多,据学者研究"甘州回鹘政权灭亡,其遗民除部分外逃外,大部留在原地,为西夏所属"[④]。由此可见,沙州回鹘人的主要来源是甘州回鹘余裔的迁入以及归义军时期敦煌本地回鹘势力的发展。此外,从邻近高昌回鹘进入沙州的回鹘人也是不能忽略的。虽然沙州的回鹘人来源较广,但是从洞窟里保存的题记来看,回鹘文榜题数量不大,远少于汉文榜题,若语言的使用与其族属有关的推论成立,似乎可从侧面说明回鹘人数量远少于当地汉人。

总之,回鹘人的迁入虽为沙州地区注入了新人口,但是归义军政权的覆灭也导致了部分人员流散,史籍中记载"[天圣]八年(1030 年),瓜州王以千骑降于夏"[⑤]。由于人员流失和补充可相互平衡,故人口总数字不会发生大的改变,沙州回鹘时期总人口数量较归义军时期不会相差太远。"曹氏归义军政权时期敦煌地区居民在一万户左右"[⑥],人口总量最少应当有三万到四万人口[⑦],沙州回鹘时期也大抵如此。另外,虽表面上看除回鹘人所占人口比重有所增大外,沙州回鹘时期敦煌常住人口的民族构成较归义军时期无太大差别,但是沙州回鹘时期是一个具有时间长度的阶段而不是时间点,故此期间的回鹘与汉人的和亲、汉人的回鹘化、回鹘人的汉化都影响着敦煌的人口属性。

---

① 杨富学:《回鹘与敦煌》,兰州:甘肃教育出版社,2013 年,第 304 页。

②(清)徐松:《宋会要辑稿》第一百九十七册《番夷三》、《宋会要辑稿》第一百九十九册《番夷七》,北京:中华书局,1957 年,第 7714、7844 页。

③(元)脱脱等撰:《辽史》卷十五《圣宗六》、《辽史》卷十六《圣宗七》,北京:中华书局,1974 年,第 175、187 页。

④ 朱悦梅、杨富学:《甘州回鹘史》,北京:中国社会科学出版社,2013 年,第 209 页。

⑤(元)脱脱等撰:《宋史》卷四八五《外国一》,北京:中华书局,1977 年,第 13992 页。

⑥ 郑炳林:《晚唐五代敦煌地区人口变化研究》,载郑炳林主编《敦煌归义军史专题研究三编》,兰州:甘肃文化出版社,2005 年,第 473 页。

⑦ 郑炳林:《晚唐五代敦煌地区人口变化研究》,载郑炳林主编《敦煌归义军史专题研究三编》,兰州:甘肃文化出版社,2005 年,第 476 页。

值得注意的是，虽然笔者以供养人像榜题内容为参考标准将敦煌人口简单分为了汉人世家大族与汉化的粟特大族、普通汉人、回鹘人三类，但是就实际情况而言，沙州回鹘时期敦煌人口构成应该是复杂的，郑炳林先生《晚唐五代敦煌地区的胡姓居民与聚落》[①]《晚唐五代河西地区的居民结构研究》[②]二文对晚唐五代敦煌人口做了研究，晚唐五代时期敦煌人口除汉人、粟特人、回鹘人外，还有鄯善人、焉耆人、吐蕃人、吐谷浑人等，并且还有胡人改汉姓的情况。由于资料的缺乏，笔者暂时没有看到沙州回鹘时期瓜、沙地区除上述三类人口外的其他人口的存在，且胡姓改汉姓的情况也难以考证。

（三）沙州回鹘时期的僧人状况

自敦煌石窟营建伊始，供养人像行列便出现了引导僧人、女尼，这种传统在沙州回鹘洞窟中得到延续。沙州回鹘洞窟中出现了不少供养僧尼像，可以清楚识别的有莫高窟第148窟、莫高窟第363窟、莫高窟第418窟、榆林窟第39窟、西千佛洞第16窟，共32身，其中莫高窟第148窟和榆林窟第39窟中的部分汉文榜题保存了下来，并可释读。

在莫高窟第148窟的供养僧人像题记中出现了报恩寺、莲台寺、圣光寺、显德寺、灵图寺、三界寺、龙兴寺、开元寺等一系列寺院，这些寺院都是前期寺院的延续。据研究，曹氏归义军时期有明确记载的敕建寺院共计17所，其中僧寺12所，分别是龙兴寺、永安寺、大云寺、灵图寺、开元寺、乾元寺、报恩寺、金光明寺、莲台寺、净土寺、三界寺、显德寺；尼寺5所，分别是灵修寺、普光寺、大乘寺、圣光寺、安国寺[③]。这些寺院出现在沙州回鹘洞窟中，说明沙州回鹘时期这些寺院依然在较好经营。值得注意的是，莫高窟第148窟中出现的"圣光寺"在之前为尼寺，但是洞窟题记反映出其在沙州回鹘时期改建成了僧寺[④]，说明这一时期僧人数量有所变化，僧人数量增加。虽然僧人数量的增加可能是社会动荡导致的寺户人员的增加，但是僧人迁入的可能性也不能不考虑。

① 郑炳林：《晚唐五代敦煌地区的胡姓居民与聚落》，载郑炳林主编《敦煌归义军史专题研究三编》，兰州：甘肃文化出版社，2005年，第596—616页。

② 郑炳林：《晚唐五代河西地区的居民结构研究》，载郑炳林主编《敦煌归义军史专题研究四编》，西安：三秦出版社，2009年，第1—31页。

③ 郝春文、陈大为：《敦煌的佛教与社会》，兰州：甘肃教育出版社，2013年，第23—34页。

④ 张先堂：《敦煌莫高窟第148窟西夏供养人图像新探——以佛教史考察为核心》，《西夏学》（第十一辑），上海：上海古籍出版社，2015年，第226—227页。

敦煌回鹘人的主要来源之一为甘州回鹘。回鹘人迁到甘州后自汉至唐久盛不衰的佛教文明对回鹘佛教产生了既深且巨的影响,回鹘王室和民众都逐渐地接受了佛教①,P.3663《辛未年(911年)七月沙州耆寿百姓等一万人状上回鹘可汗》中记载"天可汗信敬神佛"②。此外,甘州回鹘在多次进贡中都派遣僧人,以下史料记载犹可说明:

[乾德三年(965年)]十一月丙子,甘州回鹘可汗遣僧献佛乐宝器。③

[咸平元年(998年)]九日,甘州回鹘可汗王遣僧法胜来贡。④

景德元年(1004年)九月,甘州夜落纥遣进奉大使、宣教大师宝藏……百二十九人来贡。⑤

是年(1007年),[甘州]夜落纥遣僧翟大秦来献马十五匹,欲于京师建佛寺。⑥

(1010年)三年十一月六日,甘州回鹘僧法光来贡。⑦

从以上材料可知,甘州回鹘不仅信仰佛教,且存在大量僧人,但是这些僧人是汉僧还是回鹘僧,抑或相互参会,还待辨析。无论僧人的族属如何,据前述学者研究"甘州回鹘大部分遗民留了下来,成为西夏的属民",可知僧人逃去敦煌的数量也不会太大,不会对敦煌当地的僧人团体产生大的影响。

讨论至此,笔者认为,沙州回鹘时期敦煌的佛教寺院未受大的影响,其原因不仅仅可能是迁入的僧尼数量不占优势,更是敦煌本地僧尼在长期历史发展过程中所形成的根深蒂固的强大势力所致。僧尼自古便在"神圣之乡"的敦煌有极高的地位,加之佛教教团在归义军政权建立和归唐事件过程中起到了很大作用,从此以后每次入朝的归义军使团成员中都包括了大量的僧侣⑧,他们与中原高僧大德联系密切,且享有参与瓜沙政治的权利,

① 杨富学:《回鹘之佛教》,乌鲁木齐:新疆人民出版社,1998年,第47页。

② 唐耕耦、陆宏基:《敦煌社会经济文献真迹释录》(第四辑),北京:书目文献出版社,1990年,第380页。

③ (元)脱脱等撰:《宋史》卷三《太祖二》,北京:中华书局,1977年,第23页。

④ (清)徐松撰:《宋会要辑稿》第一百九十九册《番夷七》,北京:中华书局,1957年,第7846页。

⑤ (清)徐松撰:《宋会要辑稿》第一百九十七册《番夷四》,北京:中华书局,1957年,第7715页。

⑥ (清)徐松撰:《宋会要辑稿》第一百九十七册《番夷四》,北京:中华书局,1957年,第7715页。

⑦ (清)徐松撰:《宋会要辑稿》第一百九十七册《番夷四》,北京:中华书局,1957年,第7715页。

⑧ 郑炳林:《晚唐五代敦煌佛教转向人间化的特点》,载郑炳林主编《敦煌归义军史专题研究续编》,兰州:兰州大学出版社,2003年,第536—537页。

是一个重要的社会团体，归义军时期僧尼和寺户人口已超过总人口的 10%[①]。故僧尼在敦煌的势力及名望决定了无论什么时期，他们是统治者要拉拢的重要对象，大量僧人供养像在沙州回鹘洞窟中的出现从侧面说明沙州回鹘对僧尼势力的妥协。

四、供养人像所见民族问题

（一）汉装女性服饰的"曹氏装"特征

襦裙是中国古代汉族女性服饰的主要样式，"从战国产生，一直沿用到清代。在两千多年的时间里，虽然它的长短宽窄和色彩纹饰时有变化，但其基本形式却始终如初"[②]。沙州回鹘洞窟中的汉装女性供养像，所着服饰属襦裙类，但由于时代、地位、地域、流行样式等缘由，在襦裙共性特点的基础上又体现出个性因素。女性供养像着红色大袖襦裙袍服，鬟发包面并饰以花钗，项戴瑟瑟珠，此装扮类似于曹氏归义军政权中的女性家眷

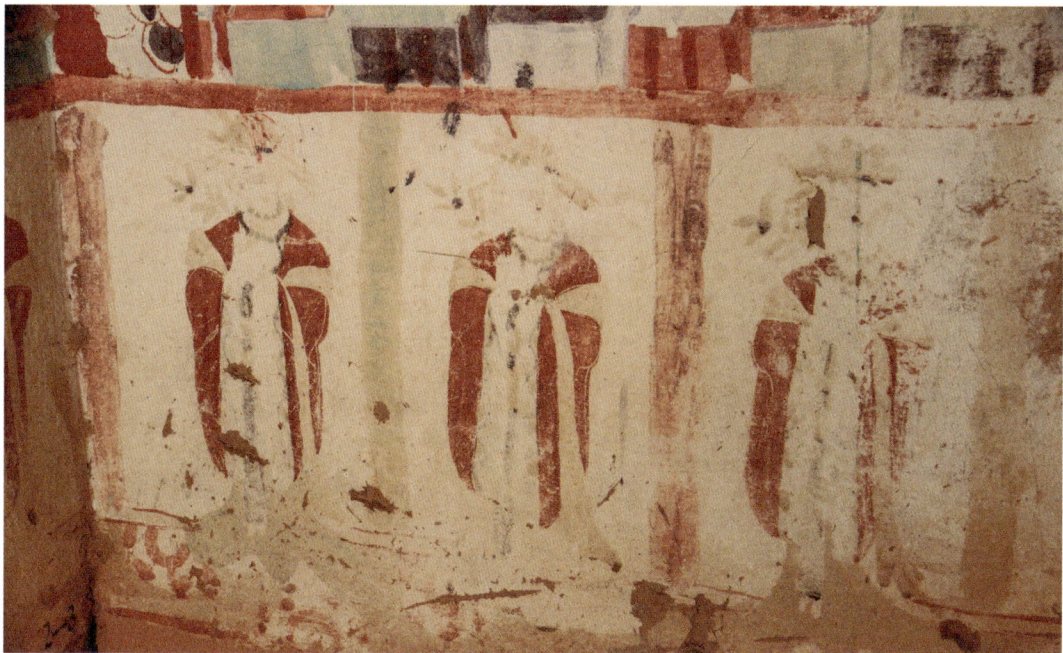

图 3-86　沙州回鹘洞窟中的汉装女像

① 郝春文、陈大为：《敦煌的佛教与社会》，兰州：甘肃教育出版社，2013 年，第 23 页。
② 刘芳：《中西服饰艺术史》，长沙：中南大学出版社，2008 年，第 15 页。

装束，而这些"曹氏女性"如此装束自有其来源（图3-86）。

乾化四年（914年），曹议金取代张承奉掌瓜沙政权，自称归义军节度使留后，虽然学界对中原正式授予曹议金节度使一职的时间存在争议[①]，但现代学者的争议，当然不会影响千年之前的曹氏政权建设。由于节度使一职为差遣官，没有品秩，所以一般还会加校检头衔。从敦煌文书中可知曹议金最初的称号是"尚书"[②]，之后又擢升为仆射、司空、太保、大王等[③]。此外，曹氏政权中重要的文武官吏也会被曹氏统治者或者朝廷授予"银青光禄大夫""国子祭酒""御史中丞""上柱国""监察御史"等散官、职官头衔，从品阶上看，这些官阶品位很高，大致在三品及其以上。

中国古代社会，服色与品秩往往联系在一起，"文物煌煌，仪品穆穆。分别礼数，莫过舆服"[④]。服色制度由来已久，至唐朝发展成熟，"服色制度作为一种等级观念的表现，是统治阶级维护封建统治秩序的有效手段之一"[⑤]。虽然五代时期的章服及服色制度，未见史书记载，详情不得而知，但是据《五代典制考》研究，"五代时期的法律名义上继承了唐代的律令格式体系，其使用过程中则以唐代的格令为主，兼有五代时期的皇帝诏敕"[⑥]。由此，大致可以断定，五代较唐朝而言，制度上未有重大更改。《旧唐书》有载：

　　［武德］四年（621年）八月敕：三品已上，大科䌷绫及罗，其色紫，饰用玉。五品已上，小科䌷绫及罗，其色朱，饰用金。六品已上，服丝布，杂小绫，交梭，双紃，其色黄。六品、七品饰银。八品、九品鍮石。[⑦]

① 李正宇先生依据P.4638（4）《八月十五日曹仁贵上令公状》《曹仁贵献玉状》和S.3054《观世音经》题记考证曹议金被授节之时间为贞明四年（918年）。杨宝玉、吴丽娱据P.2945书仪考究曹议金被授节之时间为同光二年（924年）。

② 见于P.3239《甲戌年（914年）十月十八日敕归义军节度兵马留后使牒》、P.4638（4）《八月十五日曹仁贵上令公状》《曹仁贵献玉状》、P.3556（2）《大唐敕授归义军应管内外都僧统充佛法主京城内外临坛供奉大德兼阐扬三教大法师赐紫沙门泛和尚（福高）邈真赞》、P.3556（3）《归义军应管内外都僧统陈和尚（法严）邈真赞》、S.1655《白鹰诗》、S.4240《大佛名经》等文书中。

③ 杨宝玉、吴丽娱：《归义军政权与中央关系研究——以入奏活动为中心》，北京：中国社会科学出版社，2015年，第77页。

④ （梁）萧子显著：《南齐书》卷十七《舆服》，北京：中华书局，1972年，第343页。

⑤ 王春慧：《古代章服制度与赐紫研究》，西北师范大学硕士学位论文，2012年，第10页。

⑥ 仁爽编：《五代典制考》，北京：中华书局，2007年，第42页。

⑦ （后晋）刘昫等撰：《旧唐书》卷四十五《舆服志》，北京：中华书局，1975年，第1952页。

另《唐会要》记载：

贞观四年（630 年）八月十四日，诏曰：冠冕制度，以备令文，寻常服饰，未为差等，于是三品已上服紫，四品五品已上服绯，六品七品以绿，八品九品以青。[1]

又《旧唐书》载：

上元元年（760 年）八月又制：……文武三品已上服紫，金玉带。四品服深绯，五品服浅绯，并金带。六品服深绿，七品服浅绿，并银带。八品服深青，九品服浅青，并鍮石带。[2]

按照上述服色制度，曹氏统治者及曹氏麾下高阶品的文武官，应该服紫色。官员的家眷，被称为外命妇，依据《旧唐书》记载，其衣服颜色与其夫服色相同：

妇人从夫色[3]
妇人宴服，准令各依夫色[4]

除此之外，法律对外命妇的装束也有所规定：

内外命妇服花钗，施两博鬓，宝钿饰也。[5]

供养像虽不是邈真赞画稿，但也具有一定写真的性质。由于紫色主要取源于紫草、胭脂虫、贝紫[6]，珍贵不易获得，所以敦煌壁画中几乎难以见到紫色。绯色是除紫色之外，

---

[1]（北宋）王溥撰：《唐会要》卷三十一《舆服上》，北京：中华书局，1955 年，第 569 页。
[2]（后晋）刘昫等撰：《旧唐书》卷四十五《舆服志》，北京：中华书局，1975 年，第 1952—1953 页。
[3]（后晋）刘昫等撰：《旧唐书》卷四十五《舆服志》，北京：中华书局，1975 年，第 1952 页。
[4]（后晋）刘昫等撰：《旧唐书》卷四十五《舆服志》，北京：中华书局，1975 年，第 1957 页。
[5]（后晋）刘昫等撰：《旧唐书》卷四十五《舆服志》，北京：中华书局，1975 年，第 1956 页。
[6] 郑巨欣、陆越：《古代贝紫染色工艺的历史》，《装饰》2011 年第 4 期，第 54 页。

高贵的颜色，并且也较易获得，除此之外，史书记载：

[咸亨五年]自今以后，衣服下上各依品秩，上得通下，下不得僭上。[①]

所以，从供养人像绘制角度来说，绯色是表现曹氏统治者及其文武官身份最合适的颜色。据研究，曹氏归义军时期，曹氏建有隶属于官府的画院，民间也出现了画行，并且壁画制作之间呈现等级关系，高级画师处于设计者地位，较低级的画匠、院生按设计稿进行上壁绘制，因此壁画会表现出程式化[②]。故对于供养人画像的绘制，并非随意，而是画师根据供养人的身份、地位、等级绘制，在共性的基础上表现个性的特点。贞明四年（918年），曹议金修建大窟一所——莫高窟第98窟，这是有记载的最早的曹氏洞窟。"98窟是莫高窟中屈指可数的大窟之一，而其突出的特点是甬道和主室下方，绘满了供养人像，总共有二百多身"[③]，这些供养人像包括曹议金及曹议金的夫人、曹议金之前的几位瓜沙节度使、曹氏归义军节度使麾下重要的文武官吏及其家眷、沙州僧官大德，他们的绘制"反映了曹议金的良苦用心，实际上，这是他巩固曹氏政权的一项重要措施，因而这些供养人像也反映了曹氏归义军政权的基础"[④]。莫高窟第98窟供养人像的服色基本上为绯色，并且女性供养人满足法律对外命妇的要求，即"服花钗，施两博鬓，饰宝钿"（图3-87）。

所以，这种"红色大袖襦裙袍服、施两博鬓、头戴花钗、面施花钿"的女性装束，可以定义为"曹氏装"，即曹氏统治者及曹氏政权中高等文武官吏之女性家眷的装扮。由于回鹘和曹氏统治者联姻的缘故，曹氏装在以上基础上还呈现出项戴瑟瑟珠、梳桃形发髻的一些特点，如莫高窟第61窟，但是基本上没有脱离曹氏装的范围（图3-88）。

仔细分析沙州回鹘洞窟中的汉装女性形象，不难发现这些汉装女性供养人像的装束还是呈现出"曹氏装"的特点，为典型的"曹氏装"传统的延续。

① （北宋）王溥撰：《唐会要》卷三十一《舆服上》，北京：中华书局，1955年，第569页。
② 姜伯勤：《敦煌的"画行"与"画院"》，载氏著《敦煌艺术宗教与礼乐文明》，北京：中国社会科学出版社，1996年，第13—31页；沙武田：《敦煌画稿研究》，北京：中央编译出版社，2007年，第401页。
③ 荣新江：《归义军史研究——唐宋时代敦煌历史考索》，上海：上海古籍出版社，2015年，第241页。
④ 荣新江：《归义军史研究——唐宋时代敦煌历史考索》，上海：上海古籍出版社，2015年，第241页。

图 3-87　莫高窟第 98 窟五代供养人像

采自敦煌研究院等编《敦煌石窟鉴赏丛书 9》图 20

图 3-88　莫高窟第 61 窟五代供养人像

采自段文杰主编《中国敦煌壁画全集 9》图 65

（二）沙州回鹘时期的服饰政策

　　沙州回鹘的民族政策虽无史籍记载，但是通过分析现存供养人画像的服饰状况，大致可以得出其服饰制度。沙州回鹘洞窟中的女性装扮多元，有的为传统回鹘装扮，即头戴如角前指冠、桃形凤冠，身着对襟窄袖长袍，与高昌回鹘女性供养人装扮相似，这在高昌回鹘壁画中绘制的供养人画像上能够找到其来源，此外史书中"前咸安公主……册公主为回鹘可敦……解前所服而披可敦服，通裾大襦，皆茜色，金饰冠如角前指"[1]也明确记载了回鹘女性的这种"对襟窄袖长袍"式回鹘女装；有的为传统汉人装扮，这种装扮延续了五代宋以来曹氏女性着红色大袖襦裙、服花钿、施博鬓的装束特点，此点笔者在前面已经论述过。此外，出现了革新的回鹘服装，即圆领窄袖长袍式回鹘装，这类服饰尚未在公布的柏孜克里克石窟资料中找到相似样式，但是它与"对襟窄袖长袍"的区别仅在于领口由对襟变成圆领，故还是属于回鹘装，这种服饰在榆林窟第 39 窟中大量出现，有趣的是部分着此类回鹘装的女

① (后晋) 刘昫等撰：《旧唐书》卷一百九十五《回纥》，北京：中华书局，1975 年，第 5212—5213 页。

图 3-89　榆林窟第 39 窟回鹘—汉式装扮　　图 3-90　榆林窟第 39 窟回鹘—汉式装扮

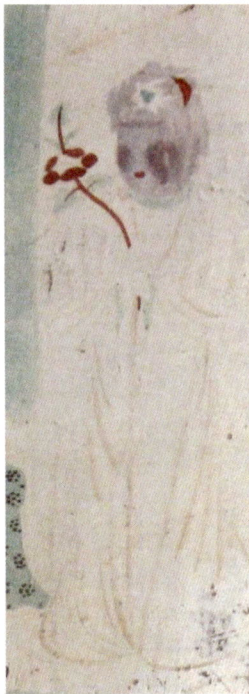

性所梳的是汉人发髻，我们可称其为回鹘—汉族式装扮（图 3-89—图 3-90）。可见，该时期女性服饰要求较为宽松。

　　相对女性服饰而言，男性服饰显得就尤为单一，所有男性都着回鹘装，故笔者认为沙州回鹘可能实行了汉人男子易服的制度。莫高窟第 194 窟、莫高窟第 245 窟、莫高窟第 309 窟（漫漶）、莫高窟第 310 窟、莫高窟第 363 窟、莫高窟第 418 窟、榆林窟第 39 窟中都出现了汉装女性供养人像，但却未发现汉装男性供养人像（见表 3-3），代之是回鹘装男性供养人像，这种反传统似乎说明了汉人男子已经易服回鹘装。若持汉装女性供养人像和回鹘装男性供养人像的组合出现以证汉人男子易服还有所不足的话，那么榜题中"王""安""石""郑"等姓的敦煌当地汉、粟特姓男子皆未着汉装，而是以着回鹘装的形象出现在石窟当中，持此以证沙州回鹘时期汉人男性有易服一说，乃是颇为充足的。无独有偶，胡服汉服容于一窟的情况同样出现在新疆的回鹘石窟中，"公元 9 世纪中叶以后，回鹘人在龟兹建立政权，很快就皈依了佛教"[1]，并开始营建石窟，在其营建的库木吐喇石窟第 79 窟中也出现了回鹘装男女供养人像和汉装女性供养人像（图 3-91），沙州回鹘未

① 新疆龟兹石窟研究院、新疆维吾尔自治区博物馆编：《中国新疆壁画艺术》（第四卷），乌鲁木齐：新疆美术摄影出版社，2009 年，第 14 页。

要求汉族女子易服或是面对强大的汉人基础所做出的妥协，抑或是回鹘人自古便对女性的服饰要求较为宽松。

表3-3　沙州回鹘洞窟供养人像服饰分析表

石窟名称	窟号	原修时代	供养人画像着装
莫高窟	第363窟	唐	男性回鹘装，女性汉装
莫高窟	第399窟	隋	男性回鹘装，女性供养人漫漶
莫高窟	第409窟	隋	男性回鹘装，女性回鹘装
莫高窟	第148窟	唐	男性回鹘装，女性回鹘装
莫高窟	第237窟	唐	男性回鹘装，女性回鹘装
莫高窟	第245窟	唐	男性回鹘装，女性汉装
莫高窟	第418窟	隋	男性回鹘装，女性汉装
莫高窟	第97窟	唐	男性回鹘装，女性汉装
莫高窟	第309窟	隋	男性回鹘装，女性回鹘装
莫高窟	第310窟	隋	男性回鹘装，女性回鹘装、汉装
莫高窟	第194窟	唐	男性回鹘装，女性汉装
西千佛洞	第12窟	北周	男性回鹘装，女性回鹘装
西千佛洞	第16窟	唐	男性回鹘装，女性回鹘装
西千佛洞	第15窟	隋	漫漶
榆林窟	第39窟	唐	男性回鹘装，女性回鹘装、汉装

（三）供养人像服饰所见民族认同心理

敦煌汉人男子迫于政治压力，不得不易服回鹘装。但是，在对女性服饰较为宽松的政策之下，汉人女性依然坚持自己的民族传统，以汉人的形象出现在石窟中，并没有因为此时回鹘服较汉服高贵便易服。因此，作为一种反传统现象出现的汉族女装，是汉人家族从内心上坚守自己文化的证据。

这让我们联系到吐蕃统治敦

图3-91　新疆库木吐喇石窟第79窟供养人像

采自贾应逸等主编《中国新疆壁画艺术4》图218

煌时期，吐蕃统治者要求当地汉人易服后，汉人充满着对汉服的怀念和对吐蕃装的排斥。

《新唐书》记载：

> 州人皆胡服臣虏，每岁时祀父祖，衣中国之服，号恸而藏之。①

《新唐书》又载：

> 户皆唐人，见使者麾盖，夹到观。至龙支城，耆老千人拜且泣，问天子安否？言："顷从军没于此，今子孙未忘唐服，朝廷尚念乎？兵何日来？"言已皆呜咽。②

此外，敦煌文书P.3633《辛未年（911年）七月沙州耆寿百姓一万人上回鹘大圣天可汗状》中写道"却着汉家衣冠，永抛蕃丑。太保与百姓重立咒誓，不着吐蕃"③。由此可见，服饰是身份的标志，"未忘唐服""不着吐蕃"等词表现汉族人民对自己文化的认同和坚守，这在图像资料上也得到了印证，虽然吐蕃对敦煌汉人男性控制严格，要求其易服吐蕃装，但是其依然不失时机地在敦煌石窟中绘上唐装供养人像，"说明了尽管有民族高压政策，但是沙州唐人仍时时不忘自己的身份"④。诚然，对文化的认同心理并非只出现在汉族，胡人亦是如此，虞弘墓、穆泰墓等胡人汉官墓葬中的胡服、胡人俑说明其作为汉官也未忘记自己的文化，"其中服饰的回归与坚持是对其心理状态最真实的反映"⑤。

由此观之，沙州回鹘时期，汉人虽被回鹘化，但是我们可以从汉人女装这一反传统现象中看出汉人对自己民族文化的坚守和认同。

---

① （宋）欧阳修、宋祁等撰：《新唐书》卷二一六《吐蕃传》，北京：中华书局，1978年，第6101页。
② （宋）欧阳修、宋祁等撰：《新唐书》卷二一六《吐蕃传》，北京：中华书局，1978年，第6102页。
③ 唐耕耦、陆宏基：《敦煌社会经济文献真迹释录》（第四辑），北京：书目文献出版社，1990年，第379页。
④ 沙武田：《吐蕃统治时期敦煌石窟供养人画像考察》，《中国藏学》2003年第2期，第91页。
⑤ 沙武田：《五代宋敦煌石窟回鹘装女供养人画像与曹氏归义军的民族属性》，《敦煌研究》2013年第2期，第80页。

第四章 净土的选择：说法图、净土变图像

　　净土变的简化与说法图的流行，是沙州回鹘洞窟艺术特点之一。前期洞窟中的净土变，细节完整，容易辨认，比如观无量寿经变有未生怨、十六观等内容；药师经变有十二神将、十二大愿、九横死等内容；弥勒经变有三会、剃度、嫁娶等内容。沙州回鹘洞窟中的净土变将经典依据的细节特征和故事情节略去，留下"说法会"的内容，体现出由复杂向简化转变的特点。沙州回鹘洞窟内的说法图数量多、类型多，呈现出中原与回鹘两种风格特征。

一、说法图的类型、特点、风格分析

（一）说法图概况与类型

　　沙州回鹘洞窟中有 15 个洞窟内绘制有说法图，共存 29 幅。沙州回鹘洞窟内的说法图所占壁面面积大小不一，位置布局各有不同，人物排列各有特点。避开说法图所处位置和面幅大小不谈，单从说法图构图来看，可分为以下几种类型：

1."4+4"类型

　　"4+4"类型的特点是主尊位于菩提双树下说法，宝盖悬挂于双树冠中，左、右各

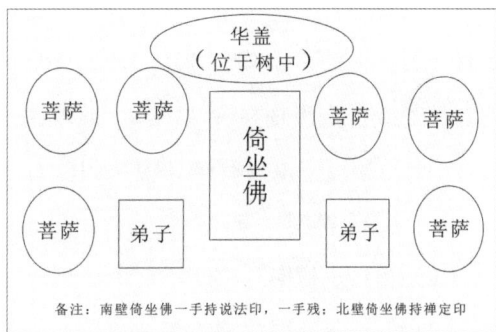

图 4-1　莫高窟第 310 窟说法图位置排列示意图
（作者绘）

4 身胁侍分两排而坐。这一类洞窟有 3 个，莫高窟第 245 窟、莫高窟第 309 窟、莫高窟第 310 窟，均绘于主室南、北壁，共 6 幅（图 4-1—图 4-3）。

　　上述 3 窟说法图为整壁面绘制，人物等真大小，排列较为松散。左、右 4 身胁侍中 3

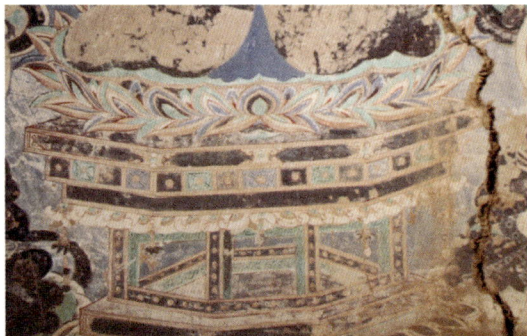

图 4-2　莫高窟第 245 窟说法图中的须弥座

图 4-3　莫高窟第 310 窟说法图中的须弥座

身为菩萨，1 身为弟子，皆为跌坐，或作相互交谈状，或作倾听之状。同一洞窟内的两幅说法图除菩萨和弟子的神态、持物以及主尊手姿的表现略有差别外，人物排列及布局并无差别。在 3 个洞窟中，莫高窟第 310 窟说法图主尊皆为倚坐，其余 2 窟主尊皆为结跏跌坐；莫高窟第 310 窟说法图主尊佛座为上下两层叠涩，中间束腰部位为长方形列格，其余两窟主尊佛座上中下三层为六棱形，中间束腰部分为壶门状①。3 窟说法图主尊手中无持物，皆作说法印、禅定印等常见手印。3 窟说法图中皆有散落花朵，莫高窟第 245 窟以及莫高窟第 309 窟说法图中绘有飞天。

2. "3+3" 类型

"3+3" 类型的特点是主尊结跏跌坐说法，一手持锡杖，一手持钵，左右各 3 身胁侍，1 水月观音、1 弟子、1 菩萨，这类说法图只有一幅，绘制于榆林窟第 21 窟前甬道南壁。这是水月观音首次出现在说法图中。此幅说法图前端有现代崖面水泥加固痕迹，从整体布局来看，水泥加固应该没有破坏说法图。

3. "2+2" 类型

(1) "2+2" 横向

"2+2" 横向类型的特点是主尊跌坐说法，左、右各 2 身胁侍，1 身为弟子，1 身为菩萨，或为跌坐，或为立姿，并排排列，作倾听之状。这一类洞窟有 3 个，榆林窟第 39 窟（前室窟顶）、西千佛洞第 15 窟（主室东、西壁）、莫高窟第 307 窟（主室东壁门上）。这 3 个洞

① 佛座参考杨森：《敦煌石窟中的佛座图像研究之——须弥座》，《敦煌研究》2008 年第 2 期，第 16—24 页。

窟虽然构图类型相同，但是图像表达略微不同。莫高窟第 307 窟说法图主尊头顶没有宝盖，主尊与各胁侍下方皆有莲茎相连，背光处莲茎开出莲花。榆林窟第 39 窟、西千佛洞第 15 窟说法图主尊身后皆有双树，树冠中悬挂宝盖。西千佛洞第 15 窟说法图中的胁侍为立姿态，其余 2 窟中的胁侍为坐姿。此外，西千佛洞第 15 窟说法图中主尊宝盖左、右各有趺坐小化佛 1 身，这应该不是说法图本身的内容，这些小化佛应当属于西千佛洞第 15 窟主室四壁上方的十方化佛体系内容。此 3 窟说法图中，除西千佛洞第 15 窟东壁说法图主尊手中持圆形印状物外，其余主尊皆作说法印、禅定印等常见手印（图 4-4—图 4-6）。

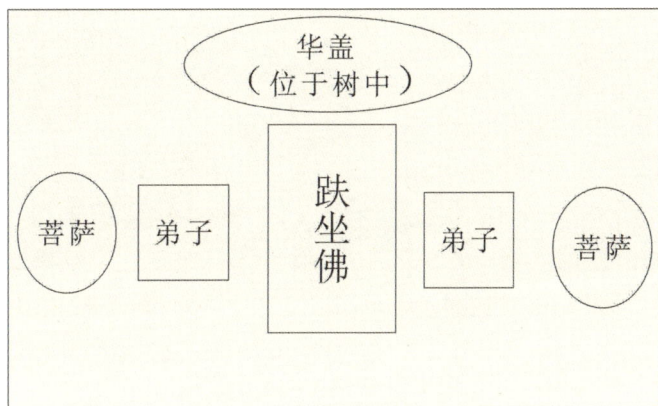

图 4-4　榆林窟第 39 窟说法图位置排列示意图

（作者绘）

图 4-5　莫高窟第 307 窟主室东壁门上说法图

北壁化佛　　东壁化佛　　　　　　　　　　　　　　　　　东壁化佛　　南壁门

持物

图4-6　西千佛洞第15窟主室东壁说法图与化佛

（2）"2+2"纵向

　　"2+2"纵向类型的特点是主尊跌坐或者倚坐说法，左、右各2身胁侍，1身为弟子，1身为菩萨，或为跌坐，或为立姿，纵向排列，作倾听之状。这一类洞窟有2个，西千佛洞第16窟（主室东、西壁）、莫高窟第330窟（主室南、北、西壁）。莫高窟第330窟说法图共3幅，构图相同，主尊倚坐，弟子跪坐，菩萨胡跪。主尊头顶悬花盖，主尊、胁侍座下蔓生莲花枝，此花盖是回鹘洞窟中较为特殊的样式，莫高窟第409窟甬道南、北壁药师顶亦有花盖，但样式与莫高窟第330窟略有区别。西千佛洞第16窟说法图主尊结跏跌坐，无宝盖，头顶左、右各一飞天，佛座与莫高窟第245窟、莫高窟第309窟同，胁侍皆为立姿。除西千佛洞第16窟主室东壁说法图主尊左手持摩尼珠外，其余说法图主尊皆作说法印、禅定印等常见手印（图4-7—图4-8）。

图 4-7 莫高窟第 330 窟说法图主尊头顶花盖

图 4-8 西千佛洞第 16 窟主室东壁说法图主尊持物摩尼珠

图 4-9 莫高窟第 418 窟主室人字披顶下的说法图

4. "1+1" 类型

"1+1" 类型的特点是主尊跌坐说法，左、右各 1 身胁侍，或为弟子，或为菩萨，其为站姿或坐姿，作倾听之状。这一类洞窟有 4 个，莫高窟第 418 窟（主室南、北壁人字披下，南壁人字披下脱落）、西千佛洞第 12 窟（中心柱北向面、东壁后部）、榆林窟第 39 窟（前室南、北壁）、西千佛洞第 4 窟（主室东、西壁）。西千佛洞第 4 窟在这一类型当中较为特殊，西千佛洞第 4 窟说法图主尊头部左、右侧绘制有化佛，这可能表达的是法身佛概念（图 4-9）。

5. "9+9" 类型

"9+9" 类型的特点是指主尊左、右各 9 身胁侍，这样类型的洞窟仅 1 个，即莫高窟第 207 窟（主室南、北壁）。莫高窟第 207 窟主室南、北壁说法图布局相同，主尊左、右胁侍各 3 排，每排 3 身，第 1、2 排为菩萨，第 3 排为弟子；佛座上雕刻有法轮，南壁佛座前有一跪地仰头的小鹿，北壁则没有（图 4-10）。

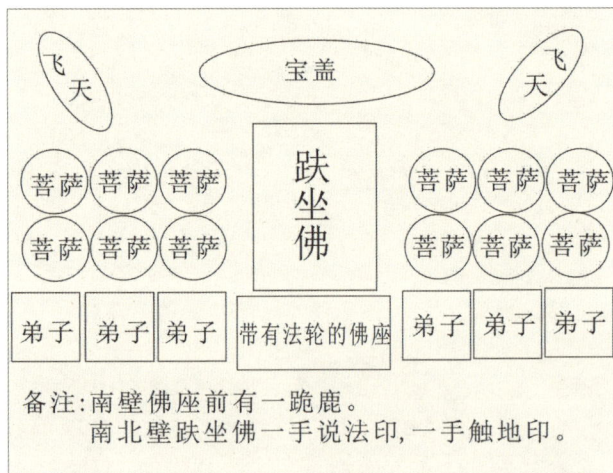

图 4-10 莫高窟第 207 窟说法图位置排列示意图

（作者绘）

6.三角形构图类型

　　三角形构图类型中出现了大菩萨，这是前述各类说法图中没有的内容。三角形构图类型的特点是佛、大菩萨在构图上形成一个三角形，这类说法图有 3 幅，绘于莫高窟第 307 窟前室西、南、北壁门上。此窟说法图中绘制有莲茎，将主尊与胁侍相连（图 4-11—图 4-12 ）。

图 4-11　莫高窟第 307 窟前室西壁门上说法图

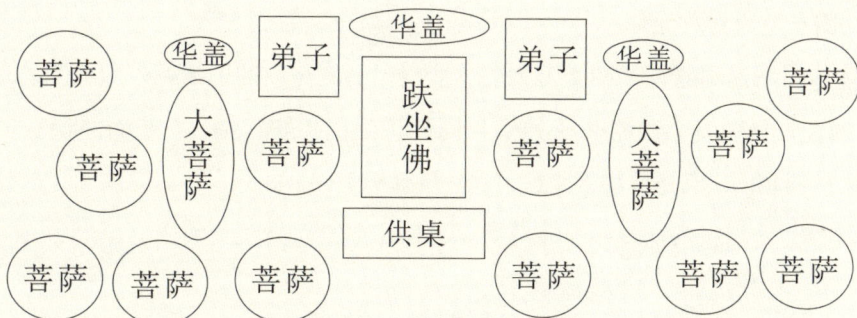

备注：第307窟前室北壁跌坐佛持禅定印；第307窟前室南壁跌坐佛持说法印

图 4-12　莫高窟第 307 窟前室南、北壁说法图位置排列示意图

（作者绘）

7. "三会式" 类型

三会式即有三个佛组成法会, 在榆林窟第21窟前甬道北壁绘制一幅三会式构图的说法图。此外在这一窟中行脚僧也作为听法部众入画, 这较为特殊 (图4-13)。

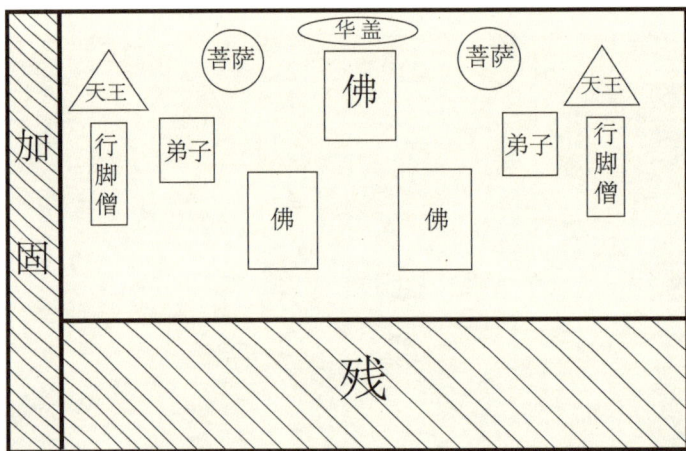

图4-13　榆林窟第21窟前甬道北壁说法图位置排列示意图

(作者绘)

(二) 说法图的特点

沙州回鹘洞窟十分流行说法图, 在图像布局上可分为多种类型, 在内容、绘制位置、风格上也有一些时代特点:

1.说法图一般为对称绘制

从前述沙州回鹘洞窟说法图类型来看, 沙州回鹘洞窟内的说法图一般为对称绘制, 主室或前室的左、右壁面会绘制两幅类型相同的说法图。虽然左、右壁面的说法图类型相同, 即人物排列相同, 但是持物、神态、手姿却有所不同。此外, 有的说法图比较注重细节表达, 画面中会绘制飘落的花朵、海贝等。另外, 有的说法图画面中会绘制许多莲茎, 将主尊与各胁侍相连。

2.相比前期洞窟, 沙州回鹘洞窟内的说法图尺幅增大, 整幅绘制在主要壁面位置

沙州回鹘洞窟除莫高窟第307窟说法图以小尺幅图绘制于窟门 (前室西、南、北壁门及主室东壁门) 上方以及莫高窟第418窟说法图以小尺幅图绘制于主室南、北壁人字披下外, 其余大部分洞窟 (莫高窟第207窟、莫高窟第245窟、莫高窟第309窟、莫高窟第

310 窟、莫高窟第 330 窟、西千佛洞第 4 窟、西千佛洞第 15 窟、西千佛洞第 16 窟、榆林窟
第 39 窟）的说法图基本上以大尺幅图整幅绘制在洞窟主要壁面位置，即前室左、右壁或者
主室左、右壁，该壁面中不再绘制其他题材内容。敦煌石窟主室和前室左、右壁面可利用
的空间面积大，在前期洞窟中一般绘制巨幅经变画，说法图人物数量少，一般绘制在壁门
上方、人字披下等较为角落的位置。即使有绘制在主室及前室左、右壁面的案例，都是与
其他题材一同绘制，不会单独只绘制一幅说法图。沙州回鹘洞窟说法图中的人物数量并不
多，但是由于说法图空间占比提高，说法图中的人物比例也相应地增大。说法图取代经变
画绘制在洞窟主要壁面是沙州回鹘洞窟壁画艺术的一个重要特点。

图 4-14　新疆柏孜克里克石窟第 17 窟说法图

采自新疆吐鲁番学研究院等编《中国新疆壁画艺术 6》图 66

3.说法图呈现出两种不同的风格特征

沙州回鹘洞窟说法图呈现出两种不同的风格特征,两种风格在用色、人物形体上有所不同。一种是敦煌本地风格(或称之为中原风格),这一类风格的说法图画面整体设色以青绿为主,人物形体较为消瘦,莫高窟第 307 窟等窟说法图表现出这类风格体系,这一类说法图与敦煌本地传统风格表现出继承关系。一种是回鹘风格,这一类说法图设色以红色为主,人物形体丰腴,莫高窟第 245 窟、莫高窟第 309 窟、莫高窟第 207 窟、莫高窟第 310窟、莫高窟第 330 窟、西千佛洞第 4 窟、西千佛洞第 15 窟、西千佛洞第 16 窟、榆林窟第39 窟等窟说法图都表现出这一类风格体系,这一类说法图与新疆柏孜克里克石窟内的说法图较为接近,应该是受到高昌回鹘影响而致(图 4-14—图 4-15)。

图 4-15　莫高窟第 309 窟主室北壁说法图线描图

(胡天磊绘)

4.多与五佛、七佛、十方佛等同窟绘制

沙州回鹘洞窟中，尤其是在主室左、右壁面绘制了巨幅说法图的洞窟，这些洞窟主室壁门上方多绘制小化佛。比如莫高窟第207窟、莫高窟第309窟、西千佛洞第15窟、西千佛洞第16窟主室壁门上方绘制七佛，莫高窟第245窟主室壁门上方绘制五佛，榆林窟第39窟前室壁门上方绘制十五佛。

（三）说法图主尊身份考察

沙州回鹘洞窟内的说法图数量多，且几乎没有榜题，故说法图主尊身份判断较为困难，笔者通过观察说法图的细节以及相关情况大致推测出以下几个洞窟说法图主尊的身份，其余洞窟说法图主尊身份还暂时难以识别。

1.主尊为弥勒佛的情况

据学界研究"所有的佛经都没有记载弥勒的形象（身长除外），在实际造像中，弥勒形象有多种，其衣冠、持物、坐立式，均有特征，而其坐立式具有重要的意义"[1]。一般来说，敦煌石窟中的弥勒造像为倚坐姿，但倚坐姿并非弥勒的专属姿势，倚坐姿势只是弥勒身份参考的一个方面，弥勒身份的判断还要结合其他信息具体分析。莫高窟第330窟与莫高窟第310窟说法图主尊坐姿为倚坐，可往弥勒方向考虑。莫高窟第310窟主室西龛塑像为隋塑清修的倚坐佛，由于此主尊坐姿为倚坐，主室南、北壁说法图主尊坐姿皆为倚坐，那么此窟大概率以绘塑结合的方式表达了弥勒三会的主题思想。莫高窟第330窟则更为明确，莫高窟第330窟主室中并未开龛，四面绘壁画，其中南、北、西壁绘说法图，说法图主尊坐姿皆为倚坐，因此这一窟的三幅说法图可能也表达了弥勒三会的主题思想。佛教典籍中记载"当来若有众生于佛法中闻说大乘者，当生弥勒三会"[2]。在《佛说弥勒下生经》中写道：

尔时，弥勒初会，八万四千人得阿罗汉。……阿难当知，弥勒佛第二会时，有九十四亿人，皆是阿罗汉，亦复是我遗教弟子，行四事供养之所致也。……又弥勒第三之会，九十二亿人皆是阿罗汉，亦复是我遗教弟子。[3]

① 王惠民：《敦煌净土图像研究》，中山大学博士学位论文，2000年，第21页。
② （唐）智严译：《大乘修行菩萨行门诸经要集》，《大正藏》第17册，第924页。
③ （西晋）竺法护译：《佛说弥勒下生经》，《大正藏》第17册，第421页。

前代也有不少表现弥勒三会的场景，如莫高窟第 445 窟，其将"弥勒诸世界"与主体"弥勒三会"合在一起绘制[①]，其中弥勒为倚坐姿。

2.主尊为药师佛的情况

敦煌石窟中的药师佛基本为一手持钵，一手持锡杖的形象，钵和锡杖成为判断药师佛身份的主要标志之一。以此为判断依据，榆林窟第 21 窟前甬道南壁说法图主尊身份即为药师佛。

3.主尊为释迦牟尼佛的情况

殷博博士对莫高窟第 207 窟主室南、北壁内容作了考察，认为其表现的是初转法轮的场景[②]，笔者同意殷博博士的观点，莫高窟第 207 窟主室南、北壁为佛初说法图。在今出土或发现的众多雕刻或者绘制有释迦牟尼佛初转法轮场景的造像中，法轮、鹿是标志之一。佛经中记载"佛初得道，在鹿野苑，初转法轮，广度众生，斯等五人"[③]，"佛昔于波罗，初转法轮，今乃复转无上最大法轮"[④]（图 4-16—图 4-17）。

4.主尊为过去佛的情况

莫高窟第 245 窟主室东壁门上方绘五佛，并保存有榜题，分别为"毗婆湿佛""尸弃佛""毗舍浮佛""拘留孙佛""拘那含牟尼"，为过去七佛中的五佛。张世奇博士以莫高窟第 245 窟榜题内容为突破口，以七佛——弥勒与竖三世佛思想解读洞窟的整体造像思想，提出主室南、北壁说法图主尊的身份为上述榜题中未提到的过去七佛中的迦叶佛和燃灯佛[⑤]。值得注意的是，莫高窟第 309 窟、莫高窟第 207 窟、西千佛洞第 15 窟、西千佛洞第 16 窟与莫高窟第 245 窟内部布局皆为主室左、右壁为说法图，主室壁门上方为化佛，但是只有莫高窟第 245 窟壁门上方为五佛，其余洞窟壁门上方皆为七佛，也只有莫高窟第 245 窟龛内主尊塑像为倚坐，可以用弥勒身份来解释。由此看，莫高窟第 245 窟壁门上绘制五佛而不是七佛，应该是与整窟思想表达紧密相连，张世奇博士的解读可备一说。

① 沙武田：《榆林窟第 25 窟——敦煌图像中的唐蕃关系》，北京：商务印书馆，2016 年，第 29 页。
② 殷博：《莫高窟第 207 窟初说法图考》，《敦煌研究》2019 年第 6 期，第 25—33 页。
③（元魏）慧觉等译：《贤愚经》，《大正藏》第 4 册，第 39 页。
④（姚秦）鸠摩罗什译：《妙法莲华经》，《大正藏》第 9 册，第 12 页。
⑤ 张世奇、郭秀文：《莫高窟第 245 窟主尊定名考》，《西夏学》（第十五辑），兰州：甘肃文化出版社，2017 年，第 161—174 页。

图 4-16　莫高窟第 260 窟北魏初转法轮图

采自敦煌研究院编《中国石窟 敦煌莫高窟 一》图 50

图 4-17 新疆克孜尔石窟第 69 窟鹿野苑初转法轮图

采自新疆维吾尔自治区文物管理委员会等编《中国石窟 克孜尔石窟 二》图 1

5.难以确定的情况

除上述说法图外，其余说法图主尊的身份暂时难以判断。西千佛洞第 15 窟（主室东壁）和西千佛洞第 16 窟（主室东壁）说法图主尊手中持有物品，可见其应该是有明确身份。西千佛洞第 15 窟说法图主尊持物具体名称还不能查明，有待考证。西千佛洞第 16 窟说法图主尊持摩尼珠，据"复以日爱宝摩尼珠置在佛上"[①]"稽首毗卢遮那佛……一切如来金刚顶……遍观十方诸佛刹……如在掌内摩尼珠"[②]等记载，持摩尼宝珠佛可能为宝胜如来、宝生如来、释迦牟尼、毗卢遮那等，故而其身份也难以确定。

有的说法图主尊可能并没有特定尊格，只是单纯佛说法场景的表达而已。

---

① （北凉）昙无谶译：《大方等大集经》，《大正藏》第 13 册，第 310 页。
② （唐）善无畏、一行译：《金刚顶经毗卢遮那一百八尊法身契印》，《大正藏》第 18 册，第 335 页。

二、净土变内容与类型试探

"净土是佛教的一个重要的概念，净土信仰在古代中国十分流行，是中国佛教的一大特点。"① "大凡以雕塑、绘画手段变某一种经籍为图像者，谓之经变，或称变相，简称变。"②南朝时已经有了"经变""变"之称，据唐代张彦远《历代名画记》载，南朝宋时的袁倩画有"维摩诘变"，梁时之儒童画"宝积经变"③。净土变是指依据净土经典绘制的经变图像或者描绘净土的经变图像，佛教史上三种主要的净土变为西方净土变、东方净土变、弥勒净土变。

晚至唐代，敦煌石窟中开始绘制巨幅净土变，这些净土变一般绘制在壁面的主要位置即前室或者主室左、右壁面，而沙州回鹘时期这些位置几乎转变为绘制说法图，关于此点前文已有论述。尽管如此，沙州回鹘洞窟内也不是没有净土变图像，莫高窟第306窟、莫高窟第308窟、莫高窟第363窟、莫高窟第399窟、莫高窟第418窟绘制有净土变，但是相较于前期洞窟内的净土变，这些净土变已经有很大改变，主要是图像内容严重简化，有的甚至可以用"复杂的说法图"来形容。赵晓星先生及学者赵沈亭注意到沙州回鹘洞窟净土变简化这一特征，并作了一些研究④，笔者在此基础上再对沙州回鹘洞窟内的净土变作一简单讨论。

（一）阿弥陀佛与诸菩萨

在莫高窟第307窟主室西龛和东壁两侧绘有一佛多菩萨图像，其在人物排列上不具特点，与说法图并无太大区别，但是画面中有菩萨形象化生、俗人形象化生、童子形象化生等一般说法图不具备的净土因素，因此笔者认为这应该可以算是一种简略的净土变。

① 王惠民：《敦煌净土图像研究》，中山大学博士学位论文，2000年，第58页
② 于向东：《敦煌变相与变文研究》，兰州：甘肃教育出版社，2009年，第26页。
③ 季羡林编：《敦煌学大辞典》（上），上海：上海辞书出版社，1998年，第82页。
④ 赵晓星：《关于敦煌莫高窟西夏前期洞窟的讨论——西夏石窟考古与艺术研究之五》，《敦煌研究》2021年第6期，第1—19页；赵沈亭：《敦煌西夏石窟净土变图像研究》，陕西师范大学硕士学位论文，2020年。

　　莫高窟第 307 窟主室西龛两侧的一佛多菩萨图构图相同，图中主尊侧身倚坐，面向西龛；主尊被菩萨围绕，菩萨共 5 排，各菩萨莲座下生出莲茎，莲茎将各菩萨相连；北侧图中菩萨 15 身，化生菩萨 3 身；南侧图中菩萨 15 身，化生菩萨 1 身，世俗人化生 2 身。莫高窟第 307 窟主室东壁两侧的一佛多菩萨图构图相同，图中主尊正面结跏趺坐，菩萨环绕，菩萨共 5 排，各菩萨莲座下生出莲茎，莲茎将各菩萨相连，菩萨 24 身，化生童子 2 身（图 4-18—图 4-19）。

　　这类一佛多菩萨图样式与一佛五十菩萨图尤为近似，"'一佛五十菩萨图'亦称为'阿弥陀佛和五十菩萨'，是一种描绘阿弥陀佛与五十菩萨在水池上——坐在莲花上的图像"[①]，一佛五十菩萨图的图像特征即是胁侍皆为菩萨，各菩萨以莲茎相连，菩萨的数量

图 4-18　莫高窟第 307 窟主室东壁北侧一佛多菩萨图　　图 4-19　莫高窟第 307 窟主室西龛北侧一佛多菩萨图

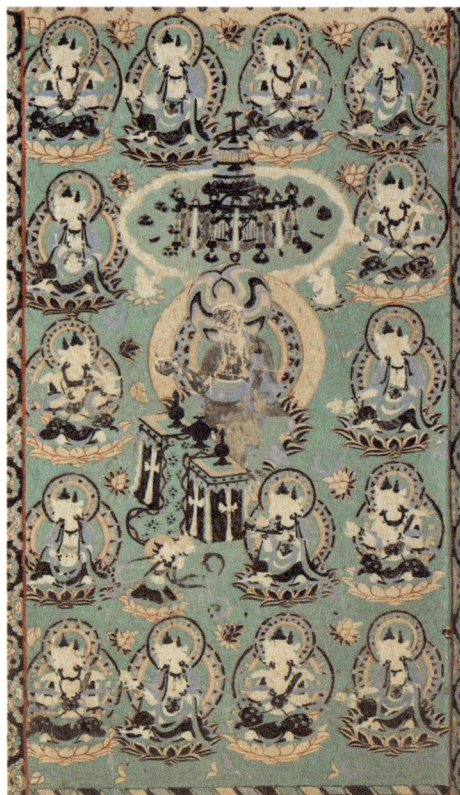

---

① 朱天舒：《"一佛五十菩萨图"及其相关记载》，《丝绸之路研究集刊》（第三辑），北京：商务印书馆，2019 年，第 109 页。

一般为五十或者五十二个。莫高窟第 307 窟这种一佛多菩萨图除了菩萨的数量不能达到五十个外，其他特征与一佛五十菩萨图几乎都是相同的。因此，莫高窟第 307 窟这种一佛多菩萨图可能是一佛五十菩萨的一种变形，本质上表达了阿弥陀净土和阿弥陀信仰。

以往学者认为一佛五十菩萨图为迦叶摩腾姊子从印度带来，在道宣《集神州三宝感通录》记载：

阿弥陀佛五十菩萨像者，西域天竺之瑞像也。相传云：昔天竺鸡头摩寺五通菩萨往安乐界请阿弥陀佛："婆婆众生愿生净土，无佛形像，愿力莫由，请垂降许。"佛言："汝且前去，寻当现彼。"及菩萨还，其像已至，一佛五十菩萨各坐莲花在树叶上，菩萨取叶所在图写，流布远近。

汉明感梦，使往祈法，便获迦叶摩腾等至洛阳。后，腾姊子作沙门，持此瑞像方达此国，所在图之。未几，贵像西返，而此图传不甚流广。魏晋已来，年载久远，又经灭法，经像湮除，此之瑞迹，殆将不见。隋文开教，有沙门明宪，从高齐道长法师所得此一本，说其本起，与传符焉。是以图写流布，遍于宇内。①

但是，王惠民先生指出，一佛五十菩萨图可能从《观佛三昧海经》中发展而来②，在《观佛三昧海经》中记载：

（佛）足下轮相及长足跟，各生一华，其华微妙，犹如净国优钵罗华佛足跟出，围绕诸光，满足十匝，华华相次，一一华中有五化佛，一一化佛五十菩萨以为侍者，一一菩萨其顶上生摩尼珠光。③

无论一佛五十菩萨图最早的创作背景是不是禅观，但是发展到后来，信众基本上是将一佛五十菩萨图与西方净土联系，认为主尊为阿弥陀佛。

龙门、四川、敦煌保存有多幅一佛五十菩萨图，纪年最早的一佛五十菩萨图保存在四

①（唐）道宣译：《集神州三宝感通录》，《大正藏》第 52 册，第 421 页。
②王惠民：《敦煌净土图像研究》，中山大学博士学位论文，2000 年，第 149 页。
③（东晋）佛陀跋陀罗译：《观佛三昧海经》，《大正藏》第 15 册，第 660 页。

川绵阳梓潼卧龙山石窟①，在敦煌莫高窟唐代洞窟第 23 窟、第 171 窟、第 332 窟中有一佛五十菩萨图（图 4-20）。新近，朱天舒先生《"一佛五十菩萨"图新探》一文将一佛五十菩萨图的粉本源头追溯到印度，并提到印度一佛五十菩萨图菩萨数量只有 24 身，不是五十身或者五十二身，日本佛教图像中，常可见在阿弥陀佛像身边绘制二十四或者二十五身菩萨伴随②，这将一佛五十菩萨图的研究向前推进了一步（图 4-21—图 4-22）。

　　按此理解，莫高窟第 307 窟这种一佛多菩萨图应该就是一种阿弥陀佛净土图式。在这种图像中出现了三种化生，菩萨化生、俗人化生、童子化生，这也是对西方净土世界的一种表达。《佛说观无量寿佛经》中提到"九品往生"，往生者往生至七宝池中，花开见佛③。《佛说无量寿经》中提到"三辈往生"，随阿弥陀佛往生其国，于七宝花中自然化生④。化生是阿弥陀净土的一个重要特点（图 4-23）。

图 4-20　莫高窟第 332 窟唐代一佛五十菩萨图 ▷
采自敦煌研究院编《中国石窟 敦煌莫高窟 三》图 94

① 王惠民：《敦煌净土图像研究》，中山大学博士学位论文，2000 年，第 147 页。
② 朱天舒：《"一佛五十菩萨图"及其相关记载》，《丝绸之路研究集刊》（第三辑），北京：商务印书馆，2019 年，第 10—121 页。
③（南朝宋）畺良耶舍译：《佛说观无量寿佛经》，《大正藏》第 12 册，第 344—346 页。
④（曹魏）康僧铠译：《佛说无量寿经》，《大正藏》第 12 册，第 272 页。

图 4-21　日本法隆寺金堂阿弥陀佛组像

采自朱天舒《"一佛五十菩萨图"新探》图 7

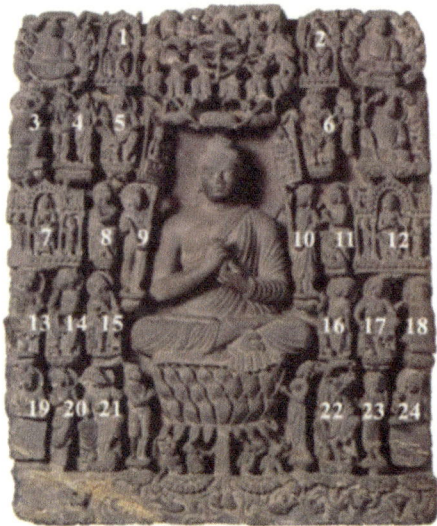

图 4-22　卢浮宫博物馆藏巴基斯坦默罕默德-
纳里 3—4 世纪石刻

采自朱天舒《"一佛五十菩萨图"新探》图 5

图 4-23　莫高窟第 307 窟主室西龛北侧一佛

多菩萨图中的俗人化生

（二）楼阁式净土变

莫高窟第 307 窟前室窟门南、北壁和主室南、北壁前部以及莫高窟第 418 窟主室南、北壁后部绘制有净土变，其特点是画面中绘制有大型建筑群，场面较为宏大。两窟中的净土变在图像样式上分为两种类型，莫高窟第 307 窟主室南、北壁前部与莫高窟第 418 窟主室南、北壁后部的净土变属于同一类型，其建筑皆为单院式，正中间为两层大殿，左右各一两层小殿，三殿组成凹形。各殿前有一露台，以慢道相连，殿前内台以慢道连接外台，外台样式与内台同。内台中部和外台左、右部为佛说法，内台左、右部为菩萨说法，外台中部为众菩萨（莫高窟第 418 窟主室北壁此部分损坏），楼阁中有菩萨、莲花等，楼阁上方有赴会佛。建筑整体架在莲池上，池中有化生童子、化生菩萨、莲花等。各台说法佛皆结跏趺坐，除莫高窟第 418 窟主室南壁净土变中的说法佛持钵外，其余说法佛皆作说法印等手印。此外，莫高窟第 418 窟净土变内台中部佛说法中有白衣观音听法（图 4-24—图 4-25）。

另一类是莫高窟第 307 窟前室西壁门两侧的净土变，其建筑整体架在莲池上，为一较完整的院落，前方为大门，建筑大致呈凹字形，中间为两层大殿，左右为两层楼阁，大殿

图 4-24　莫高窟第 307 窟主室北壁楼阁式净土变线描图（胡天磊绘）

图 4-25　莫高窟第 418 窟主室南壁楼阁式净土变线描图（胡天磊绘）

图 4-26　莫高窟第 307 窟前室西壁南侧
楼阁式净土变

前有一露台，台上为主尊说法，水池空白处皆绘菩萨，水池中有化生童子、莲花等（图4-26）。

无论是第一类还是第二类，皆描绘的是庄严佛国世界。第一类净土变与前期洞窟联系较为紧密，前期洞窟中的东方净土变和西方净土变的庄严世界多为此样式，经典描绘的故事内容则多以条幅画的形式绘制在庄严世界两侧或者下方。一般来说，在没有榜题的情况下，外缘故事部分是判断该净土变所据经典的依据，由于沙州回鹘时期的净土变的这些内容被删除了，该净土变的经典依据便难以考证了。在4幅图中都出现了化生菩萨和化生童子，虽然化生是西方净土的特征，但是在经典中记载：

彼世尊药师琉璃光如来，行菩萨道时所发大愿，及彼佛土功德庄严，我若一劫，若一劫余，说不能尽。然彼佛土，一向清净，无有女人，亦无恶趣，及苦音声。琉璃为地，金绳界道，城、阙、宫、阁、轩、窗、罗网，皆七宝成。亦如西方极乐世界，功德庄严，等无差别。[1]

东方净土世界和西方净土世界一样，因此在东方净土变中也多有化生。若单纯以是否有化生去判断沙州回鹘洞窟里的东、西方净土变，还略显片面[2]。莫高窟第418窟主室南

[1]（唐）玄奘译：《药师琉璃光如来本愿功德经》，《大正藏》第 14 册，第 405 页。
[2] 在前面一佛多菩萨的讨论中也涉及化生的问题，笔者是根据该图与一佛五十菩萨的联系以及其中的三类化生共同判断主尊的阿弥陀佛身份，与这里的讨论并不矛盾。

壁净土变说法佛皆持钵（右台损坏），一般持钵是药师佛的特征，这应该是东方药师经变。

　　将外缘部分去掉只留下净土庄严世界这一做法在归义军时期已有端倪，赵晓星先生也曾提到这一类净土变可追溯到归义军时期①。在曹氏归义军时期营建的莫高窟第98窟中，东方药师经变没有外缘部分，主榜题写有"东方十二上愿药师琉璃经变"（图4-27—图4-29）。

　　总而言之，楼阁式净土变是在前期净土变的基础上去掉外缘部留下庄严世界画面的一类净土变，这一类净土变特征较少，较难判断其经典依据。

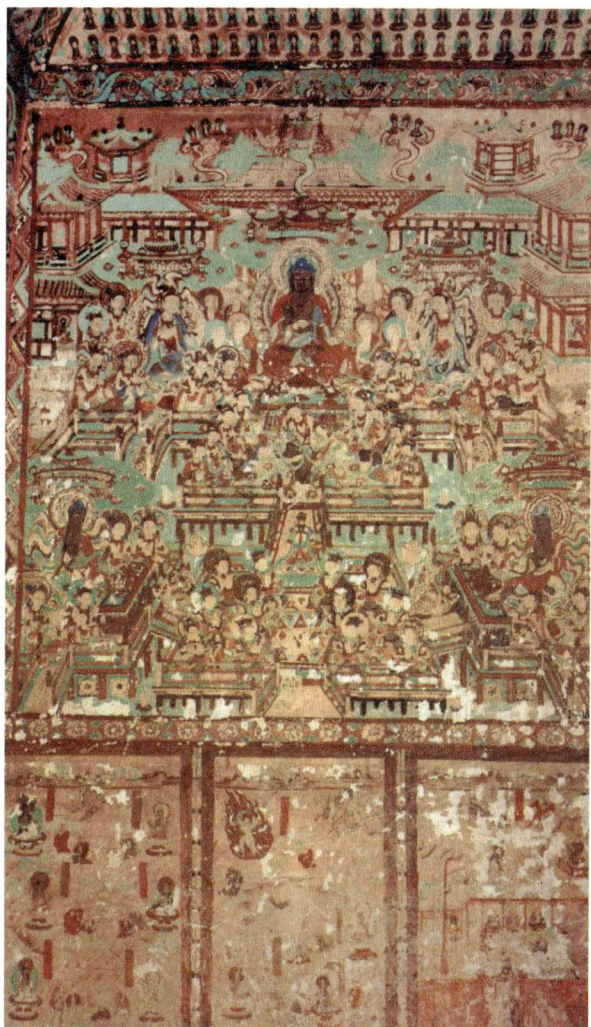

图4-27　莫高窟第18窟晚唐药师经变

采自敦煌研究院编《敦煌石窟全集 弥勒经画卷》图173

① 赵晓星：《关于敦煌莫高窟西夏前期洞窟的讨论——西夏石窟考古与艺术研究之五》，《敦煌研究》2021年第6期，第1—19页。

图 4-28　莫高窟第 154 窟中唐西方净土变

采自［日］松本荣一《敦煌画研究 下》图 5a

（三）简略净土变

简略净土变这一定名最早是赵晓星先生提出来的[①]，这一类净土变的内容布局较为简单。莫高窟第 306 窟主室西、南、东壁，莫高窟第 307 窟主室南、北壁后部，莫高窟第 308窟主室西、东、南壁，莫高窟第 399 窟主室南、北壁，莫高窟第 363 窟主室南、北壁绘有简

[①] 赵晓星：《关于敦煌莫高窟西夏前期洞窟的讨论——西夏石窟考古与艺术研究之五》，《敦煌研究》2021 年第 6 期，第 1—19 页。

图 4-29　莫高窟第 98 窟五代药师经变

采自敦煌研究院编《敦煌石窟全集 弥勒经画卷》图 176

略净土变。此 5 窟中的简略净土变可以分为三种类型，第一类是在前述楼阁式净土变第一种类型基础上的变形，其将楼阁式净土变第一类型中的大殿、小殿等建筑全部去掉，在画面最前方绘制一排栏杆，栏杆下方绘制立柱，水池穿立柱而过，水池中有莲花，栏杆前方绘制慢道，栏杆以上为露台，佛在其上说法。栏杆以上的说法场景为三会式的佛说法，画面中的菩萨、弟子大多以莲茎相连，莲茎上盛开莲花。这一类净土变绘制在莫高窟第 306 窟主室东壁、西壁，莫高窟第 308 窟主室东壁、西壁，莫高窟第 363 窟主室南、北壁。莫高窟第 306 窟和莫高窟第 308 窟这一类净土变中佛的姿态皆为倚坐，其余皆为结跏趺坐，手姿则为作说法印等常见手姿（图 4-30）。

图 4-30　莫高窟第 306 窟主室西壁简略净土变线描图（胡天磊绘）

第二类为在前述第一类简略净土变的基础上再作简化，也可以说是在前述楼阁式净土第一种类型的基础上做出的变形，其将楼阁式净土变第一类型中的建筑、内台左右部天众，以及外台所有的天众和佛说法全部删除，把内台中部的佛说法放大扩充至整个画面，画面前方绘制栏杆，栏杆下方绘制立柱，水池穿立柱而过，水池中有莲花等物，栏杆前方绘制幔道。由于已经去掉外台左、右部，因此整个画面也不具备三会式佛说法的特征了。这一类净土变绘制在莫高窟第 307 窟主室南、北壁，主尊皆结跏趺坐，作说法印等手印（图4-31）。

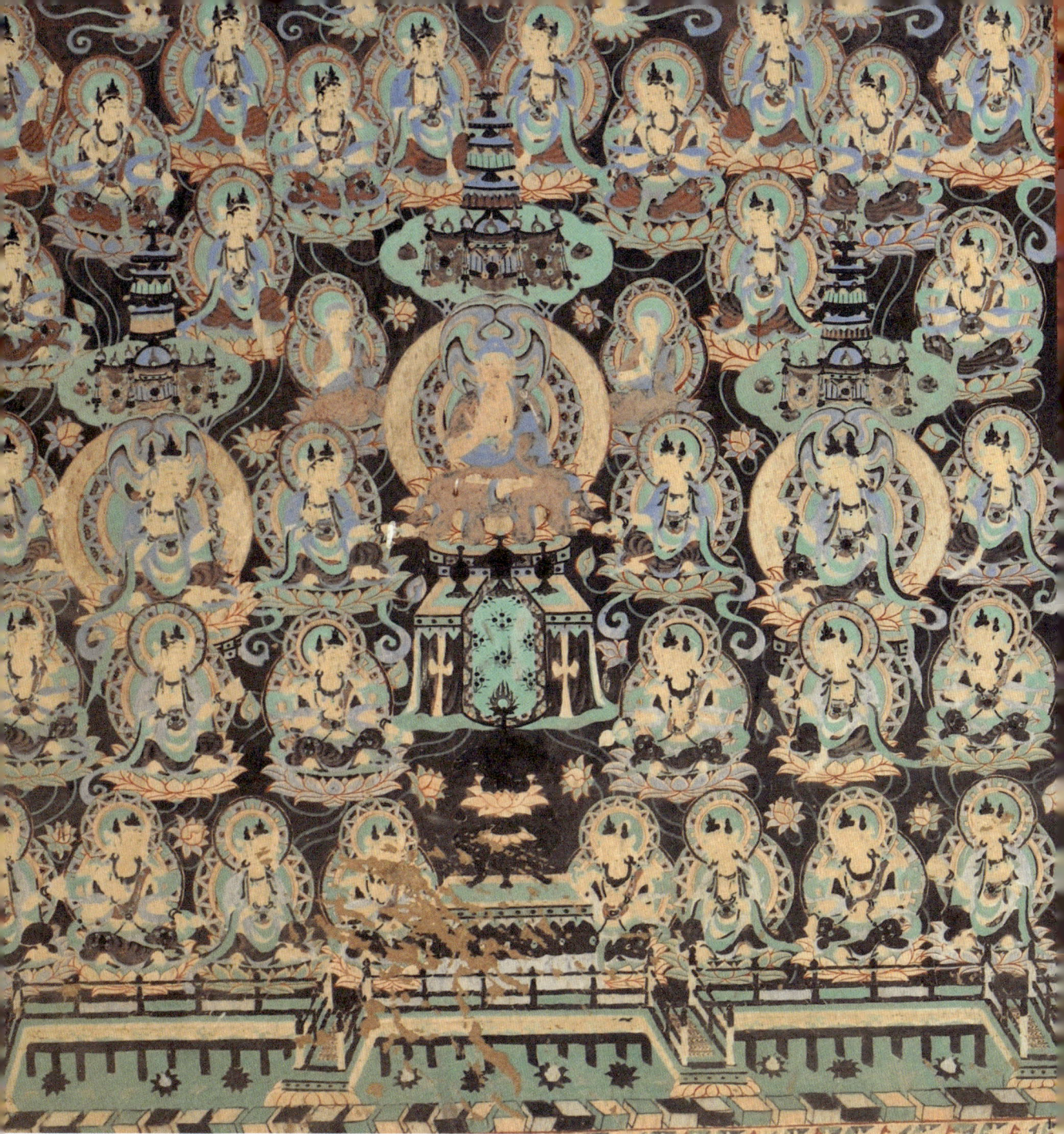

图 4-31　莫高窟第 307 窟主室北壁简略净土变

　　前面两类净土变以栏杆、水池元素表现天宫净土。第三类净土变是在第二类简略净土变的基础上作了简化，去掉了水池和栏杆，天众人数也有所减少，佛与左、右下方的大菩萨构成一个三角形。这一类简略净土变画面中的菩萨、弟子大多也以莲茎相连，莲茎上盛开莲花。莫高窟第 306 窟主室南壁、莫高窟第 308 窟主室北壁以及莫高窟第 399 窟主室南、北壁绘制有这类净土变。除莫高窟第 308 窟主室北壁净土变主尊坐姿为倚坐外，其余主尊为结跏趺坐，手姿则为作说法印等常见手姿（图 4-32）。

上述三类简略净土变皆为前期净土变简化变形而来，没有故事情节，经典依据难以判断。考虑到莫高窟第 308 窟和莫高窟第 306 窟主室西壁、东壁净土变中三会式佛说法主尊坐姿皆为倚坐式，可能是弥勒三会，推测这几幅净土变应该是弥勒经变。此外，莫高窟第 308 窟主室北壁净土变的主尊坐姿为倚坐式，结合整个洞窟情况来看，应该是与其他两壁的弥勒经变组

图 4-32　莫高窟第 399 窟主室南壁简略净土变

合再一次重申弥勒三会的主题思想，因此莫高窟第 308 窟主室北壁净土变应该也为弥勒经变。前面已经论述过，一般来说，在敦煌石窟中弥勒为倚坐姿，但是这不是弥勒的专属姿势，笔者认为对弥勒佛身份的判定，除了其坐姿外，还要结合洞窟内的布局、宗教环境、图像细节来考虑。其余的净土变由于图像本身以及在洞窟中的布局并没有比较特殊的地方，因此具体定名较困难。

总而言之，沙州回鹘洞窟净土变在前期净土变基础上进行了极度简化，这些净土变某种程度上更像是"复杂的说法图"，它没有了外缘的故事内容，严格来说也不具备了"变"的性质。与前期净土变相比，此时期的净土变只是在图像样式即图像的排列布局上进行了很大改变，艺术风格即人物形体等几乎没有改变，皆为敦煌本地或者中原风格，并没有高昌回鹘风格介入，这一点与说法图不同。

三、说法图取代净土变的原因

如前所述，沙州回鹘洞窟十分流行说法图，在前期洞窟绘制巨幅经变画的地方，在沙州回鹘时期几乎都绘制了说法图。在沙州回鹘洞窟内虽然有几个洞窟绘制了净土变，但是这些净土变已经与前期洞窟内的净土变大相径庭，没有了故事内容，没有了情节特征，更像是"复杂的说法图"。

因此，说法图取代净土变绘制在主要壁面位置是沙州回鹘洞窟艺术的一大特征，而引起这一转变的原因，笔者认为是沙州回鹘时期，在政局动荡、战争频仍、曹氏画院解体的背景下，民众在石窟营建中更倾向于选择小窟进行重绘，窟内的壁面面积较小，不能容纳大的经变画，更适合绘制说法图。另外，由于窟内壁面面积较小，为了契合壁面，净土变作了简化。

第五章　药师立像相关问题讨论

隋代至归义军时期，药师图像一直是敦煌石窟中流行且经典的题材之一，这一时期药师经变与单尊药师立像皆有，至沙州回鹘时期，单尊药师立像的绘制成为主流。药师佛侧面，胯部略微外顶，一手持锡杖斜靠肩上，一手托钵于腹前（或左、右上方），身着覆肩袈裟，脚踩踏莲花，有的脚上着鞋，或单独出现，或与胁侍一同出现。这类单尊药师立像既延续了敦煌传统风格又有创新特点，是沙州回鹘洞窟中主要且独特的题材。

一、药师图像概况

《药师经》前后共被翻译五次，现今四存一佚。最早的版本是东晋帛尸梨蜜多罗所译《佛说灌顶拔除过罪生死得度经》中的最后一卷，后南北朝惠简、隋达摩笈多、唐玄奘、唐义净分别翻译过《药师经》，以玄奘本最为流行，今惠简本亡佚，其余皆收录于大正藏中。敦煌藏经洞出土的文书中，有"二百九十五部的药师经典，可见药师信仰在敦煌曾十分流行"[1]。

现存最早的药师造像是炳灵寺第169窟第6龛[2]，但现存最多药师造像的是敦煌石窟。隋代敦煌石窟中开始绘制药师图像，隋代之前敦煌已经有了抄写《药师经》的记录[3]。

药师佛关注生老病死、避祸求福的现世内容，与民众联系密切，长久以来得到了民众的崇奉，药师图像绘制久盛不衰。沙州回鹘时期，社会动荡、外族统治、信众自身需求等各种因素，推动药师图像的创作与流行，使药师图像成为这一时期洞窟营建使用的主要壁

① 李玉珉：《敦煌药师经变研究》，《故宫文物月刊》1990年第3期，第2页。
② 党燕妮：《晚唐五代宋初敦煌民间佛教信仰研究》，兰州大学博士学位论文，2009年，第55页。
③ 王惠民：《敦煌净土图像研究》，中山大学博士学位论文，2000年，第59页。

画题材之一。24个沙州回鹘洞窟中有14个洞窟绘有药师图像，共存27幅，以下为各窟药师图像的具体情况：

表5-1　沙州回鹘洞窟药师图像一览表

窟号	位置	胁侍	药师形象	其他图像	备注
莫高窟第207窟	东壁两侧	二弟子，二菩萨	（南侧药师佛）身着覆肩袈裟，脚着鞋，右手执杖，杖前方覆于右肩上；左手持钵，举于胸前。	头光，背光，莲花，花卉等	东壁北侧毁
莫高窟第245窟	西龛两侧	无	身着覆肩袈裟，脚着鞋；左手执杖，杖前方覆于左肩上；（南侧）右手持钵，举于胸前；（北侧）右手持钵，举于右上方。	头光，莲花，花卉，华盖等	题记：南无北方药师琉璃光佛；南无南方药师佛
莫高窟第307窟	甬道两侧	二弟子，二菩萨	身着覆肩袈裟，赤脚；（南侧）右手执杖，杖前方覆于右肩上，左手持钵，举于左上方；（北侧）左手执杖，杖前方覆于左肩上，右手持钵，举于右上方。	头光，背光，花卉，华盖，飞天，栏墙等	
莫高窟第309窟	甬道两侧	二菩萨	较为模糊。		
莫高窟第310窟	西龛两侧	无	身着覆肩袈裟，赤脚，右手执杖，杖前方覆于右肩上；左手持钵，举于胸前。	头光，背光，莲花，花卉等	
莫高窟第363窟	东壁两侧	无	身着覆肩袈裟，赤脚；（南侧）左手执杖，杖前方覆于左肩上，右手持钵，举于右上方；（北侧）右手执杖，杖前方覆于右肩上，左手持钵，举于左上方。	头光，背光，莲花，花卉，飞天，祥云等	
莫高窟第399窟	西龛两侧	无	身着覆肩袈裟，赤脚；左手执杖，杖前方覆于左肩上；（南侧）右手持钵，举于胸前，（北侧）右手持钵，举于右上方。	头光，背光，莲花，华盖，花卉等	现存榜题框
莫高窟第409窟	甬道两侧	二菩萨	身着覆肩袈裟，赤脚，一手执杖，另一手处较为模糊。	头光，华盖，祥云等	
莫高窟第418窟	南北壁前端	二弟子，二菩萨	身着覆肩袈裟，赤脚，右手执杖，杖前方覆于右肩上；（北侧）左手持钵，举于胸前，（南侧）左手持钵，举于左上方。	头光，背光，花卉，华盖，飞天，栏墙，祥云等	

续表

窟号	位置	胁侍	药师形象	其他图像	备注
西千佛洞第15窟	南壁两侧	无	身着覆肩袈裟，赤脚，（西侧右；东侧左）手执杖，杖前方覆于肩上；（西侧）左手持钵，举于左上方，（东侧）右手持钵，举于右上方。	头光，背光，花卉，华盖等	
西千佛洞第16窟	东壁北侧	无	身着覆肩袈裟，赤脚，右手执杖，杖前方覆于右肩上；左手持钵，举于左上方，钵上绘云烟。	头光，背光，莲花，花卉等	
西千佛洞第4窟	甬道两侧	一菩萨	身着覆肩袈裟，脚下模糊（疑赤脚），右手执杖，杖前方覆于右肩上；（东侧）左手持钵，举于胸前，（西侧）左手持钵，举于左上方。	头光，花卉等	
榆林窟第39窟	前室西壁门两侧	二弟子，一菩萨，一天王	北侧的药师佛着覆肩袈裟，赤脚，右手执杖，杖前方覆于右肩上，左手持钵，举于腹前；南侧的药师佛右手执杖，杖前方覆于右肩上，左手持钵，举于左上方。	头光，背光，莲花，花卉等	
莫高窟第418窟	南壁后端		图像残缺一角，三会式构图，药师佛于楼阁亭台中说法，弟子、菩萨环绕。		药师经变
榆林窟第21窟	甬道南壁		药师佛跏坐莲花座上，一手持锡杖，一手持钵，左右各一菩萨、一弟子、一水月观音。		药师说法图

通过对沙州回鹘洞窟药师图像的梳理，笔者发现药师图像在形象、布局、内容上有以下特点：

（一）药师图像以立像为主，多以镜像对称方式出现

沙州回鹘洞窟中的药师图像除榆林窟第21窟1幅药师说法图以及莫高窟第418窟1幅药师经变外，其余洞窟皆为药师立像，共25幅（图5-1），可见沙州回鹘洞窟中的药师图像主要以立像形式呈现。药师立像在洞窟内基本为左、右镜像对应出现，也就是说沙州回鹘洞窟内绘制的药师立像一般都为双数。药师立像在窟内左、右对应布局的方式，这既是敦煌药师立像新的布局方式，也是沙州回鹘洞窟药师立像的布局特点。从隋代至归义军时期，药师立像分为与地藏、观音、卢舍那等对应出现，与阿弥陀佛、释迦佛、弥勒佛组成

四方佛出现，单独出现以及组合成群像出现四种情况①，极少数出现两幅药师立像对应的情况（表5-2）。

表5-2　敦煌石窟前代药师立像一览表②

序号	时代	窟号	位置	图像组合
1	初唐	莫335窟	东壁门南	单尊
2	初唐	莫322窟	东壁门南	胁侍菩萨2身
3	初唐	莫332窟	中心柱西	胁侍菩萨3身
4	初唐	莫338窟	东壁门上	单尊
5	初唐	莫372窟	东壁门北	与地藏对应
6	初唐	西千5窟	南壁	单尊
7	盛唐	莫32窟	东壁门南	与观音组合
8	盛唐	莫75窟	东壁门南	与(名不详)佛对应
9	盛唐	莫166窟	东壁门北	与地藏、阿弥陀、多宝组合
10	盛唐	莫218窟	东壁门南	单尊
11	盛唐	莫120窟	龛北	与地藏对应
12	盛唐	莫166窟	龛南	与地藏对应
13	盛唐	莫171窟	龛南	与观音对应
14	盛唐	莫176窟	北壁	与观音、地藏组合
15	盛唐	莫205窟	南壁	与观音、地藏组合
16	盛唐	莫446窟	龛北	与卢舍那对应
17	盛唐	莫171窟	窟顶	与释迦、阿弥陀、弥勒组合
18	中唐	莫115窟	北壁	与地藏、菩萨组合
19	中唐	莫176窟	北壁	与观音、地藏组合
20	中唐	莫235窟	东壁	单尊
21	中唐	莫220窟	甬道南	胁侍菩萨2身、胁侍弟子2身
22	中唐	莫335窟	甬道顶	单尊
23	中唐	榆25窟	东壁	与卢舍那组合
24	五代	莫22窟	中心柱南	与观音组合
25	五代	莫401窟	东壁门南	与观音对应
26	五代	莫100窟	龛外南北	药师赴会图
27	宋	莫444窟	西壁门上	与地藏对应
28	宋	莫449窟	龛外北侧	与卢舍那对应

① 王惠民：《敦煌净土图像研究》，中山大学博士学位论文，2000年，第78—102页。

② 此表内容参考党燕妮：《晚唐五代宋初敦煌民间佛教信仰研究》，兰州大学博士学位论文，2009年；
　　王惠民：《敦煌净土图像研究》，中山大学博士学位论文，2000年。

图 5-1 莫高窟第 310 窟药师立像线描图

（作者绘）

（二）出现着鞋药师佛的新形象

敦煌药师立像，基本为一手持钵，一手持锡杖的形象，"日僧觉禅的《觉禅抄》也记载药师尊像'唐本持钵、锡杖'，并收有'唐本药师像'"[①]（图 5-2—图 5-4）。莫高窟第207 窟和莫高窟第 245 窟药师立像除继承了前代药师造像中持钵和持锡杖的特点外，还出现了着鞋的新特征。沙州回鹘时期所绘着鞋药师佛是敦煌石窟中佛着鞋的孤例，也是敦煌石窟沙州回鹘时期洞窟中出现的异于前期药师佛的一类新的药师形象。

[①] 史伟：《东千佛洞西夏壁画中的药师佛及审美意蕴》，《西夏学》（第九辑），上海：上海古籍出版社，2013 年，第 256 页。

图 5-2　莫高窟第 322 窟初唐药师立像

采自敦煌研究院编《敦煌石窟全集 尊像画卷》图 52

图 5-3 榆林窟第 25 窟中唐药师立像
采自敦煌研究院编《敦煌石窟全集 尊像画卷》图 56

图 5-4 莫高窟第 446 窟盛唐药师立像
采自敦煌研究院编《敦煌石窟全集 尊像画卷》图 55

（三）药师佛被赋予多方空间概念

敦煌石窟的药师图像发展至沙州回鹘时期已经十分成熟，故除莫高窟第 245 窟和莫高窟第 399 窟（现漫漶）外的药师图像未写榜题言明佛名，依靠持物特征便可辨认其药师身份。从现在唯一可辨识出的莫高窟第 245 窟榜题来看，沙州回鹘时期信众已经将药师佛放入更广泛的空间，突破了药师佛单纯与东方联系的原则。《药师经》中 "东方过此佛土十恒河沙等佛土之外，有世界名净琉璃，彼土有佛，名药师琉璃光如来"①记载药师佛为东方世界的教主，莫高窟第 245 窟药师榜题 "南无南方药师佛" "南无北方药师琉璃光佛" 言明药师佛所在方位已经突破了与东方的联系，被赋予了南、北方新的空间概念。

---

① (隋) 达摩笈多译：《佛说药师如来本愿功德经》，《大正藏》第 14 册，第 401 页。

二、药师立像于窟内的功能

"洞窟的建筑空间及其内部设施，是与洞窟的使用功能相联系的"①，洞窟的壁画铺陈与构造也是与洞窟的整体思想相关联的，每一幅壁画都有其内涵和功能。沙州回鹘药师立像数量众多，其于窟内不同的位置、配置，所体现的具体功能各有差异，笔者认为沙州回鹘洞窟内的药师立像有以下五类功能：

（一）胁侍主尊

绘制于主尊两侧，且无胁侍弟子和胁侍菩萨的药师立像，主要和主尊产生联系，在窟内的功能应该是作为主尊的胁侍。体现药师立像此类功能的洞窟有3个，莫高窟第245窟、莫高窟第310窟、莫高窟第399窟。值得一提的是，沙州回鹘洞窟内的塑像与壁画不是一个时期，沙州回鹘时期的洞窟营建多为选择前期洞窟重绘，并不对洞窟内的塑像进行改动，虽然窟内的塑像是早期作品，但是后期壁画的组合与布局也应该是以当时窟内的主尊为整窟主尊。

莫高窟第310窟前面有过论述，应当是弥勒窟，所表达的是弥勒三会的内容。莫高窟第399窟主尊因与身后背光大小不匹配，且头光中间还露出泥质部分，故主尊可能为后来重塑，《总录》称其为"隋塑清修"，考虑到莫高窟第399窟主尊左、右的二位弟子，一位枯瘦，一位面容姣好，可能是迦叶和阿难，加之早期洞窟多以释迦为主尊，因此推测沙州回鹘时期重修莫高窟第399窟时的主尊应该为释迦佛。如前推测不误，那么药师佛胁侍的主尊一般为弥勒或者释迦。关于弥勒与药师的关联，《佛说灌顶经》写道：

> 佛告文殊若欲生十方妙乐国土者，亦当礼敬琉璃光佛。欲得生兜率天见弥勒者，亦应礼敬琉璃光佛。②

可见，礼敬药师是往生兜率天的功德方式之一。药师关注民众的现实利益，而弥勒下

---

① 郑炳林、沙武田：《敦煌石窟艺术概论》，兰州：甘肃文化出版社，2005年，第357页。
②（东晋）帛尸梨蜜多罗译：《佛说灌顶经》，《大正藏》第21册，第534页。

生人世,人世间变为净土①,二者都表达了对人间现实的关照,这大约是药师胁侍主尊弥勒的主要原因。

药师胁侍释迦,更是不难理解,"《药师经》为释迦牟尼在广严城音乐树下应文殊请问而说"②,再者释迦本就被称为大医王,《杂阿含经》记载:

我今敬礼佛,哀愍诸众生,第一拔利箭,善解治众病。迦露医投药,波睺罗治药,及彼瞻婆者,耆婆医疗病。或有病小差,名为善治病,后时病还发,抱病遂至死。正觉大医王,善投众生药,究竟除众苦,不复受诸有。乃至百千种,那由他病数,佛悉为疗治,究竟于苦边。诸医来会者,我今悉告汝,得甘露法药,随所乐而服。第一拔利箭,善觉知众病,治中之最上,故稽首瞿昙。③

此外,《觉禅钞》载:

一释迦、药师,同体异名佛也。……又释迦、药师形象、契印全同也。④

"药师佛信仰的形成,也正是佛陀大医王属性的延伸和系统化"⑤,药师和释迦的组合整体上表现了渡世救人的思想。无论主尊是弥勒还是释迦,药师与其的组合关系都表现了关注现世的主题思想。

(二)药师接引

《药师经》中明确记载药师琉璃光佛派八大菩萨接引,示其道径⑥。《药师齐忏文》记载药师接引众生:

① 许立权:《中国药师佛信仰研究》,陕西师范大学硕士学位论文,2014年,第36页。
② 王惠民:《敦煌净土图像研究》,中山大学博士学位论文,2000年,第58页。
③ (刘宋)求那跋陀罗译:《杂阿含经》,《大正藏》第2册,第332页。
④ 觉禅:《觉禅钞》,《大正藏》"图像部"第4册,第412页、第413页。
⑤ 许立权:《中国药师佛信仰研究》,陕西师范大学硕士学位论文,2014年,第21页。
⑥ (隋)达摩笈多译:《佛说药师如来本愿功德经》,《大正藏》第14册,第402页。

药师如来有大誓愿，接引万物，救护众生，导诸有之百川，归法流之一味。亦能施与花林，随从世俗，使得安乐，令无怖畏。至如八难九横，五浊三灾，水火盗贼，疾疫饥馑，怨家债主，王法县官，凭陵之势万端，虐杀之法千变，悉能转祸为福，改危为安，复有求富贵，须禄位，延寿命，多子息，生民之大欲，世间之切要，莫不随心应念，自然满足。①

接引是药师佛具有的功能之一，莫高窟第309窟、莫高窟第363窟、西千佛洞第16窟、西千佛洞第4窟、西千佛洞第15窟、榆林窟第39窟中有所体现。莫高窟第309窟药师佛位于甬道两侧，药师佛脸朝内，应该是接引。莫高窟第363窟药师佛踩在祥云上，飘向窟口的方向，接引之意明显。西千佛洞第16窟药师佛未呈对应出现，只绘于门东，门西绘高僧像和供养人像。高僧引导其身后的供养人，药师则是接引绘于甬道处的供养人。西千佛洞第4窟药师佛绘于甬道，有一个胁侍菩萨绘于其右方，药师佛脸朝向窟口，应该表示接引。西千佛洞第15窟是药师接引图像中特殊的一例，其绘于窟口两侧，没有胁侍，脸朝向窟内方向。榆林窟第39窟的药师佛与八大菩萨共同完成接引的功能，这在本书第十章有具体论述。

（三）药师赴会

沙州回鹘洞窟中表现赴会的药师立像仅莫高窟第307窟一例（图5-5—图5-6）。莫高窟第307窟药师立像绘于甬道，药师佛跟有胁侍菩萨和弟子各两位。莫高窟第307窟中出现了祥云因素，祥云尾左下方至右上方逐渐变小，且药师佛面向窟内，身后并未绘供养人。由于药师佛中的祥云飘向窟内以及药师佛朝向主尊的方向，故推测这两幅药师像是赴会。

（四）药师护持

沙州回鹘洞窟中表现护持的药师立像仅莫高窟第409窟一例。莫高窟第409窟药师立像绘于甬道两侧，药师佛左、右各绘一菩萨。因莫高窟第409窟东壁两侧分别绘制回鹘王、可敦像，主室整体绘千佛，故药师主要与供养人像回鹘王夫妇像产生联系，药师在此

---

① （唐）道宣：《广弘明集》，《大正藏》第52册，第334页。

图 5-5　莫高窟第 307 窟甬道南侧药师立像

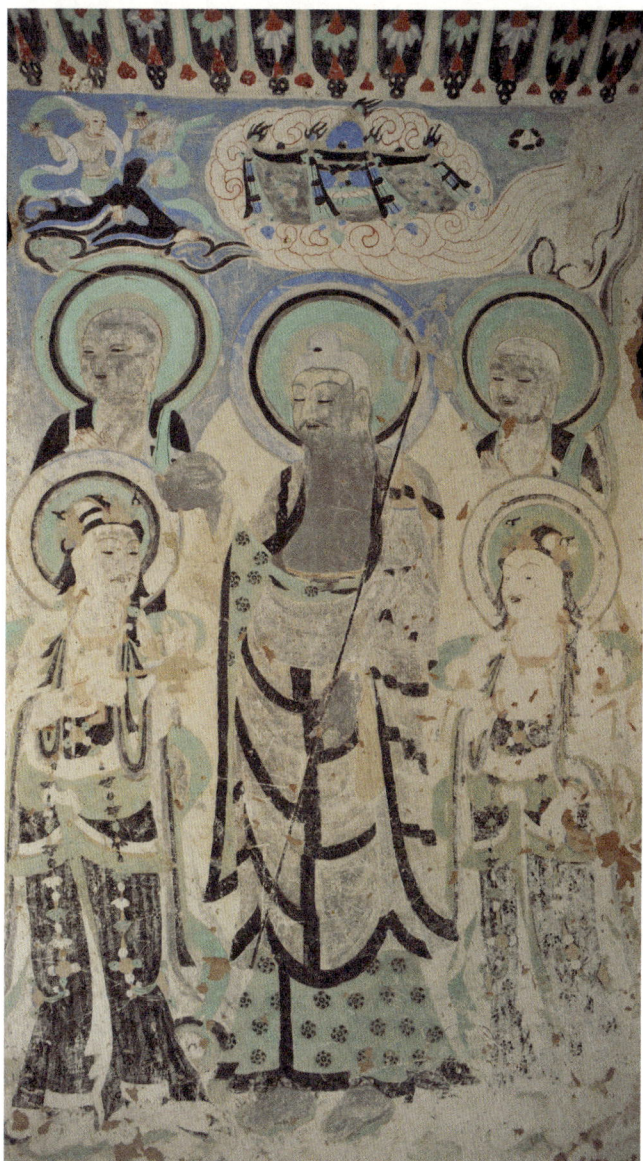

图 5-6　莫高窟第 307 窟甬道北侧药师立像

处的功能大概是护持回鹘王夫妇,《药师经》中写道:

　　若他国侵扰、贼盗反乱、如是等怖, 亦应念彼如来恭敬尊重……复次, 大德阿难! 灌顶刹利王等, 若灾难起时——所谓人民疾疫难、他方侵逼难、自界反逆难、星宿变怪难、日月薄蚀难、非时风雨难、过时不雨难——尔时, 此灌顶刹利王, 当于一切众生, 起慈愍心, 赦诸系闭, 依前所说供养法式, 供养彼世尊药师琉璃光如来。时灌顶刹利王用此善根, 由彼世尊药师琉璃光如来本昔胜愿故, 其王境界即得安隐、风雨以时、禾稼成就、国土丰熟, 一切国界所有众生, 无病安乐, 多生欢喜, 于其国界亦无夜叉、罗刹、毗舍阇等诸恶鬼神扰乱众

图 5-7 莫高窟第 207 窟主室东壁南侧药师立像

生，所有恶相皆即不现，彼灌顶刹利王，寿命色力无病自在并得增益。[1]

（五）药师净土说法

　　药师佛所在之处，也是一片净土，《药师经》中写道："彼佛国土一向清净，无女人形，离诸欲恶，亦无一切恶道苦声，琉璃为地，城阙、垣墙、门窗、堂阁柱梁、斗拱、周匝罗网，皆七宝成，如极乐国，净琉璃界庄严如是。"[2]强调药师净土说法的洞窟有2个，莫高窟第418窟、莫高窟第207窟（图5-7—图5-9）。这类药师佛都跟有胁侍，与窟内净土变或者说法图构成一个净土世界或者说法场景。莫高窟第207窟是沙州回鹘洞窟中唯一一个绘于主室窟门处且有胁侍的药师像，药师佛身侧各绘一弟子、菩萨。虽然，莫高窟第207窟主室门北壁画被毁坏，但是根据窟内布局，其应该为与门南同布局的药师像。由于药师配置有弟子和菩萨，且菩萨和弟子面向药师方向，有倾听之意，带有药师净土的意味，故体现药师净土说法。

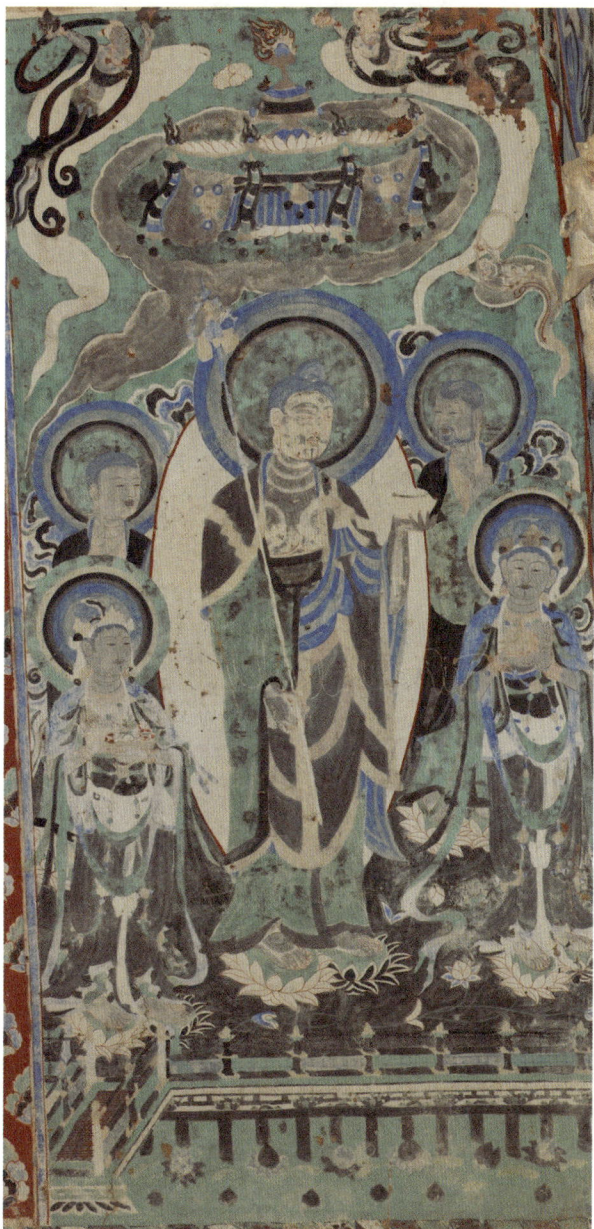

图5-8　莫高窟第418窟主室南壁药师立像

---

[1]（唐）玄奘译：《药师琉璃光七佛本愿功德经》，《大正藏》第14册，第403—404页。
[2]（隋）达摩笈多译：《佛说药师如来本愿经》，《大正藏》第14册，第402页。

图 5-9　莫高窟第 418 窟主室北壁药师立像

莫高窟第 418 窟的药师佛绘制于主室南、北壁前端，药师佛身侧左右各一弟子、一菩萨，弟子和菩萨面向药师佛的方向，此外，画面中还有栏杆、莲花、净水等因素，故应该是表现了药师净土。

25 幅药师立像共同构成了药师佛于沙州回鹘洞窟内的五种功能。常红红先生曾提出西夏药师佛还具有"渡亡"的功能[1]，很具有创新性。从沙州回鹘洞窟药师立像本身以及其在洞窟内的组合情况看，无一例体现此功能，此时期的写经中是否有所体现，鉴于材料缺乏，就不得而知了。

三、着鞋药师佛所反映的敦煌、高昌之文化交流

"三十二相、八十种好庄严其身"[2]是佛经对诸佛形象的记载。药师佛作为万千佛之一，具有佛的普遍特征，三十二相、八十种好：

愿我来世于佛菩提得正觉时，自身光明炽然，照耀无量无数无边世界，三十二丈夫大相及八十小好以为庄严，我身既尔，令一切众生如我无异。[3]

---

① 常红红：《东千佛洞第 2 窟壁画研究》，首都师范大学博士学位论文，2015 年，第 123—138 页。
② （北凉）昙无谶译：《大般涅槃经》，《大正藏》第 12 册，第 425 页。
③ （隋）达摩笈多译：《佛说药师如来本愿功德经》，《大正藏》第 14 册，第 401 页。

《坐禅三昧经》等佛经对"三十二相、八十种好"有详细解释,其虽未言明佛是否着鞋,但提到"足下千佛轮"[1]"行时足去地四寸而印文现"[2],可见佛不着鞋。药师着鞋无经典依据,其应是来源于工匠的艺术性创作,工匠为药师佛增绘鞋履这一艺术性创作大概是受到毗邻高昌回鹘的影响,高昌回鹘9—12世纪据《佛本行集经》绘制的图像中,诸佛皆着鞋(图5-10—图5-11),无一例外,根据学界公布资料,笔者做了如下统计:

表5-3 柏孜克里克石窟着鞋佛图像一览表[3]

时代	窟号	经典	身份	场景	其他着鞋形象	题记
9世纪末至10世纪初	第15窟;第18窟;第20窟	佛本行经	辟支佛;尸弃佛;上名称佛;燃灯佛;宝体如来;帝沙佛;迦叶佛;过去六世佛等	供养;授记;渡佛等	婆罗门;菩萨;比丘等	第20窟题记梵文;第15和18窟无题记
10世纪中叶至11世纪中叶	第31窟;第33窟;第34窟	佛本行经	德上如来等	供养;授记;渡佛等	不详	无
11世纪中叶至12世纪	第24窟;第22窟;第37窟	佛本行经	佛名不详	不详	无	无
12世纪	第51窟	法华经	释迦、多宝	说法	无	无
12世纪以后	第42窟;第48窟;第50窟	佛本行经	佛名不详	授记;供养等	无	无
不详	第38窟;第47窟	佛本行经	佛名不详	不详	不详	不详

[1](姚秦)鸠摩罗什撰:《坐禅三昧经》,《大正藏》第15册,第276页。
[2](姚秦)鸠摩罗什撰:《坐禅三昧经》,《大正藏》第15册,第276页。
[3]参考贾应逸:《柏孜克里克石窟初探》,载氏著《新疆佛教壁画的历史学研究》,北京:中国人民大学出版社,2010年,第402—433页;新疆吐鲁番学研究院等编:《中国新疆壁画艺术·柏孜克里克石窟》,北京:中国美术摄影出版社,2009年;赵敏等主编:《中国新疆壁画全集》,沈阳:辽宁美术出版社、乌鲁木齐:新疆美术摄影出版社,1995年。

采自新疆吐鲁番学研究院等编《中国新疆壁画艺术 6》图 106

图 5-10 新疆柏孜克里克石窟第 20 窟着鞋佛形象

图 5-11 新疆柏孜克里克石窟第 31 窟着鞋佛形象

这些立佛所着之鞋与莫高窟第 245 窟、莫高窟第 207 窟药师佛所着相同，皆造型简略，下为薄鞋底，上为穿插入脚趾的带子（图 5-12），据考察这种鞋子应该是印度的革屣或是中土草鞋一类，据《一切经音义》中《大宝积经》记载革屣与草鞋相似：

图 5-12-1　敦煌石窟、柏孜克里克石窟佛鞋对比图——柏孜克里克石窟第 20 窟局部

采自新疆吐鲁番学研究院等编《中国新疆壁画艺术 6》图 106

图 5-12-2　敦煌石窟、柏孜克里克石窟佛鞋对比图——莫高窟第 245 窟局部

革屣，毛诗传曰革皮也，下师绮反考声屣之不摄跟者也，或作鞾縰，三体并从，徙音死经云，革屣即西婆罗门皮鞋也，有类此国偏鞋、草鞋，但以皮革作之，形貌亦全异也。[①]

又《大唐西域求法高僧传》记载草鞋为露脚趾状：

善人皆爱草鞋巧知，皮亦无过鉴者，足不履地能闲露脚。[②]

可见革屣和草鞋都能露出脚趾，只是取材不同。高昌回鹘着鞋佛像，应该是受到早期着鞋菩萨像的影响，在新疆克孜尔6—7世纪石窟中有菩萨着鞋的案例（图5-13—图5-14）。新疆着鞋菩萨像的源头应是古代印度地区，今巴基斯坦及印度的一些考古实物

图5-13　新疆克孜尔石窟第17窟着鞋菩萨

采自段文杰主编《中国新疆壁画全集2》图23

---

① （唐）慧琳撰：《一切经音义》，《大正藏》第54册，第377页。

② （唐）义净译：《大唐西域求法高僧传》，《大正藏》第57册，第7页。

图 5-14　新疆克孜尔石窟第 123 窟着鞋菩萨

采自段文杰主编《中国新疆壁画全集 3》第 7 页

中有一些着鞋菩萨造像，时代不早于 2 世纪（图 5-15—图 5-16）。"菩萨"这一名称是悉达多·乔达摩成道前专用之称呼①，学者研究认为在贵霜王朝时期创造的一些菩萨像，存在将当地土著的、世俗的悉达多王子形象借用来表现起初是菩萨佛像的可能②，故早期菩萨造像具有穿鞋的世俗特征很正常。陕西出土的 4 世纪着鞋菩萨像（图 5-17）③、四川出土的 6 世纪着鞋菩萨像（图 5-18），则是印度早期着鞋菩萨像沿丝绸之路进入中国的见证。

① 李崇峰：《佛教考古——从印度到中国》，上海：上海古籍出版社，2015 年，第 222 页。

② 赵玲：《印度秣菟罗早期佛教造像研究》，上海：上海三联书店，2012 年，第 231—235 页。

③［日］曾布川宽、冈田健主编：《世界美术大全集 3》，东京：小学馆，2000 年，第 267 页。

图 5-15　古印度着鞋菩萨

采自［日］肥田路瑑、宫治昭编《世界美术大全集 东洋编 13》第 84 页

图 5-16　古印度着鞋菩萨

采自［日］肥田琢、宫治昭编《世界美术

大全集 东洋编 13》第 343 页

图 5-17　陕西出土菩萨造像

采自［日］曾布川宽、冈田健编《世界美术

大全集 东洋编 3》第 267 页

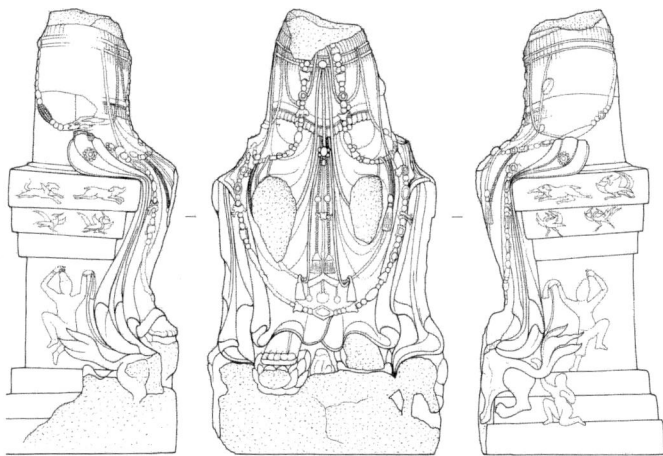

图 5-18　成都出土北周着鞋菩萨造像

采自四川博物院等编《四川出土南朝佛教造像》图 29

"佛典的记录一定是在晚于佛像的制作之后，这样的相好观念才逐步形成规范"[1]，在后来的经典中记载菩萨不着鞋，但有华丽装饰，例如鸠摩罗什译《大智度论》记载：

足跌高满相，以足蹈地，不广不狭。足下色如赤莲华，足指间网及足边色如真珊瑚，指爪如净赤铜，足跌上真金色，足跌上毛青毗琉璃色。其足严好，譬如杂宝屐，种种庄饰。[2]

克孜尔石窟着鞋菩萨绘制于 6—7 世纪，远远晚于相关佛典对菩萨的规定，这或许源于当地民众对印度传统菩萨造像风格的吸收、借鉴、选择，并未囿于经典。

综前所述，印度贵霜王朝时期着鞋菩萨像开始出现，这一菩萨形象在后来影响到了克孜尔石窟壁画中的菩萨像的绘制，西迁回鹘人将菩萨着鞋这一元素借用到高昌石窟壁画诸佛上，从而创造出一种新的佛像样式。沙州回鹘时期，由于高昌回鹘和沙州回鹘文化、审美趋同，地域接近，敦煌莫高窟第 245 窟、莫高窟第 207 窟中也出现了这类着鞋佛。

---

[1] 赵玲：《印度秣菟罗早期佛教造像研究》，上海：上海三联书店，2012 年，第 139 页。

[2]（姚秦）鸠摩罗什译：《大智度论》，《大正藏》第 25 册，第 90 页。

四、伪经创作与末法思想在敦煌的延续

关于莫高窟第 245 窟药师榜题中出现的南方和北方方位词，王惠民先生曾提出"药师佛位于东方世界，而非南方世界、北方世界"[1]的疑惑，笔者认为此榜题不仅反映出药师佛被赋予了更广泛的空间概念，同时也透露出沙州回鹘时期伪经创作与末法思想在敦煌发展的历史信息（图 5-19）。

现今相关佛典中并无"南无北方药师琉璃光佛""南无南方药师佛"的相关记载，鉴于莫高窟第 245 窟主室东壁门上五佛榜题内容皆有典据[2]，西壁药师榜题亦不会随意撰写，故笔者以为榜题中的北方和南方若不是其处于洞窟西龛南、北之故的话，便是出自这一时期译经高潮下所诞生的伪经。莫高窟第 245 窟药师图像绘制于沙州回鹘时期，也就是北宋中期。北宋初中期，中印佛教界的相互交往出现了一个高潮[3]，北宋译经事业也迎来了热潮。北宋译经兴盛，但是大多数僧人的经学水平并不高，《佛祖统纪》记载：

> 僧徒往西天取经者，臣尝召问，皆罕习经业，而质状庸陋。或往诸藩，必招轻慢。自今宜试经业察人才，择其可者令往。[4]

此外，"从北宋中期开始，紫衣师号和度牒一样可以出卖。无论僧人道德才学优劣，也无论名望高低，只要出钱就可以买到"[5]。更有甚者，以佛教为名，行非法之事：

> 民避役者，或窜名浮图籍，号为出家，赵州至千余人。[6]

---

① 王惠民：《敦煌净土图像研究》，中山大学博士学位论文，2000 年，第 102 页。

② 张世奇、郭秀文：《莫高窟第 245 窟主尊定名考》，《西夏学》（第十五辑），兰州：甘肃文化出版社，2017 年，第 161—174 页。

③ 季美林、汤一介编，魏道儒著：《中华佛教史》（宋元明清佛教史卷），太原：山西教育出版社，2013 年，第 33 页。

④ （宋）志磐撰：《佛祖统纪》，《大正藏》第 49 册，第 402 页。

⑤ 季美林、汤一介编，魏道儒著：《中华佛教史》（宋元明清佛教史卷），太原：山西教育出版社，2013 年，第 29 页。

⑥ （元）脱脱等撰：《宋史》卷一百七十七《食货上》，北京：中华书局，1977 年，第 4296 页。

图 5-19 莫高窟第 245 窟药师立像

天下僧徒数十万，多游堕凶顽，隐迹为僧，结为盗贼，污辱教门。①

是故，在前述时代背景之下，造经或伪经滥用也实属正常。莫高窟第245窟药师榜题未出现于前期洞窟中，也不见于藏经洞出土佛经写卷中，考虑到莫高窟第245窟为藏经洞封闭后重绘，笔者认为莫高窟第245窟药师榜题所据的可能是藏经洞封闭后所造伪经。疑伪经从佛经翻译之初便随其应运而生，直至后代从未断绝，僧祐曾在《出三藏记集·疑伪经录》评论《佛所制名数经》"抄集众经，有似数林，但题称佛制，惧乱名实，故注于录"②。从现今敦煌藏经洞出土经卷来看，"敦煌的疑伪经大多可以在经录中见到，许多被历代经录甄定为疑伪经而没有入藏的经典，也在敦煌的经典中被发现。还有一些是既没有入藏，也不见于经录的疑伪经典"③"这些疑伪经或是在真经的基础上编造，或凭空独（杜）撰"④。可见，敦煌本就有传播和抄写疑伪经的传统。虽然莫高窟第245窟榜题所据为伪经，这一伪经与敦煌疑伪经传播传统以及宋代伪经编造的社会背景密切关联，但是敦煌此时期流行的佛教思潮也是其出现的不可忽略的重要因素。

史籍记载佛涅槃于周穆王五十二年壬申（前919年），其后正法千年、像法千年、末法万年，那么按此记载，推测1052年是末法之始⑤，在宋、辽等佛教考古遗迹材料中已经明确提到末法，朝阳北塔天宫出土石板上有"大契丹重熙十二年四月八日午时再葬，像法更有八年入末法故置斯记"⑥的记载（图5-20），元祐年间《宋石篆山佛惠寺记》中提到"生佛末法"⑦。沙武田先生曾研究认为1052年末法开始说于归义军与辽交往过程中从辽传入敦煌，最终导致藏经洞的封闭⑧，虽然关于藏经洞封闭原因，学界研究著述颇多，大家各执一词，观点并不统一，但是从前述全国的佛教考古资料来看，末法思想是宋辽时期一种

①（清）徐松：《宋会要辑稿》第二百册《道释一》，北京：中华书局，1957年，第7881页。

②（梁）僧祐撰：《出三藏记集》，《大正藏》第55册，第39页。

③殷光明：《敦煌的疑伪经和图像》（上），《敦煌研究》2006年第4期，第12页。

④殷光明：《敦煌的疑伪经和图像》（上），《敦煌研究》2006年第4期，第10页。

⑤沙武田：《归义军时期敦煌石窟考古研究》，兰州：甘肃教育出版社，2017年，第213页。

⑥朝阳北塔考古勘察队：《辽宁朝阳北塔天宫地宫清理简报》，《文物》1992年第7期，第17页。

⑦（清）刘喜海编：《金石苑》卷中，成都：巴蜀书社，2018年，第112页。

⑧沙武田：《敦煌藏经洞封闭原因再探》，《中国史研究》2006年第3期，第61—73页。

图 5-20　朝阳北塔天宫出土石板的拓片

采自董高、张洪波《辽宁朝阳北塔天宫地宫清理简报》图 30

普遍流行的佛教思潮是没有问题的，笔者也赞同归义军时期末法思想已经从辽传入了敦煌的观点。

"佛教徒们为了挽救佛法灭于如此末法末世，因此往往会采取一系列措施，刻经造像，开窟建寺，藏经葬法均为常见"[1]，莫高窟第 245 窟的药师图像可能是末法思想下造经活动在图像上的反映。敦煌疑伪经进入图像早有先例，莫高窟第 285 窟、莫高窟第 420 窟、莫高窟第 295 窟、莫高窟第 332 窟、莫高窟第 148 窟、莫高窟第 158 窟、莫高窟第 72 窟等

① 沙武田：《敦煌藏经洞封闭原因再探》，《中国史研究》2006 年第 3 期，第 69 页。

都绘制有疑伪经图像①。敦煌当地僧人将指斥当时在写经造像过程中出现的种种不法乱象的疑伪经收归入以《大唐内典录·入藏录》为基础撰成的《龙兴寺经藏目录》中，大概是有意告诫有关从事写经造藏的僧人，必须按照规范从事写经造藏造像活动②。

　　是故，笔者认为莫高窟第 245 窟药师榜题是沙州回鹘时期敦煌民众在末法思想影响下，借由北宋求法浪潮之机，创作伪经的反映。

① 殷光明：《敦煌的疑伪经和图像》（下），《敦煌研究》2006 年第 5 期，第 30—34 页。
② 方广锠：《敦煌寺院所藏大藏经概貌》，《藏外佛教文献》（第八辑），北京：宗教文化出版社，2003 年，第 383 页。

第六章 菩萨像的类型与特点

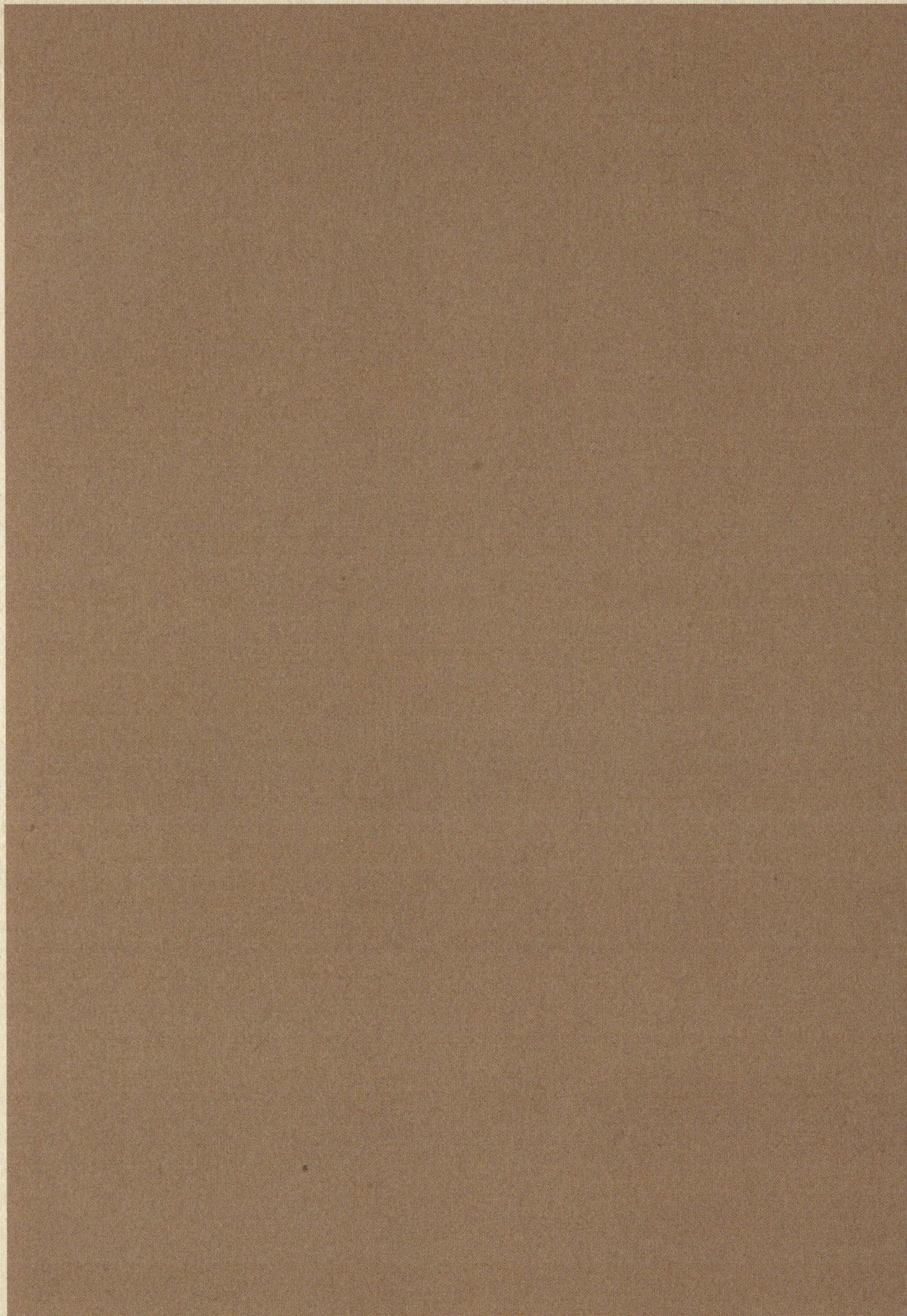

　　"菩萨是菩提萨埵（梵文Bodhisattva）的略称，菩提意为觉悟，萨埵意为有情，凡修持大乘六度，求无上菩提，利益众生，于未来成就佛果的修行都可以称为菩萨"①。最早的菩萨是指尚未成佛的释迦牟尼，随着大乘佛教的发展，出现了许多菩萨，可知名字的菩萨数量骤增，佛教也把历史上对弘扬佛法、建教立宗有贡献的大德法师称为菩萨，敦煌壁画所表现的主要是佛经中所说的与佛共弘教化的菩萨②。就佛教造像的造型而言，敦煌壁画中佛像变化较少，而菩萨像则变化极为显著，更加注重追求相好、服饰、手印、度量等③。沙州回鹘洞窟中的菩萨像不仅延续了前期洞窟菩萨像的风格与类型，同时也具有时代背景下的图像表达与图像内涵。

一、说法图、净土变中的胁侍、听法类供养菩萨

　　"'供养'为奉献之意，在佛教壁画艺术中凡是在故事画、经变画、说法图中，所画的呈礼佛和供养之状的而又没有具体名号的菩萨均称之为'供养菩萨'。敦煌壁画中的供养菩萨从北凉到元代的洞窟内随处可见，其静时的姿态主要有坐、跪、胡跪三种；手中经常持有花或供器，也有双手合十的；还有舞蹈或奏乐状的，总之造型各异，姿态万千。"④

① 敦煌研究院编：《敦煌石窟全集 尊像画卷》，香港：商务印书馆，2002年，第96页。
② 敦煌研究院编：《敦煌石窟全集 尊像画卷》，香港：商务印书馆，2002年，第96页。
③ 敦煌研究院编：《敦煌石窟全集 尊像画卷》，香港：商务印书馆，2002年，第97页。
④ 王成文：《莫高窟第112窟普贤图像研究》，《法音》2021年第2期，第56页。

图 6-1　莫高窟第 307 窟净土变中的菩萨像

图 6-2　西千佛洞第 16 窟说法
图中的菩萨像

（一）中原风格、回鹘风格的两类菩萨

　　沙州回鹘时期敦煌石窟的佛教造像艺术不可避免地受到回鹘佛教艺术文化的刺激，在敦煌本地中原风格造像外，出现了回鹘风格的佛教造像，呈现出中原风格、回鹘风格两种审美取向，这是时代赋予敦煌沙州回鹘洞窟的特点之一，第四章的说法图、净土变讨论中已有涉及，此处再以莫高窟第 307 窟净土变、西千佛洞第 16 窟说法图中的胁侍菩萨形象为例（图 6-1—图 6-2），就沙州回鹘洞窟中人物形象的中原风格与回鹘风格之间的差异做简要探讨。

　　敦煌壁画中的菩萨像着装自北朝以来变化不大，其时代特征更多从菩萨像的形体、神态、面貌、绘画技法、颜色赋彩、整体风格等方面体现，沙州回鹘洞窟中的菩萨像亦是如此，中原风格和回鹘风格之间在前述很多方面皆存在极为明显的差异。中原风格菩萨像以莫高窟第 307 窟净土变为代表，其中菩萨形象大体传承敦煌晚唐五代以来的风格，总体用笔粗犷，形体轮廓直接以色彩涂画表现。菩萨造型简练，优雅清消，发髻高耸，身披云肩，帔帛绕臂，飘带贴体，下着长裙；面部五官小巧精致，眉目舒朗，神情庄严沉静；设色以传统的青绿为主，搭配黑白二色，素淡雅致，整体给人以清瘦高雅之感，充满含蓄之美。除莫高窟第 307 窟之外，莫高窟第 306

窟、莫高窟第 308 窟、莫高窟第 418 窟、莫高窟第 399 窟、莫高窟第 363 窟等窟净土变当中的菩萨像，皆有类似的风格表达。

相比之下，以西千佛洞第 16 窟为代表的一批洞窟中的菩萨像，则呈现出完全不同的风格体系。以铁线描绘菩萨轮廓，用笔圆润流畅，长锋硬毫，线描清晰匀洁，笔端起落收敛变化不大，简练明利。菩萨形体健壮丰腴，绰约多姿，头发微卷，上身袒露，悬挂璎珞，帔帛翻飞，腰裹长裙；面部丰圆，五官刻画清晰，长眉细眼，秀嘴隆鼻，并运用西域典型的凹凸绘法，以色彩晕染鼻翼眼周，来表现五官之立体；设色以（土）红色为主，搭配淡淡石绿，色彩冲击感强，醇厚明艳，整体给人以浑圆强壮之感，充满力量之美。除西千佛洞第16 窟之外，莫高窟第 207 窟、莫高窟第 309 窟、莫高窟第 310 窟、西千佛洞第 4 窟、西千佛洞第 15 窟等窟说法图中的菩萨像，也都表现出类似的风格体系，这与高昌回鹘地区柏孜克里克石窟中菩萨像的情况非常接近，如柏孜克里克石窟第 9 窟当中的菩萨像就是其中代表（图 6-3—图 6-4）。显然，沙州回鹘洞窟中此种风格菩萨像的出现是受到高昌回鹘的影响。

总之，沙州回鹘时期，敦煌石窟当中中原和回鹘两种风格的菩萨像一直并存，从造型上看，一清瘦、一粗壮；一淡雅、一明艳；一用笔粗犷、一用笔纤细；一五官小巧、一细目隆鼻；一庄严沉静、一潇洒飘逸。两者风格对比明显。

（二）净土变中的"白衣观音"像

白衣观音是三十三观音之第六尊，常着白衣在白莲花中①，头部披白衣，"其头部披白衣之造型，原非经典所载，而系唐代以后所成立者"②。关于白衣观音像的出现，有的学者认为与密教典籍的翻译有莫大联系③，在唐代密典里有相当数量的关于白衣观音的记载：

白衣观世音母菩萨，颜貌熙怡，左手执莲华，右手仰伸髀上。④

白衣观音菩萨，以莲花鬘庄严身，用宝僧角络被，右手持真多摩尼宝，左手施愿，坐莲

① 慈怡等编：《佛光大辞典》，北京：北京图书馆出版社，2004 年，第 2084 页。
② 慈怡等编：《佛光大辞典》，北京：北京图书馆出版社，2004 年，第 2703 页。
③ 周秋良：《论民间信仰中送子观音与白衣观音之关系》，《中南大学学报（社会科学版）》2014 年第 4 期，第 215—219 页。
④（唐）菩提流志译：《不空绢索神变真言经》，《大正藏》第 20 册，第 393 页。

图 6-3 新疆柏孜克里克石窟第 9 窟菩萨像

承自新疆吐鲁番研究院等编《中国新疆壁画艺术④》图 147

图 6-4　新疆柏孜克里克石窟第 38 窟菩萨像

采自新疆吐鲁番研究院等编《中国新疆壁画艺术 6》图 166

花上，此是一切莲花族母。①

　　白衣观世音、马头明王，各如本色。近马头菩萨，画大吉祥观世音。大白观世音、月观世音、丰财观世音，名称观世音。②

　　此尊常在白莲华中，故以为名，亦戴天发髻冠，袭纯素衣，左手持开敷莲华，从最白净处出生普眼。③

　　但同时也有学者认为白衣观音像的出现与中国中古以来白衣人写书传统有关④。虽然，白衣观音像的起源有待商榷，但是它并不影响今天我们对敦煌白衣观音像的探讨。学者提出《宣和画谱》记载中唐画家辛澄有《白衣观音像》传世，是唐代白衣观音图像创作

图 6-5　莫高窟第 306 窟主室西壁白衣观音像

①（唐）辨弘集：《顶轮王大曼荼罗灌顶仪轨》，《大正藏》第 20 册，第 328 页。

②（唐）不空译：《佛说大方广曼殊室利经》，《大正藏》第 20 册，第 451 页。

③（唐）一行译：《大日经义释》，《卍新续藏》第 23 册，第 324 页。

④姚崇新：《白衣观音与送子观音——观音信仰本土化的个案考察》，《唐研究》第 18 卷，北京：北京大学出版社，2012 年，第 249—279 页。

最直接的证据。虽然，中晚唐画家已开始创作白衣观音像殆无异议，但是，创作还不普遍，白衣观音信仰和图像创作真正兴起是在五代，宋代以后是白衣观音信仰及其图像广泛流传的时期①。

　　沙州回鹘洞窟莫高窟第306窟、莫高窟第308窟、莫高窟第399窟、莫高窟第418窟净土变中绘制有白衣观音像，共8幅（图6-5—图6-8），这是白衣观音首次在敦煌石窟中出现（敦煌藏经洞出土有两幅五代白衣观音绢画，下文水月观音中将提到）。沙州回鹘洞窟中的白衣观音像皆发髻高耸，头戴披巾，披巾垂于两肩，面部圆润，五官小巧，饰项圈，胸外露，身着通肩样式袈裟或者斜披式袈裟，结跏趺坐或站立，通身白色，以供养或听法

图6-6　莫高窟第308窟主室东壁白衣观音像

图6-7　莫高窟第399窟主室北壁白衣观音像

图6-8　莫高窟第418窟主室南壁白衣观音像

---

① 姚崇新：《白衣观音与送子观音——观音信仰本土化的个案考察》，《唐研究》第18卷，北京：北京大学出版社，2012年，第255—256页。

图 6-9　四川眉山法宝寺唐末五代白衣观音像
（作者摄）

图 6-10　四川眉山丈六院唐末五代白衣观音
（作者摄）

图 6-11　杭州烟霞洞洞口处右侧五代白衣观音像

采自齐庆媛《江南式白衣观音造型分析》图 2

菩萨身份成组出现在净土变中。大体上看来，这种白衣观音像与四川地区（图 6-9—图 6-10）、江南地区（图 6-11—6-12）、北方辽地（图 6-13—图 6-14）的白衣观音造像呈现出一些相同的特点，比如，头顶披风覆于冠、外着通肩式袈裟等，沙州回鹘洞窟中出现的白衣观音像为宋辽时期白衣观音信仰与图像在敦煌的传播提供了证据。

值得思考的是，虽然白衣观音是宋辽时期一种普遍流行的佛教题材，但是其在各地也表现出一些地域性特征，那么，敦煌式白衣观音图像粉本来源于何地？学者研究认为，白衣观音图像最早于唐代在两京地区出现，

◁

图 6-12　苏州瑞光塔出土北宋泥塑白衣观音像

采自齐庆媛《江南式白衣观音造型分析》图 21

巴蜀是较早接受白衣观音图像的地区，中唐丹棱刘嘴第 14 龛以及仁寿牛角寨第 62 龛（图 6-15—图 6-16），是全国目前所见最早白衣观音造像的实例，是最为接近白衣观音造像最早在两京地区产生之初的原貌[①]，晚唐五代宋时期巴蜀地区的白衣观音像呈现出多竖状形高冠，披风与外衣袈裟一体的特点，宋代后期及以后出现了周身装饰更为繁复的特征（图 6-17）。较巴蜀白衣观音像晚出现的江南式白衣观音像，其出现有特定的历史与文化背

◁

图 6-13　故宫博物院藏辽代金铜白衣观音像

采自邓新航《唐宋时期白衣观音图像在四大区域的发展与演变》图 22

▷

图 6-14　故宫博物院藏辽代金铜白衣观音像

采自邓新航《唐宋时期白衣观音图像在四大区域的发展与演变》图 23

---

① 邓新航、龙红：《唐宋时期白衣观音图像在四大区域的发展与演变》，《南京艺术学院学报（美术与设计版）》2019 年第 6 期，第 27—35 页。

图 6-15　四川仁寿牛角寨第 62 龛白衣观音像

采自邓新航《唐宋时期白衣观音图像在四大区域的
发展与演变》图 2

图 6-16　四川丹棱刘嘴第 14 龛白衣观音像

采自邓新航《唐宋时期白衣观音图像在四大区域的
发展与演变》图 1

图 6-17　重庆大足两宋白衣观音像

采自邓新航《唐宋时期白衣观音图像在四大区域的发展与演变》图 8—图 10

图 6-18　新疆柏孜克里克石窟第 31 窟白衣观音像

采自新疆吐鲁番学研究院等编《中国新疆壁画全集 6》图 176

景，江南式白衣观音像多为高髻、波浪褶皱形边缘披风，与巴蜀白衣观音同，披风多与外衣袈裟一体，但已经始出现披风垂于两肩的特征，比如苏州虎丘云岩寺出的五代檀木龛造像。而辽地的白衣观音披风也多与外衣袈裟一体，但是出现了袈裟覆肩的情况。总体来看，沙州回鹘洞窟中的披风覆肩白衣观音像应当是该时期传入敦煌的一种新图样，似乎与江南式白衣观音有所联系，但是这是二者的直接相互影响，还是受到共同来源的影响，尚还不清楚。

此外，无论在巴蜀，还是江南或是辽地，白衣观音几乎是作为独立造像出现，而在敦煌地区，白衣观音则作为听法或者胁侍菩萨入画，这一做法见于高昌回鹘地区（图 6-18），但是其白衣观音形象与敦煌倒是有一定的差距。

二、单尊菩萨造像以及菩萨群像

（一）水月观音像

水月观音像的大致形象为"观音菩萨倚岩而坐，全身笼罩在明亮的圆光之中，身后石旁几株修竹，座前有宝池，池水涟漪，红莲浮水，意境幽静清雅"[①]。与一般佛教图像不同，水月观音图像既没有相应的造像仪轨，在佛教经典中也找不到直接的创作依据，"水月观音"这一名称，也不见于常见的佛教经典[②]。关于水月观音图像的记载，最早见于唐代张彦远的《历代名画记》，书中提到周昉创绘水月观音[③]。学者认为《华严经》中关于补怛落迦山的描述与水月观音图像更加接近，最有可能成为早期水月观音图像创作的依据[④]，另还有学者提出持花思维相观音是如意轮观音，其样式影响到汉地水月观音的形成[⑤]。

---

① 敦煌研究院编：《敦煌石窟全集 尊像画卷》，香港：商务印书馆，2002 年，第 130 页。

② 孟翠翠、于向东：《水月观音图像的创作依据》，《南京艺术学院学报（美术与设计版）》2011 年第 4 期，第 68 页。

③ 孟翠翠、于向东：《水月观音图像的创作依据》，《南京艺术学院学报（美术与设计版）》2011 年第 4 期，第 68 页。

④ 孟翠翠、于向东：《水月观音图像的创作依据》，《南京艺术学院学报（美术与设计版）》2011 年第 4 期，第 71 页。

⑤ 李翎：《藏密救"六道"观音像的辨识—兼谈水月观音像的产生》，《佛学研究》2004 年第 13 期，第 271—284 页。

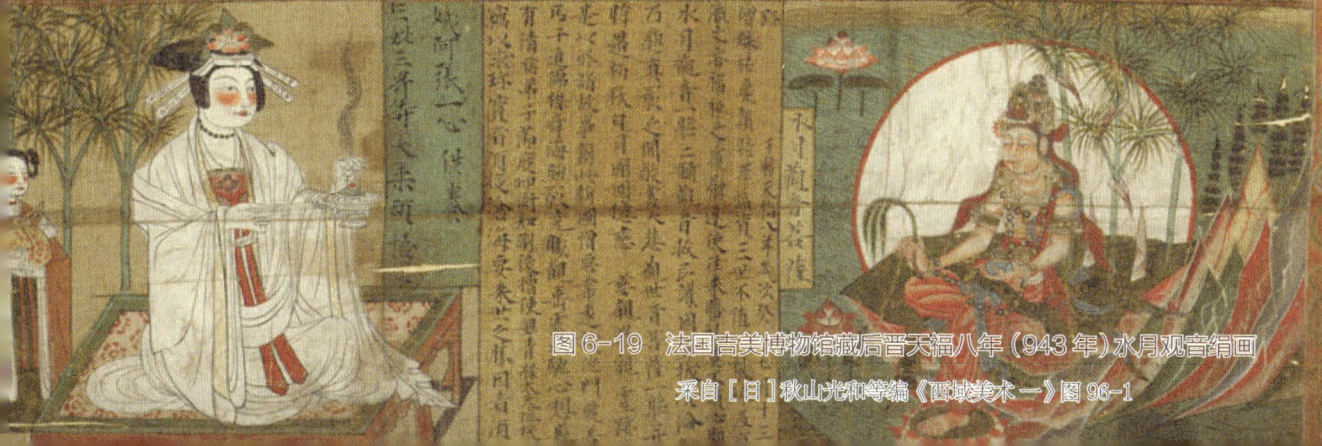

図 6-19　法国吉美博物馆藏后晋天福八年（943年）水月观音绢画
采自［日］秋山光和等编《西域美术一》图 96-1

　　水月观音于敦煌五代、宋洞窟中开始出现①。敦煌藏经洞出土的现藏于法国吉美博物馆的后晋天福八年（943年）水月观音绢画，是中国现存最早的有明确纪年的水月观音图像②（图6-19）。沙州回鹘洞窟中有两个洞窟绘有水月观音像，榆林窟第21窟、莫高窟第237窟（图6-20—图6-22），皆成组分布。虽然二窟的水月观音像有光圈、植物等水月观音像的普遍构图特征，但是从形象上来说，观音像却是不一样的。榆林窟第21窟甬道南侧以及莫高窟第237窟前室西壁门上北侧中的水月观音像与敦煌石窟唐代以来的菩萨像差别不大，高髻，戴冠，披络腋，帔帛绕臂，束长裙，游戏坐。莫高窟第237窟西壁门上南侧水月观音像则呈现出不同的面貌，其束高髻，头披巾，似着袈裟，呈现出白衣观音的特点。

图6-20　莫高窟第237窟水月观音像　　　图6-21　莫高窟第237窟水月观音像

① 敦煌研究院编：《敦煌石窟全集 尊像画卷》，香港：商务印书馆，2002年，第130页。
② 孟翠翠、于向东：《水月观音图像的创作依据》，《南京艺术学院学报（美术与设计版）》2011年第4期，第68—69页。

王惠民先生曾对敦煌的水月观音像做了梳理与研究，其指出五代、宋水月观音像全部分布在前室和甬道，西夏时期的水月观音像大部分布在主室，五代、宋水月观音虽然有的抬头凝望前方，有的低头凝望下方，但画面上并没有画出月亮①。此外，王惠民先生通过对P.2055尾题所提到《水月观音经》的研究，认为其为千手观音经的一部分②。前辈先贤们就敦煌水月观音像作了一定的研究，但是先贤们并未对沙州回鹘洞窟中这两种不同的水月观音像样式有所说明。

日本学者松本荣一先生通过梳理画史与图像，认为"唐代的水月观音随时代变迁不断变化，最终变成白衣观音"③，邓新航先生在其白衣观音研究的文章中提到，藏经洞出土的两幅观音绢画，现分别藏于故宫博物院和四川博物院，画面构图与白

图6-22　榆林窟第21窟水月观音像

采自敦煌研究院编《敦煌石窟全集 尊像画卷》图149

衣观音相似（图6-23），敦煌藏经洞出土的P.3927"启请白衣观自在文"卷子（图6-24—图6-25）中描述白衣观音"于中杨柳亿劫常青""素服衣冠，圆容丽质，身挂轻罗，自在足蹑千轮，两耳长垂玉珠楼洛"，以及"白莲花上紫金容"，大概说的就是上述藏经洞出土的白衣观音像，P.3927卷子很有可能就是当时配合白衣观音绢画而书写的类似发愿文一样的启请文④。从敦煌藏经洞出土的绢画上我们可以看出，这时白衣观音与水月观音已经具有一些共通的特点，比如大光圈的表现。

---

① 王惠民：《敦煌水月观音像》，《敦煌研究》1987年第1期，第34页。

② 王惠民：《敦煌写本〈水月观音经〉研究》，《敦煌研究》1992年第3期，第93—98页。

③ ［日］松本荣一著，林保尧、赵声良、李梅译：《敦煌画研究》（上册），杭州：浙江大学出版社，2019年，第353页。

④ 邓新航、龙红：《唐宋时期白衣观音图像在四大区域的发展与演变》，《南京艺术学院学报（美术与设计版）》2019年第6期，第32—33页。

图 6-23　故宫博物院藏白衣观音像

采自邓新航《唐宋时期白衣观音图像在四大区域的发展与演变》图 21

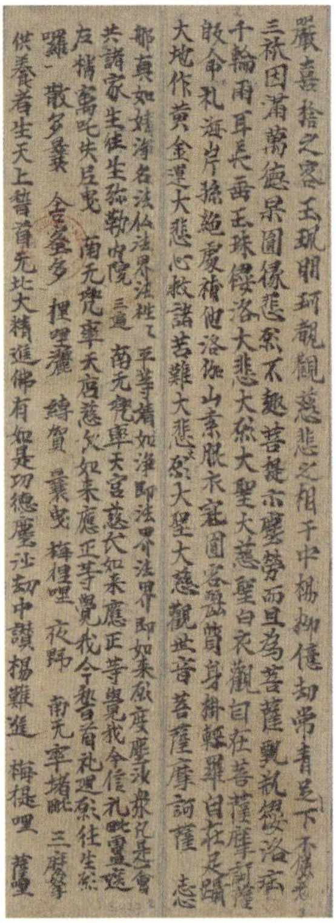

图 6-24　P.3927 写本

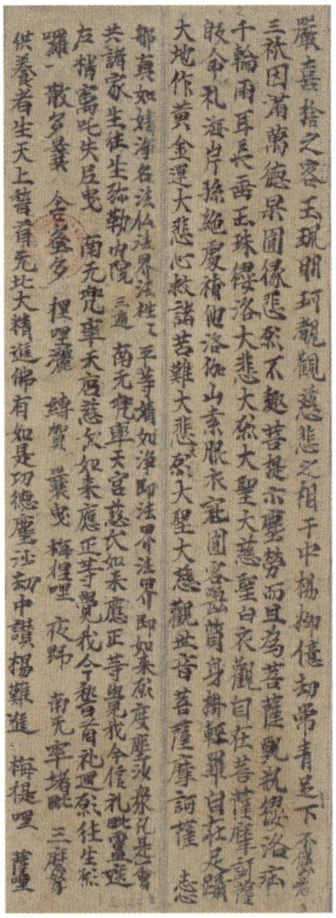

图 6-25　P.3927 写本

虽然，从绢画上看，敦煌五代时期水月观音像与白衣观音像已经出现了一些共同特点，但是莫高窟第237窟西壁门南侧水月观音像与五代藏经洞出土的白衣观音像差距较大，并不属于同一体系，倒是与上小节提到的净土变中的白衣观音像属于同一风格体系，这可能是新白衣观音像传入敦煌后形成的一种新的水月观音像样式。

综上所述，沙州回鹘洞窟中有2个洞窟绘制了水月观音像，有两种样式风格，一者延续了五代以来水月观音图样，另一者则是在新白衣观音像影响下形成的新图样。白衣观音式的水月观音像于西夏时期不太流行，可能与新的图像粉本、审美取向、政权间的相互往来有一定关系（图6-26）。

图6-26　榆林窟第2窟西夏水月观音像

采自敦煌研究院等编《敦煌石窟全集 尊像画卷》图151

（二）观音菩萨像

沙州回鹘洞窟中有一组题记明确的观音像，即莫高窟第97窟（图6-27—图6-28）。莫高窟第97窟为沙州回鹘时期重绘洞窟，洞窟西龛两侧各绘一身观音像，观音皆头悬花盖，云鬓高髻，头戴化佛冠，缯带后垂，面部微胖，蝌

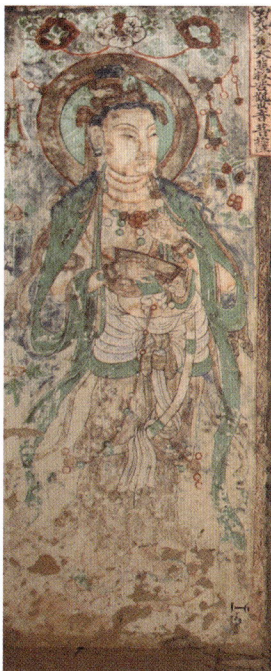

图6-27　莫高窟第97窟主室西龛右侧观音像

图6-28　莫高窟第97窟主室西龛左侧观音像

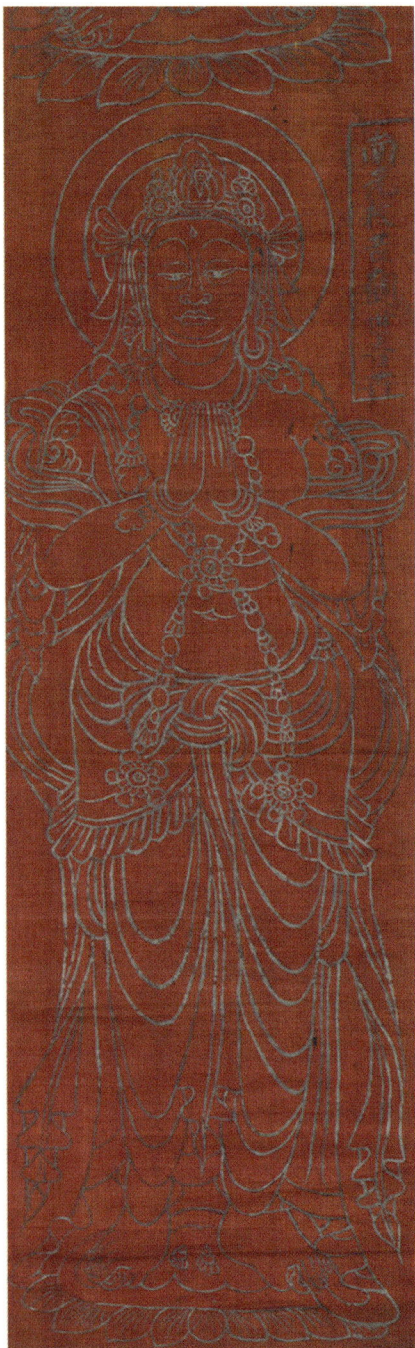

图 6-29　法国吉美博物馆藏观音绢画

采自 [日] 秋山光和等编《西域美术一》图 57-1

蚪形胡须，颈部三蚕道，项饰璎珞，披络腋，腰束长裙，帔帛自两肩绕手臂垂下，右侧观音左手放于胸前，右手持梵夹曲于胸前，侧身向于龛内，左侧观音左手提净瓶下垂，右手持杨柳枝上扬，右侧观音正向前方。右侧观音左上方有榜题"南无大慈大悲救苦观世音菩萨"，左侧观音右上方有榜题"南无大慈大悲救苦观音菩萨"。

在观音摄化而自在示现的三十三种形象中，持梵夹的一般为"六时观音"，表三十三身中的居士身[1]。敦煌壁画中观音单尊像数量较多，是敦煌壁画中常见图像之一，一般为一手持杨柳枝，一手持净瓶的形象。从形象上看，莫高窟第 97 窟这两身观音像与敦煌唐五代时期的观音造像差别不大，与藏经洞出土绢画上的观音形象也较为接近（图 6-29—图 6-30）。这 2 身观音像证明了在沙州回鹘时期单尊观音像作为一种图样还在敦煌继续流行，信众的观音信仰也通过绘制单尊像得以表现。

另外，在莫高窟第 207 窟主室西龛两侧同样绘制两身菩萨像，左侧菩萨手持净瓶等物，菩萨像旁有榜题，现今文字不存。由于有榜题，因此这两身菩萨像应该是有身份的，根据持物推测应该是两身观音像或者是观音与大势至。

① 慈怡等编：《佛光大辞典》，北京：北京图书馆出版社，2004 年，第 515 页。

图 6-30 法国吉美博物馆藏
藏经洞出土观音绢画

采自［日］秋山光和等编《西域
美术一》图54

（三）引路菩萨像

沙州回鹘洞窟莫高窟第418窟中绘制有一组引路菩
萨像（图6-31）。引路菩萨，即引导亡者往生净土的菩
萨。其名号未见诸经典，敦煌莫高窟出土物中有图像及其
名号，英藏敦煌绢画Stein painting47题"引路菩"三字，
即为"引路菩萨"之意简写①。引路菩萨的装束与一般菩
萨无异，皆戴冠，束长裙，帔帛绕臂，与其他菩萨的区别
在于手持挽联或幡。引路菩萨是具有特殊功能的菩萨，具
有渡亡的功能，常绘制在供养人或者亡者前方。引路菩萨

图 6-31 莫高窟第418窟引路菩萨像

是唐末宋初与净土教的流行共同兴起的民间信仰②，敦煌绢画中比较常见引路菩萨像（图
6-32—图6-33），较少见于敦煌壁画中，莫高窟第418窟中出现的两身引路菩萨是引路菩
萨进入壁画的例证。

① 沙武田：《敦煌引路菩萨像画稿——兼谈"雕空"类画稿与"刻线法"》，《敦煌研究》2006年第1期，
第38页。
② 沙武田：《敦煌引路菩萨像画稿——兼谈"雕空"类画稿与"刻线法"》，《敦煌研究》2006年第1期，
第38页。

图 6-32　藏经洞出土引路菩萨绢画

采自［日］秋山光和等编《西域美术 二》图 68-1

图 6-33　藏经洞出土引路菩萨绢画

采自［日］秋山光和等编《西域美术 二》图 69-1

图6-34　四川资中西岩引路菩萨
（作者摄）

莫高窟第418窟主室西壁供养人像以中部供养器为轴对称分布，供养人像前列各绘制一身引路菩萨，菩萨云鬓高髻，戴冠，头后短缯带飘飞，面部漫漶，项饰璎珞，披络腋，腰束长裙，帔帛自两肩绕手臂垂下，手持幡，身体微扭。从形象上看，与藏经洞出土的引路菩萨像差别不大。但是，其位于供养人像前列的这种排列布局方式，在敦煌石窟供养人像中较为少见，当然这也与前代引路菩萨未进入敦煌壁画相关，这在川渝地区有不少案例。四川、重庆地区常将引路菩萨单独雕造，如四川安岳上大佛宋初开凿的K9-(1)龛①，四川资中西岩唐末宋初雕刻的引路菩萨（图6-34），同时也有在供养人前方作引导的案例，如重

图6-35　洛阳北宋张君墓画像石棺升仙图像

采自黄明兰、官大中《洛阳北宋张君墓画像石棺》图四，作者重绘

① 四川大学考古系等：《四川安岳上大佛摩崖造像调查简报》，《敦煌研究》2017年第4期，第9页。

庆大足北山佛湾晚唐 241 号龛①。引路菩萨与墓葬的结合也十分的紧密，如洛阳北宋张君墓画像石棺升仙图像中有引路菩萨②（图 6-35）。

　　沙州回鹘时期引路菩萨像在敦煌的流行，是晚唐宋初地狱观念与冥界思想的发展在图像上的反映，同时也表示沙州回鹘时期敦煌石窟中宗教图像的选择与运用在一定程度上与当时佛教思想的发展是保持一致的。莫高窟第 418 窟是几乎整窟重绘的一个洞窟，洞窟中的引路菩萨像表达了功德主强烈的渡亡、往生意图。

（四）执扇弥勒、文殊、普贤像

　　敦煌宋代洞窟中有一类菩萨像，头戴桶形高冠，高冠上方呈波浪形，饰小圆珠以及火焰形物，高冠两侧垂步摇，头后垂缯带，戴项圈，上衣袖口呈散开状，下束长裙，结跏趺坐于仰莲座上，一手持扇，一手于胸前结印。多年以来，学界对这类菩萨像身份十分困惑，可喜的是，近年郭俊叶先生在前贤们研究基础上③，以翔实的文献和考古材料考证出此类画像为北宋画家高文进创绘的一种新的弥勒菩萨造型，具有宫廷文人画的性质④。郭俊叶先生指出日本清凉寺藏高文进画执扇弥勒菩萨版画中的菩萨像与上述菩萨呈现出相同的特征，版画右上署"待诏高文进画"，左上署"越州僧知礼雕"（图 6-36）。

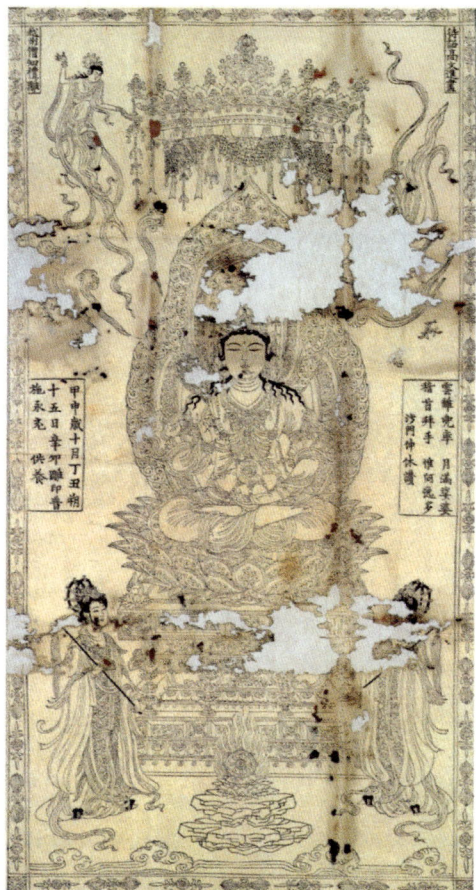

图 6-36　日本清凉寺藏高文进本执扇弥勒

采自奈良国立博物馆监修《日本古版画集成》

第 286 页

---

① 胡文和等编：《巴蜀佛教雕刻艺术史》（下），成都：巴蜀书社，2015 年，第 348 页。

② 黄明兰、宫大中：《洛阳北宋张君墓画像石棺》，《文物》1984 年第 7 期，第 79—81 页。

③ 郭祐孟：《2006 中国西北考察结报——石窟寺院考察篇》，《圆光佛学学报》2007 年第 11 期，第 147—204 页。

④ 郭俊叶：《敦煌执扇弥勒菩萨图像考》，《敦煌研究》2021 年第 2 期，第 72—84 页。

图 6-37　慈氏塔中执扇弥勒像

采自郭俊叶《敦煌执扇弥勒菩萨图像考》图 1

执扇弥勒像最早出现于归义军时期营建的慈氏塔中（图 6-37），沙州回鹘、西夏时期继续流行，沙州回鹘洞窟莫高窟第 237 窟前室西壁门上（图 6-38）、莫高窟第 363 窟主室西壁两侧（图 6-39）、莫高窟第 309 窟前室南壁①绘制有执扇弥勒像。慈氏塔、莫高窟第 237 窟执扇弥勒像中皆有一天子、天女侍立左右；莫高窟第 363 窟或因受限于壁面，只绘制了执扇弥勒单尊像；莫高窟第 309 窟执扇弥勒像中似乎有数量更多的侍从，构图接近文殊、普贤变。就目前的材料来看，执扇弥勒像中的桶形冠出现时间较早，多见于敦煌石窟唐代天王像中（图 6-40），此外大正藏图像部密教菩萨中也有不少案例（图 6-41），高文进创绘的执扇弥勒像大概借鉴了一些前代佛教图像元素。袁頔博士敏锐地发现莫高窟第 237 窟执扇弥勒与水月观音的搭配在敦煌尚属首次出现，其通过爬梳经典分析出执扇弥勒与水月观音的图像组合形成了完整的现世——未来救度体系，令信众从现实苦难解脱，同时在未来往生至衣食无忧的净土世界②。

值得注意的是，沙州回鹘洞窟莫高窟第 245 窟主室东壁两侧、莫高窟第 309 窟前室西壁门两侧（漫漶严重）、莫高窟第 418 窟前室南北壁（漫漶严重）、西千佛洞第 4 窟前室东西壁绘制有文殊、普贤像，此外，莫高窟第 237 窟、莫高窟第 409 窟也绘有文殊、普贤像，但已模糊不清（图 6-42—图 6-43）。文殊、普贤皆为头戴桶形高冠，高冠上方边缘为波浪

---

① 莫高窟第 309 窟南壁的执扇弥勒像为笔者考察新发现。第 309 窟前室北壁像几乎不存，推测可能也为执扇弥勒像。

② 袁頔：《由执扇弥勒与可汗之像看莫高窟第 237 窟重修相关问题》，《河西学院学报》2020 年第 1 期，第 44—52 页。

图 6-38　莫高窟第 237 窟执扇弥勒像

图 6-39　莫高窟第 363 窟龛外北侧执扇弥勒线描图

（作者绘）

图 6-40　榆林窟第 15 窟前室东壁南侧唐代天王像

采自敦煌研究院编《敦煌石窟全集　尊像画卷》图 230

图6-41　大正藏收录金刚部菩萨像

采自《大正藏》图像部第 2 册第 78 页

图6-42　莫高窟第 245 窟文殊线描图

（作者绘）

图6-43　莫高窟第 245 窟普贤线描图

（作者绘）

形，饰小圆珠，头后缯带垂肩，项
饰两层项圈，上身着低翻领广袖
衣，下束长裙，文殊骑狮持梵夹，
普贤骑象持如意。除莫高窟第 245
窟外，莫高窟第 309 窟、西千佛洞
第 4 窟、莫高窟第 418 窟的文殊、
普贤皆有胁侍环绕。

敦煌尊像画中的文殊、普贤像
始绘于初唐，初盛唐期间多绘于洞
窟正壁佛龛两侧，到中晚唐时期
其发展呈现出两种趋势：一类是
独立成铺的文殊变、普贤变，数量
庞大；一类是构图简约的独尊式文

图 6-44　莫高窟第 205 窟唐代文殊、普贤像

采自敦煌研究院编《敦煌石窟全集 尊像画卷》图 165、166

殊、普贤像，五代、宋时期的文殊、普贤造像多与唐代相同①。沙州回鹘时期的文殊、普贤
像分布位置与前代洞窟相同，但是整体形象上却发生了一些变化，文殊、普贤的冠式由唐
代的高髻花鬘冠、宝珠冠转变成了桶形冠，服饰从络腋、长裙转变成了翻领广袖、长裙（图
6-44）。上述转变后的文殊、普贤的冠、服饰恰与执扇弥勒十分相近，沙州回鹘时期文殊、
普贤像形象的转变可能是受到了执扇弥勒的影响。

郭俊叶先生已经关注到执扇弥勒、文殊、普贤组合出现的情况，在慈氏塔中弥勒、文殊、
普贤分别位于塔东、塔南、塔北；莫高窟第 237 窟、五个庙第 1 窟、昌马下窖石窟中的执扇
弥勒绘于门上方，文殊与普贤绘于门两侧，另外，在日本清凉寺还有与高文进本执扇弥勒版
画藏在一起属于一组的文殊、普贤版画。郭俊叶先生将这一组合与俄藏 Д х .0144《上生礼》
作了联系，在《上生礼》中写道"我今各发志诚心，愿见慈尊亲顶礼""念普贤菩萨摩诃萨
四遍""念文殊菩萨摩诃萨四遍"，认为弥勒菩萨与文殊、普贤菩萨的组合受到了上生礼忏
仪的影响②。郭俊叶先生这一观点的提出，为文殊、普贤像受到执扇弥勒形象影响提供了
宗教背景。

---

① 敦煌研究院主编：《敦煌石窟全集 尊像画卷》，香港：商务印书馆，2002 年，第 153 页。
② 郭俊叶：《敦煌执扇弥勒菩萨图像考》，《敦煌研究》2021 年第 2 期，第 72—84 页。

此外，笔者关注到，执扇弥勒像的创作者高文进也曾绘制过文殊、普贤像，宋代刘道醇撰《宋朝名画评》记载：

高文进，蜀中人。太宗时入图画院为祗候。上万机之暇，留神绘事，文进与黄居寀常列左右，赐予优腆。相国寺高益画壁，经时圮剥，上惜其精笔，将营治之，诏文进曰：丹青谁如益者？对曰：臣虽不及，请以蜡纸模其笔法后移于壁，毫发较益当无差矣。遂与李用及、李象坤翻传旧本于壁，尽得益之骨气。文进自画后门里东西二壁五台峨眉文殊普贤变相，及后门西壁神、大殿后北方天王……敕同画东太乙宫贵神列位。大中祥符初，董督群工计度玉清昭应宫壁。今景德寺后九曜院罗汉及东壁药师琉璃光佛，皆文进所画也。①

综上所述，虽然高文进本的文殊、普贤像是否与执扇弥勒像装扮相同，限于材料，尚不能下结论。但是，通过文献梳理，执扇弥勒像的创造者曾也绘制过文殊、普贤像，同时在当时流行的《上生礼》中将弥勒、文殊、普贤作为一组神祇进行供养、礼忏，因此文殊、普贤像受到执扇弥勒像影响的可能性非常大。

最后，齐庆媛先生在其研究中提出辽代菩萨像桶形冠是在继承唐代因素基础上创新产生的形体大方、纹样繁缛精细的新形式，这一冠饰还影响到契丹贵族宝冠，辽代桶形冠进而被金和西夏继承，但装饰纹样较辽代变得简洁②。齐庆媛先生在对辽、金桶形冠的研究中忽略了敦煌执扇弥勒像出现的最早年代，直接运用西夏材料进行比对，这存在一定问题。笔者认为敦煌的执扇弥勒图样是直接受到宋代图样的影响，这种执扇弥勒后来可能又影响到了文殊、普贤图像样式，这一样式可能与辽、金关系不大。

（五）千手观音像

沙州回鹘洞窟榆林窟第 39 窟甬道南、北两侧各绘制一组千手观音图像，两幅图像大致相同（图 6-45—图 6-46）。画面中千手观音上方绘多角形宝盖，每侧垂帷幔，帷幔上覆连珠璎珞；观音有双层背光，束高髻，头戴三珠宝冠，头后垂缯带，面部微胖，眉眼细长，

① （宋）刘道醇：《宋朝名画评》，文渊阁《四库全书》第 812 册，台北：台湾商务印书馆，1986 年，第 456—457 页。

② 齐庆媛：《金代与西夏菩萨像造型分析》，《故宫学刊》（第十一辑），北京：故宫出版社，2014 年，第 153 页。

图 6-45 榆林窟第 39 窟甬道北侧千手观音像

图 6-46　榆林窟第 39 窟甬道南侧千手观音像

眉间一眼，项圈双层；上披络腋，下束长裙，束带垂于双腿之间，身披连珠璎珞，璎珞于胸前交叉，帔帛绕臂，赤脚立于仰覆莲座上。千手观音共有三十四只正大手，胸前左、右各三只，分别作禅定印、说法印、合十状；身后左、右各十四只，分别持化佛、三叉戟、锡杖、日月、宝殿、钵、胡瓶、印、弓、箭、梵夹、剑、骷髅头、海螺、幡、钱币、斧、规、矩等物，此外身后还有无数只小手。观音左、右上方各侍立一菩萨，头戴宝冠、面部圆润，上披络腋，下束长裙，帔帛绕臂。观音下方左、右分别侍立功德天、婆薮仙，婆薮仙束头垂须，上披络腋，下着短裤，帔帛绕臂；功德天头戴宝冠，面部圆润，赭面，身着广袖袍服。

松本荣一先生[①]、王惠民先生[②]、纪应昕博士[③]曾对敦煌千手观音图像的发展演变做过详细梳理，敦煌石窟中的千手千眼观音图像从盛唐到西夏、元时期，一直持续从未有过间断。千手千眼观音在不断地变化与发展中，产生了诸多新的图像元素，阐释了更加丰富的宗教内涵[④]。

榆林窟第 39 窟千手观音像的图像样式基本与前代保持一致，与藏经洞出土绢画中的千手观音形象近似（图 6-47），只是眷属的配置数量上略有不同。此窟的千手观音图像也表现出一些时代新因素，最为突出的是图像色彩的运用，与以往千手观音以黑红设色为主

① ［日］松本荣一著，林保尧、赵声良、李梅译：《敦煌画研究》，杭州：浙江大学出版社，2019 年，第 367—386 页。
② 王惠民：《敦煌千手千眼观音像》，《敦煌学辑刊》1994 年第 1 期，第 63—76 页。
③ 纪应昕：《敦煌千手千眼观音像研究》，兰州大学硕士学位论文，2018 年。
④ 纪应昕：《敦煌石窟千手千眼观音经变的演变》，《天水师范学院学报》2017 年第 2 期，第 108 页。

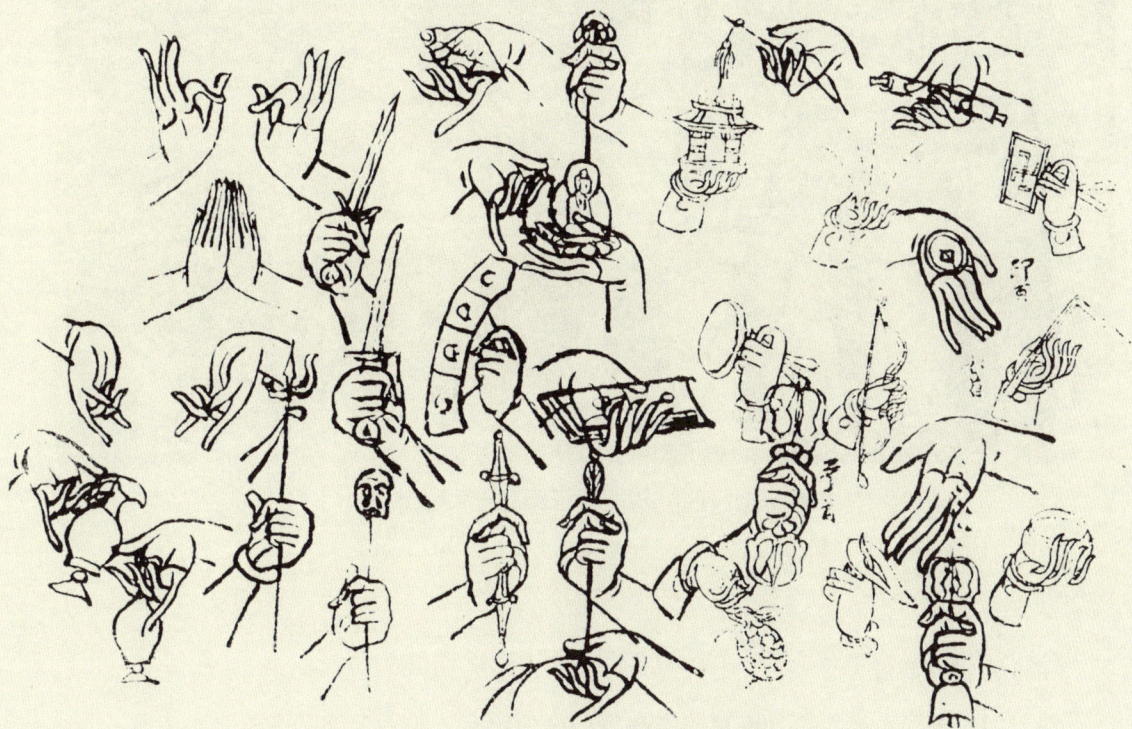

图6-47 藏经洞出土千手观音像画稿

采自［日］松本荣一《敦煌画研究》图175

不同，此窟千手观音像色彩上善用青绿。当然榆林窟第39窟是一个整窟重绘的洞窟，其对题材的选择和运用，是基于洞窟营建思想表达的需要，关于千手观音像在整窟中的宗教功能以及与其他题材的联系，笔者将在第十章中进行论述。

　　同时期四川地区的千手观音图像呈现出完全不同于敦煌地区的发展面貌，唐末五代以后四川地区千手观音基本以善跏趺坐为主，并且婆薮仙也呈现出更加多元的形象，出现了僧人像的婆薮仙，可见五代、宋时期，敦煌、四川的千手观音图像表现出地域性发展的特点（图6-48）。

图6-48　四川安岳菩萨湾五代千手观音造像

（作者摄）

（六）六臂菩萨像

　　沙州回鹘洞窟莫高窟第309窟主室东壁门两侧绘有一组六臂菩萨像（图6-49），北侧菩萨头戴宝珠冠，云鬟高髻，面部圆润，上披络腋，下束长裙，帔帛绕臂，左右各三臂，分

图 6-49　莫高窟第 309 窟主室东壁北侧六臂观音像

别举日月、作说法印、握帔帛，结跏趺坐于仰覆莲座上，身后有圆形头光、身光。南侧菩萨漫漶，头戴化佛冠、面容模糊，可见日月，帔帛，以及圆形头光、身光。

密教神祇一般以多头、多臂为主要特点，"整个唐代以及五代、宋初，密教经典不仅种类越来越多，而且不少密教经典还把诸多原来属于显教的神祇及其功能移植到密教经典中，使得密教神祇的地位越来越高，诵持密典、供奉密教神祇所获得的功德远远多于显教，因而密教的影响也越来越大"①。由于莫高窟第 309 窟六臂菩萨持物无明显标志性特征，因此，不能从其持物上对其具体身份进行判断，只能以手臂数量对其命名。这是沙州回鹘洞窟中除前述千手观音像外的密教图像题材。

（七）无身份单尊大菩萨像以及菩萨群像

除上述身份明确的菩萨像以及在说法图、净土变中以胁侍等身份出现的菩萨像外，沙州回鹘洞窟中还有一些独立绘制于洞窟各壁中的菩萨像，如莫高窟第 237 窟门楣、莫高窟第 245 窟主室西壁龛内、莫高窟第 306 窟主室北壁门西、莫高窟第 307 前室南北壁、莫高窟第 308 窟主室南壁门西及门上、莫高窟第 309 窟主室西龛内壁两侧、莫高窟第 310 窟甬道南、北以及主室东壁门上、莫高窟第 399 窟主室西龛以及东壁门两侧、莫高窟第 418 窟主室东壁门两侧、西千佛洞第 11 窟甬道、西千佛洞第 4 窟主室北壁龛两侧、西千佛洞第 12 窟甬道东西壁北端、西千佛洞第 15 窟主室北壁龛两侧等，这些菩萨的风格也呈现出前述的回鹘风格与中原风格两种。

从位置上看，这几个洞窟的菩萨像基本上位于窟龛两侧、窟门两侧、甬道两侧。一般来说，从北朝时期开始，于洞窟正壁龛两侧绘制菩萨像的做法就已经开始，其依然是与中间的主尊塑像配合，表现出一铺多身的主题。莫高窟第 309 窟、莫高窟第 399 窟、西千佛洞第 4 窟、西千佛洞第 15 窟正壁龛两侧或龛内绘制的菩萨即是通过绘塑结合的方式表现出一主尊多胁侍的主题。

其他位置的菩萨像情况相对复杂，不能一概而论。莫高窟第 399 窟、莫高窟第 418 窟、莫高窟第 306 窟、莫高窟第 308 窟几乎整窟重修，菩萨位于窟口的位置，可能是接引，或者单纯为供养菩萨，与整窟配合表现出佛国主题。西千佛洞第 12 窟的菩萨绘于供养人前列，又位于甬道的位置，并且回头看向供养人，明显是接引之意。

---

① 敦煌研究院编：《敦煌石窟全集 尊像画卷》，香港：商务印书馆，2003 年，第 9 页。

第七章

Chapter Seven

装饰图案的『新』与『旧』

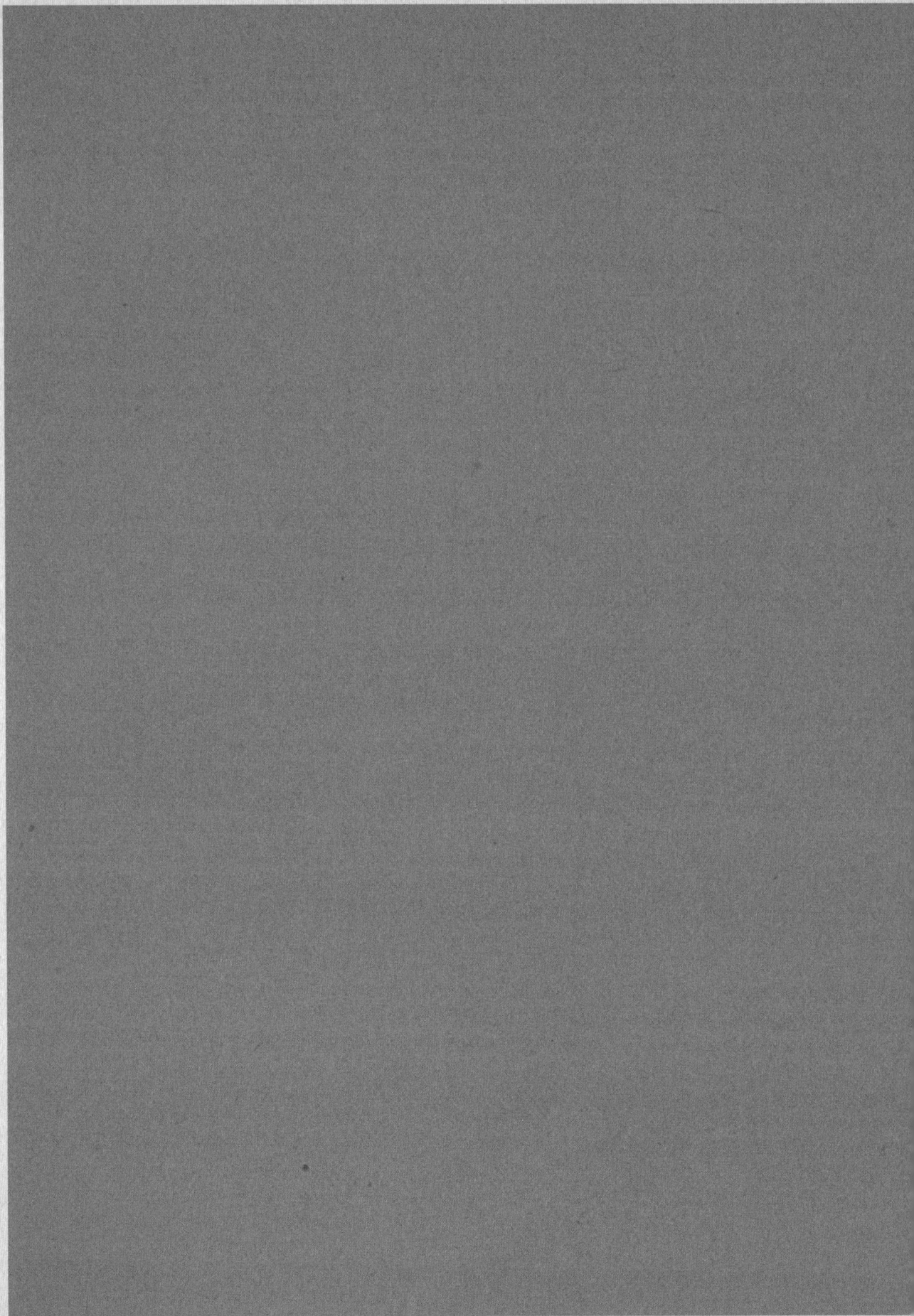

　　装饰图案是敦煌石窟的重要组成部分，它像一条华美的纽带将洞窟内各部分很好的联结在一起，最终形成一个有机的整体。这些装饰图案不仅具有丰富的样式、绚丽的色彩，而且发展脉络清晰、演变序列明确，是了解某一时段洞窟面貌不可或缺的一环。因此，对于不同时期洞窟内装饰图案的研究，一直是石窟艺术探索的重要方向之一。

一、装饰图案的研究进展

　　在沙州回鹘洞窟装饰图案研究方面，探讨较早且用功较深的是刘玉权先生，从20世纪80年代开始，刘先生就先后发表数篇文章对沙州回鹘洞窟内的装饰图案进行了系统的总结和详细的梳理[1]。2004年，关友惠先生对敦煌晚期洞窟内的装饰图案进行了细致讨论，并对其演变序列进行了总结[2]。另有段文杰[3]、史苇湘[4]等先生，对沙州回鹘洞窟装饰图案的整体面貌进行了概括性介绍。

---

① 刘玉权：《敦煌莫高窟、安西榆林窟西夏洞窟分期》，载敦煌研究院编《敦煌研究文集》，兰州：甘肃人民出版社，1982年，第273—318页；刘玉权：《关于沙州回鹘洞窟的划分》，载敦煌研究院编《1987年敦煌石窟研究国际讨论会文集·石窟考古编》，沈阳：辽宁美术出版社，1990年，第1—29页；刘玉权：《敦煌西夏石窟的分期再议》，《敦煌研究》1998年第3期，第1—4页。

② 关友惠：《敦煌宋西夏石窟壁画装饰风格及其相关的问题》，载敦煌研究院编《2004年敦煌研究国际学术会议论文集》（下），上海：上海古籍出版社，2006年，第1111—1141页。

③ 段文杰：《敦煌石窟艺术研究》，兰州：甘肃人民出版社，2007年。

④ 史苇湘：《敦煌历史与莫高窟艺术研究》，兰州：甘肃教育出版社，2002年。

　　总体来说，由于沙州回鹘时期文献记载缺失，洞窟装饰图案程式化以及时代定位模糊等一些客观因素，学界对洞窟内部分装饰图案的阐释还有不足。笔者以为，对沙州回鹘洞窟装饰图案进行更为深入的探讨，能够为敦煌晚期洞窟的划分、文化交流、石窟营建史方面的研究提供很大便利。

二、窟顶装饰图案

　　在敦煌石窟当中，窟顶一直是绘制装饰图案的主要位置。沙州回鹘时期以前，洞窟窟顶就常被忍冬纹、卷草纹、团花纹、回形纹、三兔纹、莲花纹、缠枝纹等各类精美的装饰图案所覆盖，整体风格绚丽华美（图7-1—图7-2）。至沙州回鹘时期，洞窟窟顶的装饰图案产生了诸多变化，时代特征表现较为突出。

　　沙州回鹘洞窟大多是在北朝、隋唐时期营建的小型洞窟基础上重绘的，根据窟形不同，窟顶的装饰大致可分为两类。第一类以莫高窟第97窟、莫高窟第310窟、莫高窟第245窟、莫高窟第207窟、莫高窟第363窟、莫高窟第399窟、莫高窟第330窟、西千佛洞第4窟（藻井残）、西千佛洞第15窟为代表，基本上是对覆斗顶洞窟的重修。这批洞窟中除莫高窟第330窟藻井为团花纹、四披绘有对波纹装饰外，其余各窟窟顶藻井井心处皆绘团龙，藻井周边则饰有联珠纹、菱形四叶纹、回形纹、帷幔纹等，四披几乎以团花纹图案严密装饰。这些窟甬道顶部多绘团花，团花周边为联珠纹、菱形四叶纹、细缠枝花卉纹等装饰纹样（图7-3）。

　　第二类以莫高窟第306窟、莫高窟第307窟、莫高窟第308

图7-1　莫高窟第322窟初唐葡萄石榴纹藻井

采自敦煌研究院编《敦煌石窟全集 图案卷 下》图1

图 7-2 莫高窟第 216 窟盛唐桃形瓣莲花纹藻井

采自敦煌研究院编《敦煌石窟全集 图案卷 下》图 16

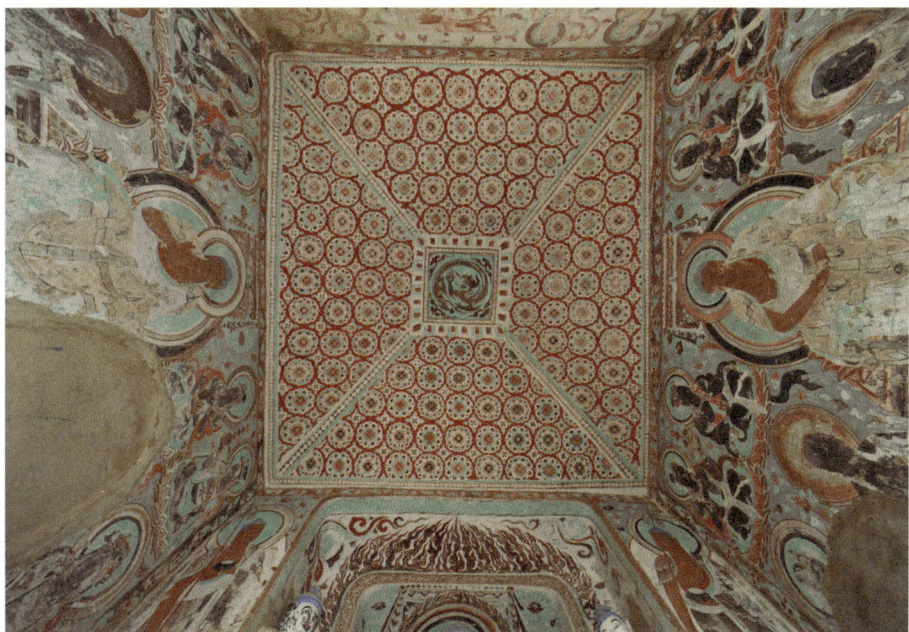

图 7-3 莫高窟第 310 窟窟顶

窟、莫高窟第 309 窟、莫高窟第 409 窟、莫高窟第 418 窟、榆林窟第 39 窟为代表，是对中心柱洞窟或人字披加平棋顶洞窟的重修，一般多在甬道顶、平棋和人字披处遍绘团花，周边装饰有联珠纹、菱形四叶纹等边饰，部分洞窟人字披处绘有木椽和缠枝花卉纹（图 7-4—图 7-5）。

图 7-4　莫高窟第 308 窟窟顶

图 7-5　莫高窟第 309 窟窟顶

总体来说，沙州回鹘洞窟窟顶装饰图案大体上传承自曹氏归义军洞窟纹样，其间夹杂有一些高昌回鹘风格图样，以下就从团龙纹、团花纹、木椽及椽间装饰、对波纹几个方面，对此时窟顶装饰所显示出的特点作简单诠释。

（一）团龙纹图案

团龙纹是沙州回鹘洞窟藻井装饰当中最重要的图案。团龙龙首昂扬，怒目圆睁，嘴巴大张，獠牙外露，头后须髯根根竖立，龙躯修长盘旋，龙足粗壮有力，龙尾纤细卷曲，示人以矫健威猛之态，动感十足。团龙多以色彩绘之，个别有贴金装饰，周边饰以祥云四朵，或绘有重瓣莲花。

这种在藻井中绘制团龙的做法虽然承袭曹氏归义军，但是却有着与之不同的艺术特征。曹氏时期的团龙更显清瘦，身躯及四肢纤细，髯发飘逸卷曲，一般使用沥粉堆金的方式绘制，自壁面凸起，设色单一，且对身体细节的描写不是很多。沙州回鹘时期藻井处的团龙发生了较为显著的改变，团龙图像出现明显分野，呈现出两种不同的风格。一种风格显然是传承自曹氏并有所改进，以莫高窟第363窟为代表，团龙身躯及髯发卷曲飘逸，设色单一，对身体细节的描写不多，但沥粉堆金的情况有所减少，且身体更显粗壮。另一种风格以莫高窟第245窟、莫高窟第310窟为代表，身躯粗壮威猛，髯毛根根分明，设色丰富，且对身体细节的描绘更加详细，明显与曹氏时期的团龙有所不同（图7-6—图7-11）。

图 7-6 莫高窟第237窟前室顶团龙线描图
（作者绘）

图 7-7 莫高窟第245窟窟顶龙纹

图 7-8　莫高窟第 310 窟窟顶龙纹

图 7-9　莫高窟第 363 窟窟顶龙纹

图 7-10　莫高窟第 399 窟窟顶龙纹

图 7-11　莫高窟第 55 窟窟顶五代龙纹

采自敦煌研究院编《敦煌石窟全集 图案卷 下》图 191

（二）团花纹图案

团花纹可以说是沙州回鹘洞窟当中最为常见的装饰纹样，几乎每一个洞窟的窟顶四披、甬道顶或西龛顶，皆能够见到形象一致的团花纹图案。总体来说，沙州回鹘洞窟内的团花图案程式化比较严重，内容一致，形制单一，多以红色或黑色为地绘制团花纹图案。团花图案主花以四瓣花为中心，周围饰有三至四层八片或四片的花瓣，花瓣形式多为云朵状的片状花瓣，也有类似圭形的莲花形花瓣或扇形花瓣出现。在有些洞窟当中，相邻的两个主花在颜色或形式上略有差别，主花间隙处穿插绘制宾花。宾花以四瓣花为中心，四边各饰有一片叶子，形成完整的十样花形式，最终与主花一起形成循环，饰满整个窟顶，风格虽略显单调，但也严谨华丽。

以形象一致的团花作为窟顶主要装饰的做法应该也是承袭于曹氏归义军时期，相比沙州回鹘时期的团花图案，曹氏时期团花图案显得更为精致。其特点是专门绘制一个个小方格，在方格内绘制团花，并在方格的间隙处设置凸起的正方形沥粉堆金小块，背景以绿、黑色为主，红色背景较少。发展至沙州回鹘时期，虽然团花纹的整体情况变化不大，但也有一些细节上的改变，如方格和沥粉堆金小块的消失、红色背景的大量应用等（图 7-12—图 7-14）。

图 7-12　莫高窟第 207 窟窟顶团花纹

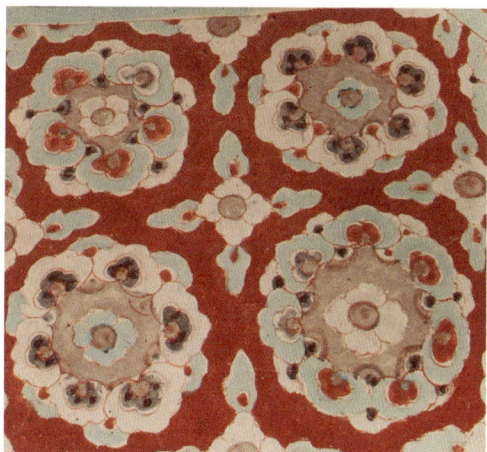
图 7-13　莫高窟第 363 窟窟顶团花纹

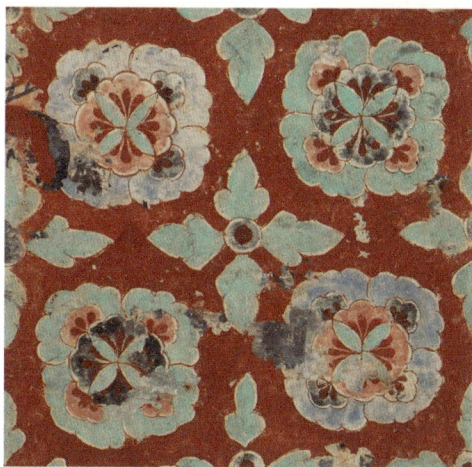
图 7-14　莫高窟第 418 窟窟顶团花纹

(三）木椽及椽间装饰图案

人字披是十六国至隋代中心柱洞窟内前室的顶部构造，是印度佛窟建筑和中原木构建筑结合的产物，其上的装饰纹样主要由彩绘或泥塑的屋脊方檩、檐仿、圆椽、承托檩、斗拱及椽间装饰组成[①]，其中特以木椽及椽间装饰最为常见。木椽及椽间装饰多见于敦煌北朝洞窟之内，一般严格按照中原木构彩绘的形式进行绘制，用红色绘制圆椽，椽上绘有尖齿状金釭纹及云气纹，椽间多绘忍冬纹、缠枝莲花纹、飞天、天人、供养人、摩尼珠、神兽等，用笔粗放，秀丽多姿[②]。至隋代，虽然洞窟内还有人字披结构存在，但是人字披上多被千佛或故事画面所占据，木椽及椽间装饰画逐渐减少。唐代以后随着覆斗顶殿堂窟的普及，此类人字披形式彻底消失，直至沙州回鹘时期，伴随着对北朝、隋代小型洞窟的重修重绘，木椽及椽间装饰的纹样形式才再次出现。

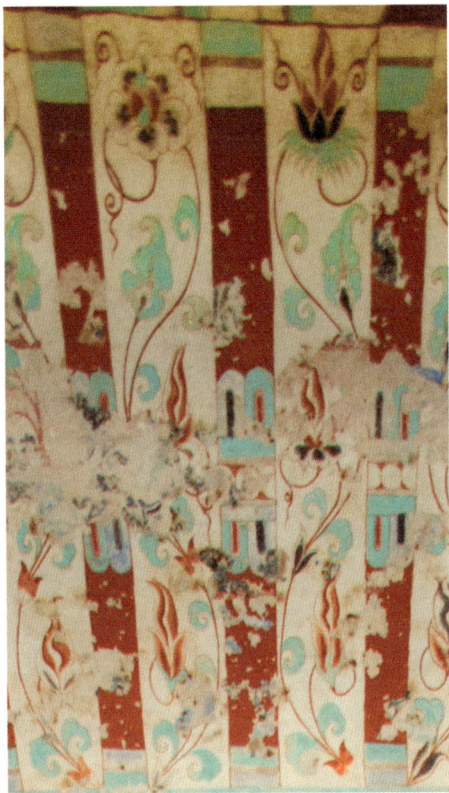

图 7-15　莫高窟第 418 窟人字披顶处
缠枝花卉纹

沙州回鹘时期的木椽多以红色为地，中间或两端绘有钝齿状的金釭纹，有些还兼有菱形四瓣花装饰，木椽之间常以白色为地，绘制舒朗的缠枝莲花纹或缠枝花卉纹。此时期木椽及椽间装饰的绘法与敦煌北朝洞窟非常相似，都是在木椽上绘制金釭纹，木椽间绘制缠枝莲花纹，只是在纹饰细节上有一定的改变，但一脉相承之感非常明显。这种情况在木椽金釭纹的绘制上体现得最为明确。所谓金釭，是中国早期木材榫卯结构尚未成熟时，用于套嵌加固木材之用的金属质地

---

① 萧默：《敦煌建筑研究》，北京：文物出版社，1989 年，第 35 页；关友惠：《敦煌莫高窟早期图案纹饰》，《敦煌学辑刊》1980 年第 1 期，第 101—107 页。

② 敦煌研究院编：《敦煌石窟全集·图案卷》（上），香港：商务印书馆，2003 年，第 37—42 页。

尖齿方筒形器物①，敦煌北朝时期木橼上出现的金釭纹就是对尖齿金釭实物的客观摹写。但是自唐代以后，随着榫卯结构的成熟，金釭这一建筑结构在建筑实体之上彻底消失，转而演变为木构建筑彩画上的箍头、藻头、如意头等彩绘装饰纹样，北宋《营造法式》中就有很多类似的图例出现②。相比之下，沙州回鹘洞窟内的金釭纹并未吸收同时代中原地区出现的如意头新样式，反而更接近敦煌北朝洞窟的样式，只不过从尖齿变为钝齿而已，可见沙州回鹘时期重修洞窟时借鉴了该窟本身的相关图样（图7-15—图7-19）。

图 7-16　莫高窟第 309 窟人字披顶处
缠枝花卉纹

图 7-17　莫高窟第 251 窟人字披顶处北魏
缠枝花卉纹

采自敦煌研究院编《敦煌石窟全集 图案卷 上》图 26

---

① 杨鸿勋：《凤翔出土春秋秦宫铜构——金釭》，《考古》1976 年第 2 期，第 103—108 页。
② 梁思成：《营造法式注释》，载《梁思成全集》（第七卷），北京：中国建筑工业出版社，2001 年。

图 7-18　莫高窟第 428 窟人字披顶处北周图案

采自《中国敦煌壁画全集 3》图 82

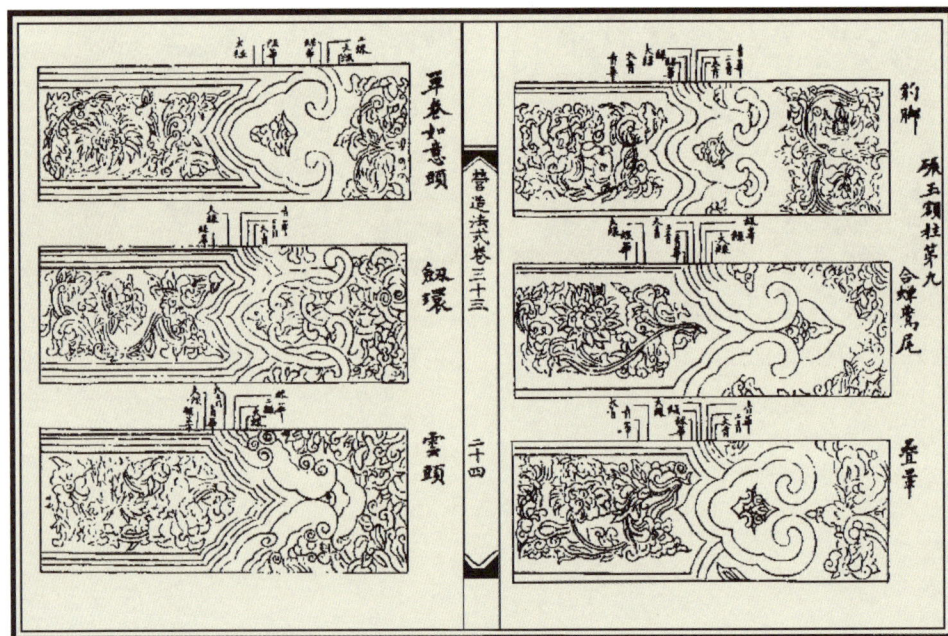

图 7-19　《营造法式》记载中的"如意头"

采自梁思成《营造法式注释》第 487 页

(四)对波纹图案

莫高窟第 330 窟的覆斗顶装饰与同时期其他洞窟相比，显得较为特殊，其在藻井处绘制双层团花，四披绘制对波忍冬火焰珠装饰，纹饰中忍冬藤蔓以对波的形式缀合，波内蔓草向外卷曲上盛火焰三珠。此窟四披特殊的连续对波纹装饰，被刘玉权先生称之为"敦煌石窟的孤例"[①]（图 7-20）。

事实上，这种忍冬对波的构造形式在装饰纹样中并不罕见。以对波形式相互缠绕的忍冬蔓草结构组成条状装饰，最早起源于西域地区，在印度、巴基斯坦、哈萨克斯坦等地早期文物中皆能够看到忍冬对波纹装饰的身影[②]。东汉以后这种装饰纹样由西域传至中国，很快便被应用于敦煌石窟的装饰当中，只不过这些对波纹装饰多以链状的连

图 7-20　莫高窟第 330 窟窟顶

续对波纹为主，而少有循环成片的对波纹结构。因独特的材质和制作工艺使然，真正连续成片的对波纹结构，最早且最普遍应用于丝织品的纹饰织造当中，被称之为"对波骨架"，盛行于南北朝至宋元时期[③]。如此反观莫高窟第 330 窟，此窟本身面积很小，与其说是一个洞窟，更不如说是一个独立的造像龛，营造此窟的目的很可能是为了摆放尊像组合所用。因此莫高窟第 330 窟窟顶的覆斗，与其说是洞窟的覆斗顶，更不如说是尊像顶部配置的丝织品伞盖，所以笔者认为当时的工匠在绘制窟顶纹饰的时候，很可能借鉴了丝织品当中的传统纹样，才创造了此窟独一无二的窟顶装饰纹样（图 7-21—图 7-22）。

① 刘玉权：《瓜、沙西夏石窟概论》，载敦煌研究院编《中国石窟·敦煌莫高窟》（五），北京：文物出版社，2013 年，第 182 页。

② 扬之水：《曾有西风半点香——对波纹源流考》，载赵丰、齐东方编《锦上胡风——丝绸之路纺织品上的西方影响（4—8 世纪）》，上海：上海古籍出版社，2011 年，第 17—25 页。

③ 赵丰：《唐代丝绸与丝绸之路》，西安：三秦出版社，1992 年，第 156 页。

图 7-21　北朝对波狮凤鹿羊纹锦

采自赵丰、齐东方主编《锦上胡风》图 21

图 7-22　北朝对狮对象牵驼人物纹锦

采自赵丰、齐东方主编《锦上胡风》图 21

三、边饰图案

边饰也是装饰图案重要内容之一，其为长条形状，在洞窟壁画中主要起到间隔内容的作用。与前期洞窟相比，沙州回鹘洞窟边饰纹样更加简化和程式化，主要为帷幔纹、波状卷云纹、细缠枝花卉纹、菱形四叶纹、联珠纹、回形纹、壶门供宝等几种固定的纹样。由于联珠纹和回形纹在纹样形式和装饰特点上与前期洞窟相似，无甚区别可言，以下就对波状卷云纹、细缠枝花卉纹、菱形四叶纹、帷幔纹、壶门供宝几种装饰加以简单讨论。

（一）波状卷云纹和细缠枝花卉纹图案

沙州回鹘洞窟的波状卷云纹和细缠枝花卉纹是两种极富特点的装饰纹样，在前期洞窟中较少出现，可以说为沙州回鹘洞窟所特有。波状卷云纹主要是以白色为地，在其上以红色颜料绘出纹饰间隙，最终用地色显花，花纹形式主要为波浪状的连续卷云图案，也有个别是以绿色为地，用黑色颜料绘制间隙。除图案本身较为特殊以外，此纹样绘制间隙最终以地色显花的表现形式，在敦煌石窟装饰纹样中也较为少见。波状卷云纹除绘制在四壁外，在回鹘王夫妇像地毯、莫高窟第 245 窟的文殊以及普贤冠式、西千佛洞第 16 窟壁画尊像中的金刚座上亦有出现。另有细缠枝花卉纹，多以红、黑色为地，上以细线绘出波浪状的缠枝纹，缠枝的间隙处画有简单的花卉和草叶，风格简练。

前述两种纹饰虽然在敦煌石窟中较为少见，但在柏孜克里克等高昌回鹘石窟内却比较常见，因此刘玉权先生认为，这两种纹饰应当是从高昌传入的，被直接应用于沙州回鹘洞窟的营建当中[1]（图 7-23—图 7-28）。

图 7-23　莫高窟第 207 窟波状卷云纹

图 7-24　莫高窟第 97 窟波状卷云纹

图 7-25　新疆伯西哈石窟第 3 窟波状卷云纹

采自新疆吐鲁番学研究院等编《中国新疆壁画艺术 6》图 244

图 7-26　莫高窟第 245 窟细缠枝花卉纹

图 7-27　莫高窟第 310 窟细缠枝花卉纹

图 7-28　新疆柏孜克里克石窟第 20 窟细缠枝花卉纹

采自新疆吐鲁番学研究院等编《中国新疆壁画艺术 6》图 93

[1] 刘玉权：《关于沙州回鹘洞窟的划分》，载敦煌研究院编《1987 年敦煌石窟研究国际讨论会文集·石窟考古编》，沈阳：辽宁美术出版社，1990 年，第 1—29 页。

图 7-29　莫高窟第
306 窟菱形四叶纹

（二）菱形四叶纹图案

菱形四叶纹是沙州回鹘洞窟最为常见的纹饰之一，大多以红色为地，再用一整两半或者半对半的菱形（有些偏圆）四叶花卉纹组成边饰带。此类纹饰并非沙州回鹘洞窟所独有，在曹氏归义军时期洞窟内就已出现，曹氏洞窟中的菱形四叶纹的绘法相对复杂一些。因此，沙州回鹘洞窟这类菱形四叶纹应当是传承自敦煌当地的艺术传统，而在其基础上做了简化（图 7-29）。

（三）帷幔纹图案

帷幔纹样在历代石窟壁画的创作中相当常见，多被绘制于藻井或相关物品的周围，以作装饰之用，此类纹样的出现主要是对现实中丝织品帷幔的仿绘。结合藏经洞出土帷幔实物，以及敦煌文书中关于帷幔的相关记载可知，现实中的帷幔一般由杂色丝绸零料缝缀而成，包括腰、者舌、柱子、带、裙等几个部分，佛教徒一般将其装饰于檐、屏、伞、幢、桌、台、帐等器物周围，以起庄严绚丽引人注目之功[1]。

沙州回鹘洞窟中的帷幔装饰从装饰位置来说，主要绘于窟顶藻井周边、主室四壁顶部和甬道左右壁顶部。沙州回鹘洞窟中的帷幔装饰从样式上来说，可分为两类，一类以莫高窟第 244 窟、莫高窟第 207 窟当中出现的帷幔为代表，顶部绘有一条单色的腰，腰下分布有大小不一的三角形者舌，者舌之下相间垂挂有较宽的长方形菱形网格状垂带，以及较窄的长条形鱼鳞状杂色柱子。在菱形网格状垂带正面为各色丝绸珠宝组成的璎珞，在垂带及柱子背面整体衬有单色裙边。另一类以莫高窟第 306 窟、莫高窟第 307 窟、莫高窟第 308 窟为代表，顶部绘有单色腰，腰下为三角形者舌，者舌之上饰有花朵装饰，者舌之下垂挂有宽窄不一的长条状垂带，宽垂带正面为花朵状的璎珞。另有莫高窟第 309 窟当中出现的垂幔，虽然在形式上与前面所举的两类有所区

---

① 杨之水：《"者舌"及其相关之考证——敦煌文书什物历器丛考之一》，载《丝绸之路：艺术与生活》，香港：艺纱堂，2007 年，第 139 页；赵丰、王乐：《敦煌丝绸》，兰州：甘肃教育出版社，2011 年，第 157—162 页。

别，但大体来说像是两者的结合体，而且更为
接近第二类样式。

就绘制风格而言，两类帷幔不仅在形式
上存在明显的区别，在文化源头上也存在对
立。第一类菱形镂空网格间杂色柱子形式的
帷幔，在敦煌石窟的装饰纹样中较为少见，但
是却与柏孜克里克石窟第 15 窟当中的帷幔风

图 7-30 莫高窟第 207 窟帷幔纹

格完全一致，显然在很大程度上受到高昌回鹘艺术的影响。第二类帷幔在曹氏洞窟中就已
相当常见，以藏经洞所在的敦煌莫高窟第 16 窟为例①，其帷幔风格与第二类帷幔完全一致，
说明此类帷幔当传承自敦煌本地曹氏的装饰风格（图 7-30—图 7-34）。

图 7-31 莫高窟第 309 窟帷幔纹

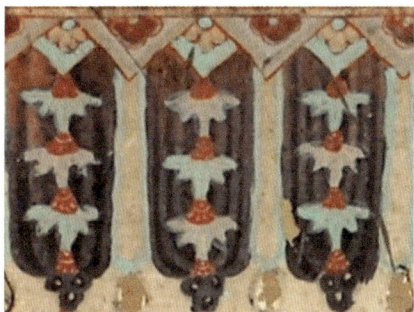

图 7-32 莫高窟第 307 窟帷幔纹

图 7-33 新疆柏孜克里克石窟第 15 窟帷幔纹

采自新疆吐鲁番学研究院等编《中国新疆壁画艺术 6》图 130

① 沙武田：《莫高窟第 16 窟整体重修时供养人画像的缺失与藏经洞的封闭》，《西夏研究》2012 年第 2
期，第 9—27 页。

图 7-34　莫高窟第 16 窟帷幔纹

如前所述，帷幔纹在沙州回鹘洞窟使用的一大特点就是开始被大量绘制于主室四壁顶部和甬道左右两壁顶部，这一做法可能与中原墓葬等帷幔装饰运用在顶部有一定关系。据郑以墨先生对两汉至宋金元时期墓葬壁画帷幔图像相关研究，在北宋以前，墓葬壁画内的帷幔图像多与画面内部的建筑图像或家具陈设一起出现，是壁画内容的组成部分之一。而在宋金元时期的墓葬壁画当中，帷幔图案则作为重要的装饰图案被直接绘制于墓室四壁上方，郑先生认为这种变化的产生，与北宋以后仿木建筑形式在墓葬营建中的流行有很大关系，是北宋以后墓葬视觉空间和内容空间发生变化的结果①。佛窟虽然不似墓室出现有明确的仿木构壁画，但是随着北宋以后整体时代装饰风格的演变，石窟壁画的装饰也产生了相应的变化（图 7-35）。

图 7-35　宜阳金墓壁画

采自郑以墨《宋金元时期墓葬壁画中帷幔图像研究》图 2

---

① 郑以墨：《宋金元时期墓葬壁画中帷幔图像研究》，《北方文物》2020 年第 3 期，第 29—45 页；郑以墨、习化娜：《两汉魏晋南北朝墓葬壁画中的帷幔图像研究》，《装饰》2017 年第 2 期，第 95—97 页。

（四）壸门供宝

沙州回鹘洞窟中的部分洞窟在洞窟四壁底部绘制壸门，壸门内大多绘制有摩尼珠（火焰宝珠）和三珠火焰纹饰，这一做法承袭自归义军时期。据经文记载可知，摩尼珠"毒不能害，入火不能烧"①，是佛教至高无上的宝物之一，火焰三珠则可能为《六度集经》布施无极章和《贤愚经》大施抒海品所载之海内三珠，具有"明耀百六十里，珠之所在，众宝寻从满其明内，在志所欲无求不获"②之功，同样为佛教当中罕见的宝物之一。将两类宝物图像绘制于洞窟四壁底部的壸门当中，应该是在强调宝物的供养功能（图7-36）。

图 7-36　莫高窟第 306 窟主室南壁下方壸门供宝

四、尊像背景图案

沙州回鹘洞窟尊像背景相比前期洞窟出现了很多变化，就背光而言，尊像背光还是以敦煌传统的火焰纹、圆圈纹、三角纹等背光形式为主，但是新出现了波折纹、细密三珠火焰纹等背光图案。此外，尊像之上为传统的双树宝盖，但是尊像旁边新增加有蜀葵花卉装饰。另在窟门左右的文殊、普贤身后，常见的五台山背景逐渐被条状云中化现背景所取代。以下对蜀葵、波折纹、细密三珠火焰纹、条状云中化现作简单讨论。

---

① （后秦）鸠摩罗什译：《大智度论》，《大正藏》第 25 册，第 478 页。
② （吴）康僧会译：《六度集经》，《大正藏》第 3 册，第 4 页。

（一）花卉蜀葵图案

沙州回鹘洞窟尊像背景较为显著的变化之一就是山水风景、屋木建筑等相关内容明显减少，花草装饰明显增加，其中最为突出的表现是西龛主尊背后绘制大量蜀葵花卉。此种情景最早见于曹氏归义军洞窟，在沙州回鹘洞窟中尤为常见，一直延续至西夏中期。相比之下，这种绘制蜀葵的做法在莫高窟较为常见，而在西千佛洞和榆林窟当中则多在单色地上绘制折枝花卉作为背景，大面积绘制蜀葵的情况较少。

蜀葵花卉图像表现形式较为单一，一般为数枝单个分开的花干，花干上绘有锯齿边或圆边的花叶，其间穿插有三到四朵盛开的花朵，枝头绘有花苞。王胜泽、郭明明等学者研究认为，尊像背后的蜀葵花是驱邪、孝道、忠君和佛教华严等不同思想的集中象征[①]。笔者认为古人在尊像背景处绘制某种花卉可能未能有如此多的思想内涵，蜀葵在背景处的出现或许和壸门供宝图像的出现一样，是人们想删繁就简，更明确且更直白、清晰地表达洞窟内的宗教意味，因此使用各类花卉以起供养之用。之所以选择蜀葵，可能只是时代背景下的图像革新（图7-37—图7-39）。

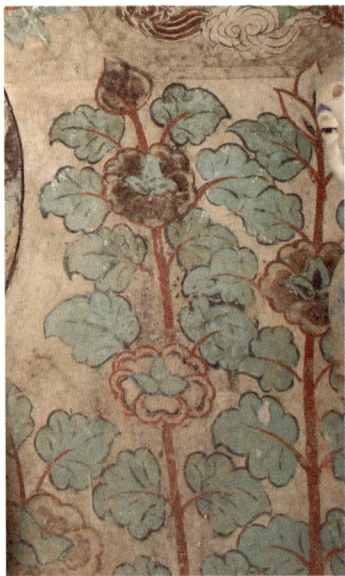

图7-37　莫高窟第97窟
西龛蜀葵

图7-38　莫高窟
第399窟西龛蜀葵

图7-39　莫高窟第307窟
西龛蜀葵

---

① 王胜泽：《敦煌西夏石窟中的花鸟图像研究》，《敦煌学辑刊》2019年第2期，第153—168页；郭明明、杜建录：《〈番汉合时掌中珠〉中的"芍葵花"考》，《宁夏社会科学》2019年第1期，第189—192页。

（二）波折纹及细密三珠火焰纹图案

在莫高窟第 207 窟、莫高窟第 245 窟等窟的尊像背光当中，出现有一系列极富特点的背光形式，其中最为突出的就是波折纹和细密三珠火焰纹。波折纹主要呈规则的锯齿几何状，使用不同的色彩相间绘制；细密三珠火焰纹就是典型的三珠火焰图像，只不过在火焰的描绘手法上更加细腻，将火焰绘制成细密的条纹状，并且相间使用不同颜色进行填充，这种画法在前期洞窟当中比较少见。据刘玉权先生研究，这类纹饰应该是受到高昌回鹘的影响[①]（图 7-40—图 7-43）。

图 7-40 莫高窟第 207 窟细密三珠火焰纹　图 7-41 莫高窟第 245 窟波折纹及细密三珠火焰纹

图 7-42 新疆柏孜克里克石窟第 20 窟
波折纹及细密三珠火焰纹
采自新疆吐鲁番学研究院等编《中国新疆
壁画艺术 6》图 106

图 7-43 新疆柏孜克里克石窟第 20 窟
波折纹及细密三珠火焰纹
采自新疆吐鲁番学研究院等编《中国新疆壁画
艺术 6》图 96

[①] 刘玉权：《关于沙州回鹘洞窟的划分》，载敦煌研究院编《1987 年敦煌石窟研究国际讨论会文集·石窟考古编》，沈阳：辽宁美术出版社，1990 年，第 1—29 页。

（三）条状云中化现图案

莫高窟第 245 窟、莫高窟第 309 窟、西千佛洞第 4 窟等洞窟在窟门两侧绘有文殊、普贤尊像，文殊、普贤背景当中并未绘制传统的五台山化现图，而被一种条状的云中化现图案所取代。此类云中化现图平行绘有数道横向的条状云，条状云每隔一段距离绘出一朵云彩，云朵放光并且有不同的化现内容出现。赵晓星先生提出这种条状云中化现是沙州回鹘时期洞窟首次出现的全新样式，她将其称之为"回鹘新样"①。虽然这类图像首次出现在洞窟当中，但是在纸本画中却早已出现，在日本镰仓时期摹本北宋开宝七年（974 年）应现观音图版画中，就已经有类似的条状云中化现图样出现，以横条状的云上方绘出云朵和化现场景。考虑到此时洞窟内如执扇弥勒、白衣观音等图像，皆与中原内地的全新画样存在联系，而且文殊、普贤尊像本身头戴筒形冠着宽袖衣的情况，也与执扇弥勒等晚期菩萨形象较为相似，因此这种条状云中化现纹饰有较大可能是从中原传递至敦煌的（图 7-44—图 7-47）。

图 7-44　西千佛洞第 4 窟条状云中化现

① 赵晓星：《关于敦煌莫高窟西夏前期洞窟的讨论——西夏石窟考古与艺术研究之五》，《敦煌研究》2021 年第 6 期，第 1—19 页；赵晓星：《西夏时期的敦煌五台山图——敦煌五台山信仰研究之一》，《西夏学》（第十一辑），上海：上海古籍出版社，2015 年，第 228—234 页。

图 7-45 莫高窟第 309 窟条状云中化现

图 7-46 莫高窟第 245 窟条状云中化现

图 7-47　应现观音图

第八章

莫高窟第 409 窟回鹘王画像阐释

——以汉文化元素解读为中心

莫高窟第 409 窟是沙州回鹘洞窟中的重要洞窟，此窟绘制有精美的回鹘王像，回鹘王头戴尖顶花瓣形冠，身着团龙纹圆领窄袖长袍，身后跟有八身持物仪卫。回鹘王所戴的尖顶花瓣形冠以及穿着的圆领窄袖长袍，其形式与高昌回鹘十分相近，表现出浓郁的回鹘文化特征。但是，莫高窟第 409 窟回鹘王像中的龙纹、仪卫又不见于高昌回鹘，体现出浓厚的汉地特点。莫高窟第 409 窟回鹘王像同时体现了汉、回鹘两种文化面貌，是游牧文明和中原文明融合的例证。

一、莫高窟第 409 窟回鹘王像概况

虽然前文已有对莫高窟第 409 窟的描述，但是为了行文的完整，此处再对莫高窟第 409 窟以及绘制在内的回鹘王像作一简单介绍。莫高窟第 409 窟是一个开凿于隋代的殿堂窟，前部人字披顶，后部平顶，西壁开一龛。沙州回鹘时期对洞窟进行了重绘，前室图像可辨识文殊、普贤，甬道画药师，主室窟顶绘团花，南、北壁绘千佛，东壁绘回鹘王夫妇像，东壁门上方有发愿文，但已难以辨认。

东壁门南侧的回鹘王身材魁梧，面部圆润，眼睛细长，做微笑状，手持素面长柄香炉，作虔诚礼佛状。其头戴尖顶花瓣形冠，以一绶带系于颏下，身着黑色团龙纹圆领窄袖长袍，长袍及地，腰部开叉，脚蹬白色毡靴，腰系蹀躞带，上垂解结锥、短刀、荷包等物品。回鹘王身侧立一小孩，身高不及其腰部。小孩手捧圆盘，上置宝物礼佛。回鹘王身后跟随八位侍卫仆从，均头戴平顶无檐扇形冠，用红带系于颏下，身着绿、蓝、紫等色小花纹的圆领窄袖长袍，足下为白色长筒靴，腰垂双带，身材不及男供养人一半大小。第一排右一

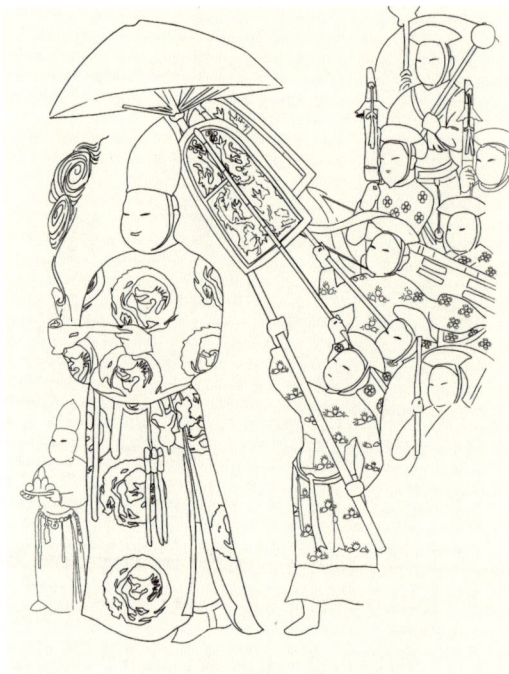

图 8-1　莫高窟第 409 窟回鹘王像线描图

（作者绘）

侍从手持骨朵背负盾牌，第一排左一侍从手持黑色圆顶伞盖，第二排侍从和第三排左一侍从手持下方上圆绘有动物纹样的长柄扇，第三排右一侍从手持弓、矢，第四排二侍从手持宝刀，第五排侍从手持骨朵背负盾牌。回鹘王像榜题框内残存元代重写题 记 "el arslan xan……män sävg(ï)……"（图 8-1）。

二、莫高窟第 409 窟回鹘王像中的汉文化解读

前文（第三章）就沙州回鹘王、高昌回鹘王的冠、服饰的相似性做了论述，得出了沙州回鹘王装束具有浓厚本民族特点的结论，故关于沙州回鹘王像的回鹘特性笔者不再赘述，此处主要解读回鹘王像中的汉文化元素。莫高窟第 409 窟回鹘王像中出现了团龙纹服饰和仪卫，这二者是中原仪礼政治文化的重要内容，其不见于高昌回鹘，是沙州回鹘受敦煌本地汉文化影响的反映。

（一）回鹘王像体现的中原仪卫制度与王权思想

莫高窟第 409 窟回鹘王像身后跟有八位侍从，分别持宝刀、弓矢、盾牌、伞盖、障扇、骨朵物品，这在一定程度上反映出中原仪卫制度。仪卫，顾名思义，即仪仗和侍卫的统称，常用于身份尊贵的宫廷上层。仪卫制度历史悠久，至唐朝已经十分严密和成熟，"唐制，天子居曰'衙'，行曰'驾'，皆有卫有严。羽葆、华盖、旌旗、罕毕、车马之众盛矣，皆安徐而不哗"①。唐朝还设有专门的机构"卫尉寺"②来管理仪卫用况和提供仪卫之物。宋朝继

---

① （宋）欧阳修、宋祁等撰：《新唐书》卷二十三上《仪卫上》，北京：中华书局，1978 年，第 481 页。

② （后晋）刘昫等撰：《旧唐书》卷四十四《职官》，北京：中华书局，1975 年，第 1879 页。

承和发展唐朝仪卫制度，"宋初，因唐、五代之旧，讲究修葺，尤为详备"①。

莫高窟第 409 窟回鹘王像中绘制的仪卫物品皆来源于同时期中原宋朝廷的宫廷仪卫所用之物。宝刀、弓矢、盾牌是宫廷常见且不可缺少的仪卫备具，由于使用者的身份和使用场合不同，他们的排列和数量也不同，类似于"议礼局上大庆殿大朝会仪卫……仗首左右厢各二部……第六，细弓矢……第八，朱縢络盾刀……刀盾、弓矢相间"②等关于仪卫中刀、盾、弓矢使用的记载，俯拾皆是。骨朵在仪卫中的使用，史书亦有记载，"皇太后合设仪卫……执骨朵宽衣天武官百五十人"③。

仪仗伞、扇是仪卫制度的重要内容之一，是中国礼制性政治的组成部分。从图像上看，东晋晚期已经出现伞盖与障扇的组合④，在漫长的历史发展过程中，伞、扇成为身份等级的一种表现。仪仗伞的使用在宋朝有明确规定，宋初除宫廷外，"京城内独亲王得用"⑤，宋太宗太平年间"宰相、枢密使始用之"⑥，真宗时期"诏除宗室外，其余皆禁，明年，复许中书、枢密院用焉"⑦。可见，作为仪仗使用的伞，只有宫廷高级官员和皇室成员才能使用。而且地位不同，用伞的形制也有不同。莫高窟第 409 窟这种圆顶伞形制，在宋朝宫廷仪卫用物中有记载，"宋有花盖，导盖，皆赤质，如伞而圆，沥水绣花龙"⑧，由于伞和盖古意相同，可推测此载大概就是描述的这种形状。扇作为仪仗用物，其作用是"盖谓天子升降俯仰，众人皆得见之，非肃穆之容，故必合扇以鄣焉"⑨，所以"人君举动必以扇"⑩。由此看，仪仗扇几乎为宫廷使用之物。莫高窟第 409 窟的仪仗扇下方上圆，且绣有动物纹样，这种形式可以和宋代仪仗扇记载"扇有朱团及雉尾四等……下方上杀，以绯罗绣雉尾之状，中有双孔雀杂花，下施黑漆横木长柄，以金涂铜饰"⑪相吻合。仪仗伞和仪仗扇一起使

① (元) 脱脱等撰：《宋史》卷一百四十三《仪卫一》，北京：中华书局，1977 年，第 3365 页。

② (元) 脱脱等撰：《宋史》卷一百四十三《仪卫一》，北京：中华书局，1977 年，第 3368—3369 页。

③ (元) 脱脱等撰：《宋史》卷一百四十四《仪卫二》，北京：中华书局，1977 年，第 3393 页。

④ 刘未：《魏晋南北朝图像资料中的伞扇仪仗》，《东南文化》2005 年第 3 期，第 68—76 页。

⑤ (元) 脱脱等撰：《宋史》卷一百五十《舆服二》，北京：中华书局，1977 年，第 3510 页。

⑥ (元) 脱脱等撰：《宋史》卷一百五十《舆服二》，北京：中华书局，1977 年，第 3510 页。

⑦ (元) 脱脱等撰：《宋史》卷一百五十《舆服二》，北京：中华书局，1977 年，第 3510 页。

⑧ (元) 脱脱等撰：《宋史》卷一百四十六《仪卫六》，北京：中华书局，1977 年，第 3467 页。

⑨ (元) 脱脱等撰：《宋史》卷一百四十六《仪卫六》，北京：中华书局，1977 年，第 3467 页。

⑩ (宋) 欧阳修、宋祁等撰：《新唐书》卷二十三上《仪卫上》，北京：中华书局，1978 年，第 481 页。

⑪ (元) 脱脱等撰：《宋史》卷一百四十六《仪卫六》，北京：中华书局，1977 年，第 3467 页。

图 8-2 莫高窟第 61 窟五代维摩诘经变

采自敦煌研究院编《中国石窟 敦煌莫高窟 五》图 78

用，大约也只见于宫廷皇族，史料记载中帝王后妃宫廷仪卫，皆见伞扇。据载"徽宗政和三年，以燕、越二王出入，百官不避，乃赐三接青罗伞一，紫罗大掌扇二"[1]，可见当时宗室外族没有权利使用仪仗伞扇，所以，可推测这二物一齐使用只用于宫廷皇族。在图像中可以看到伞扇的组合使用几乎只出现于帝王图中，譬如莫高窟第 61 窟维摩诘经变中的帝王与群臣像（图 8-2），莫高窟第 285 窟沙弥守戒自杀缘品中交纳罚金品中的帝王像（图

---

① (元) 脱脱等撰：《宋史》卷一百五十《舆服二》，北京：中华书局，1977 年，第 3511 页。

8-3），阎立本《步辇图》中的帝王像（图8-4）等。

莫高窟第409窟回鹘王像受限于墙体面积，仪卫人数不多，和中原仪卫人员数量无法相提并论，但是，从莫高窟第409窟回鹘王像的侍从所持物品来看，皆是模仿宋朝廷的仪卫用物，尤近于皇族。杨富学先生认为，在等级森严的中国古代社会，莫高窟第409窟这

图8-3　莫高窟第285窟西魏沙弥守戒自杀缘品

采自敦煌研究院编《中国石窟 敦煌莫高窟 一》图136

种纹饰和仪仗只有最高统治者才有资格享用①，在宋朝的相关法律中有如此记载，"其旌旗、幡帜、仪仗，私人不得辄有"②。

图8-4　阎立本《步辇图》

采自金维诺主编《中国美术全集 绘画编2》图2

① 杨富学:《回鹘与敦煌》，兰州:甘肃教育出版社，2013年，第294页。
② （宋）窦仪等撰:《宋刑统》，北京:法律出版社，1999年，第298页。

（二）回鹘王像中的龙纹装饰与汉化思想

莫高窟第 409 窟回鹘王服饰运用团龙纹样，当与汉人的龙崇拜传统有关。龙在上古神话中已经出现，在中国历史发展过程中，成为崇拜的对象和权力地位的象征。敦煌地区，崇龙思想浓厚。唐及唐以前，龙作为一种祥瑞被记载。P.2005《沙州都督府图经》（残卷）载有："右按西凉录：李暠庚子元年，赤气起于后园，龙迹见于小城。"[1] 以及 P.2695《沙州都督府图经》（残卷）记载："右唐弘道元年腊月为，高宗大帝行道，其夜崇教寺僧徒都集及直官等，同见空中一黄龙，见可长三丈以上，髯须光丽，头目精明，首向北斗，尾南下，当即表奏，制为上瑞。"[2] 五代、宋时期，则更多以敦煌石窟绘制团龙藻井的方式展现（图8-5—图 8-6）。

回鹘王服饰上的团龙图案在形式上延续了五代以来敦煌石窟藻井龙纹样式，并且与沙州回鹘洞窟藻井龙纹在一定程度上呈现一致性。五代时期藻井中的龙"为兽头，双角，

图 8-5　莫高窟第 61 窟五代藻井龙纹

采自敦煌研究院编《敦煌石窟全集 图案卷 下》图 173

图 8-6　莫高窟第 100 窟五代藻井龙纹

采自敦煌研究院编《敦煌石窟全集 图案卷 下》图 177

---

[1] 唐耕耦、陆宏基编：《敦煌社会经济文献真迹释录》（第一辑），北京：书目文献出版社，1986 年，第 18 页。

[2] 唐耕耦、陆宏基编：《敦煌社会经济文献真迹释录》（第一辑），北京：书目文献出版社，1986 年，第 24 页。

长吻，下唇有须，背有鳍，肘生毛翼，三爪趾，盘卷于莲花之中，首尾相接，前爪作戏珠状"①，宋代继承了五代的团龙纹样，在制作方法上更进一步，采用了泥塑敷金的方法②，沙州回鹘时期延续了五代宋初以来在藻井绘制龙纹的做法。前文已经论述，沙州回鹘洞窟莫高窟第 310 窟、莫高窟第 363 窟、莫高窟第 399 窟、莫高窟第 245 窟、莫高窟第 207 窟、莫高窟第 97 窟等窟中绘制有龙纹。莫高窟第 409 窟回鹘可汗服饰上的龙纹样式与莫高窟第 310 窟等窟藻井相差无几，都为短双角，长吻、无鳞片、龙脊突出，脚呈三爪，持摩尼珠的形象（图 8-7）。

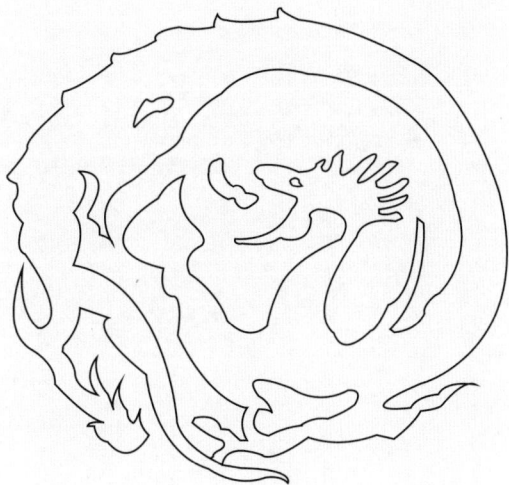

图 8-7　莫高窟第 409 窟回鹘王像服饰龙纹线描图
（作者绘）

敦煌地区虽有悠久的崇龙传统，但是在敦煌石窟中却鲜见将龙纹绘制在服饰上。究其原因，与森严的等级制度有关。龙的图案用作衣纹早在周代已经成为定制，"郑玄注周礼司服云：古冕服十二章。衣五章：初一曰龙"③，是帝王十二章纹样之一。秦至南北朝时期，帝王和三公、诸侯皆可穿着龙章。隋朝帝王和皇太子衣"山、龙……五章"④，王、国公、开国公"服九章，同皇太子"⑤，皆可穿着龙纹，三公及以下官员则不能服龙章。唐宋章服多袭隋制。

五代宋初，曹氏作为瓜沙地区的实际统治者，已经将瓜、沙地区视作一个独立王国，服饰方面规格较高，私下已经穿着带龙纹的服饰，敦煌文书 P.2704《后唐长兴四至五年（933—934 年）回向疏（四件）》中记载曹议金所施舍的物品中包括"紫盘龙绫袄子壹领"⑥

---

① 敦煌研究院主编：《敦煌石窟全集·图案卷》（下），香港：商务印书馆，2003 年，第 166 页。

② 敦煌研究院主编：《敦煌石窟全集·图案卷》（下），香港：商务印书馆，2003 年，第 187 页。

③（清）王先谦撰：《荀子集解》，北京：中华书局，1988 年，第 486 页。

④（宋）郑樵撰：《通志·二十略》，北京：中华书局，1995 年，第 818 页。

⑤（宋）郑樵撰：《通志·二十略》，北京：中华书局，1995 年，第 818 页。

⑥ 唐耕耦、陆宏基编：《敦煌社会经济文献真迹释录》（第三辑），北京：书目文献出版社，1990 年，第 85 页。

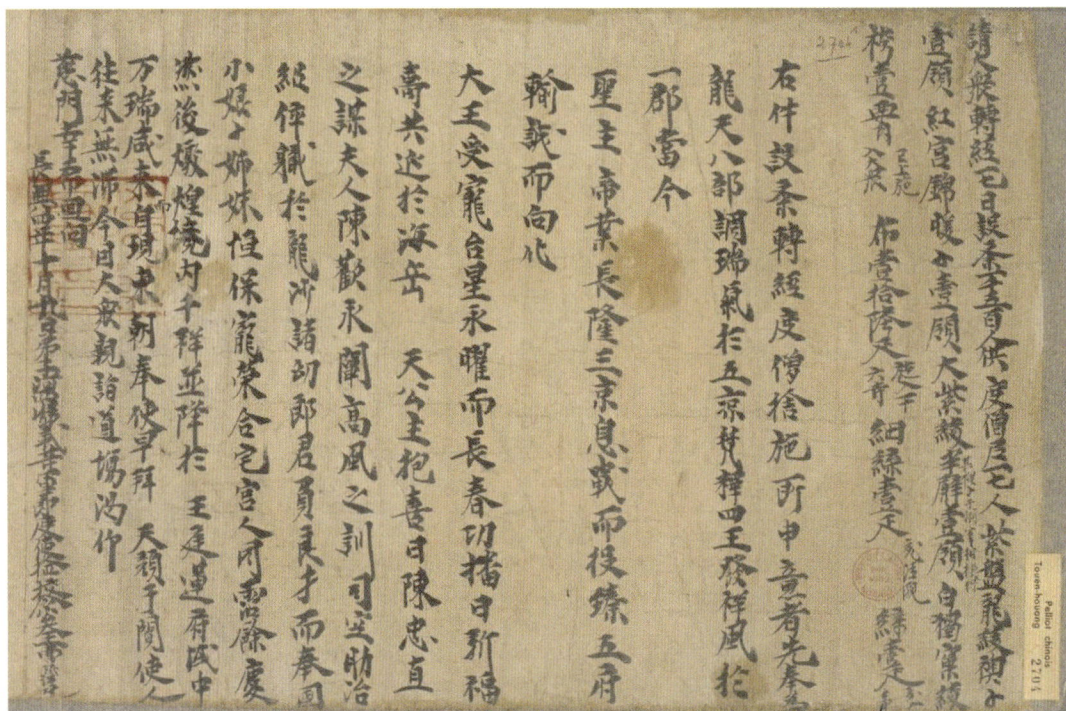

图 8-8   P.2704 后唐长兴四至五年（933—934 年）回向疏（四件）

（图 8-8）。但是从敦煌石窟中曹议金供养像来看，装束都十分普通。虽然曹议金在敦煌拥有很大权力，但是作为节度使，名义上仍然隶属中原王朝，是故从地位等级上来说，没有资格使用龙纹。在各个传统社会里，等级身份与等级服饰如影随形①，服饰是区分身份等级的一个重要标志，"文物煌煌，仪品穆穆。分别礼数，莫过舆服"②。由此看，敦煌石窟中，龙纹运用在服饰上，并非随意，它的绘制应该与人物身份相符合。敦煌石窟中，龙纹绘制在服饰上，除沙州回鹘洞窟之外，还见于莫高窟第 98 窟于阗国王像（图 8-9）和以莫高窟第 220 窟为代表的维摩诘经变画中的帝王像（图 8-10）。

① 阎步克：《服周之冕——〈周礼〉六冕礼制的兴衰变异》，北京：中华书局，2009 年，第 3 页。
② （梁）萧子显著：《南齐书》卷十七《舆服》，北京：中华书局，1972 年，第 343 页。

图 8-9　莫高窟第 98 窟于阗王夫妇供养像

采自敦煌研究院编《中国石窟 敦煌莫高窟五》图 13

图 8-10　莫高窟第 220 窟唐代维摩诘经变

采自段文杰主编《中国美术全集 绘画编 15》图 21

三、莫高窟第 409 窟回鹘王像身份蠡测

关于归义军政权如何灭亡,不见于史料记载,但是基本认为 11 世纪 30 年代,归义军已经灭亡,相关论述可参考第一章。在可知的汉文文献中,可查阅到的沙州回鹘统治者仅一位,即沙州镇国王子,在《续资治通鉴长编》中记载:

夏,四月,……琮欲诱吐蕃犄角图贼,得西州旧贾,使谕意,而沙州镇国王子遣使奉书曰:"我本唐甥,天子实吾舅也。自党项破甘、凉,遂与汉隔。今愿率首领为朝廷击贼。"[1]

根据《宋史》记载:

先是,唐朝继以公主下嫁,故回鹘世称中朝为舅,中朝每赐答诏亦曰外甥。五代之后皆因之。[2]

可知文中称唐甥的沙州镇国王子为回鹘人。这里的沙州镇国王子在之后不久称可汗,在《宋会要辑稿》中载:

二年十一月十五日,北亭可汗奉表贡玉、乳香、硇砂、名马。[3]

庆历二年二月,沙州北亭可汗王遣大使密、副使张进零、和延进、大使曹都都,大使翟入贡。[4]

① (宋)李焘撰,(清)黄以周等辑补:《续资治通鉴长编》卷一百三十一《仁宗》,上海:上海古籍出版社,1986 年,第 1191—1192 页。
② (元)脱脱等撰:《宋史》卷四百九十《外国六》,北京:中华书局,1977 年,第 14114 页。
③ (清)徐松:《宋会要辑稿》第一百九十九册《番夷七》,北京:中华书局,1957 年,第 7852 页。
④ (清)徐松:《宋会要辑稿》第一百九十八册《番夷五》,北京:中华书局,1957 年,第 7768 页。

　　李正宇先生论据充分地论述了沙州镇国王子与沙州北亭可汗实为一人,李先生认为沙州镇国王子在 1041 年 4 月上书攻打西夏的同时也纳忠请封,并受到宋封授"沙州北亭可汗",十一月遣使赴朝谢恩并进贡,1042 年再次以"沙州北亭可汗"名义进贡[①]。

　　敦煌出土 40 号(B)回鹘文献中有关于"镇国王子"及"镇国王子称汗"的记载:

1.……lig ekki

2.……čoγluγ tört sïngor

3.küsi atï yadïlmïš ekki törlügkä

4.tükällig ekki dïdïmqa tägimlig

5.yer suwdaqï uluγ ärklig küčlüg

6.ellig yegädmiš qutadmïš alqatmïš

7.ädgüatï mïng ögmäkkä tümän

8.alqamaqqa tägimlig kün tängridä

9.qut bulmïš ärdämin el tutmïš

10.alq qutluγ uluγ bilgä uyγur tängri

11.uyγur xan qutïnga

1.……二

2.……芳名飘香

3.……光明的四方。这两种东西

4.是完美的。给两者加冕是值得的。

5.在大地中的伟大、有权势的、

6.强有力的国王,取胜的、幸运的、颂赞的

7.美名值得千赞

8.万颂。在天界

9.寻求幸福的镇国王子

---

① 李正宇:《悄然湮没的王国——沙州回鹘国》,载敦煌研究院编《1990 年敦煌学国际学术研讨会文集·石窟史地、语文编》,沈阳:辽宁美术出版社,1995 年,第 149—174 页。

10.（是）合·骨咄录·羽禄毗伽（英勇、幸福、伟大而智慧的）回鹘天

11.可汗陛下。①

在敦煌遗书Or.8212–116号（第16号文献）中亦有与上文书关联的记载：

1.tängri ellig uyγur xan

2.yarlïγïmïz ïraqtan isinü amraun

3.köngül ayïtu ïdur biz

1.天王回鹘汗

2.我们从远方向您表示

3.衷心的敬爱。②

　　杨富学先生认为这两条回鹘文材料指的是前述汉文史料中的沙州镇国王子③，但是部分学者提出，el tutmis(镇国)的题记还见于柏孜克里克石窟第19窟、高昌遗址和北庭佛寺等处，应可能是回鹘可汗（亦可能包括回鹘贵族）头衔中习用的尊号形式，与汉文文献中的沙州镇国王子没有关系④。考虑到敦煌出土的40号（B）文献年代不详，以及学者提出el tutmis(镇国)具有泛指的概念，笔者认为敦煌出土的40号（B）文献以及Or.8212–116号（第16号文献）这两则回鹘文材料能否直接与前引汉文材料直接关联，还待进一步仔细甄别。因此，就汉文史书中记载的沙州回鹘统治者，有史可查的为沙州镇国王子，即沙州北亭可汗。

　　从前引史料来看，沙州镇国王子在敦煌地区十分活跃并且有重要功绩而被史籍记载，沙州镇国王子不仅积极贡宋，加强与宋朝廷的关系，而且也积极抵御西夏。沙州镇国王子作为一位在敦煌地区活跃且重要的人物，其处于有浓厚佛教文化与建窟传统的沙州地区，必然会在敦煌石窟营建方面有所建树。因此，笔者将沙州回鹘洞窟中的这一重要供养人像

① 杨富学、牛汝极：《沙州回鹘及其文献》，兰州：甘肃文化出版社，1995年，第14—15页。

② 杨富学、牛汝极：《沙州回鹘及其文献》，兰州：甘肃文化出版社，1995年，第15页。

③ 杨富学、牛汝极：《沙州回鹘及其文献》，兰州：甘肃文化出版社，1995年，第12—14页。

④ 李树辉：《Sarïγ Ujγur考源——兼论龟兹回鹘与曹氏归义军政权的关系》，载段文杰等主编《敦煌学与中国史研究论集——纪念孙修身先生逝世一周年》，兰州：甘肃人民出版社，2001年，第326页。

与这一时期史料记载的重要人物作了关联，推测莫高窟第 409 窟回鹘王像的身份为沙州镇国王子，即沙州北亭可汗。

沙州回鹘洞窟中共有 4 幅回鹘王像，莫高窟第 409 窟王像身份为沙州镇国王子，那么其余 3 窟呢？笔者认为从回鹘王像的配置来看，此 4 窟王像应该是来源于同一粉本，是同一统治者的写照。关于此点，笔者在下一章中有较为详细的论述。

四、回鹘王像出现的政治背景分析

以莫高窟第 409 窟为代表的 4 幅回鹘王像，其服饰穿着具有回鹘本民族特点，但是又以中原礼仪文化中的团龙、仪卫强调身份的尊贵，从而使得回鹘王像体现出两种文化面貌，也使得其与前期洞窟中的供养人像明显不同，这一类供养人像的出现与回鹘本身的历史传统、该时期的政治环境与社会环境、敦煌本地的汉文化传统、工匠自身的汉文化素养等有密切关系。

（一）受归义军政权政教合一统治方式的影响

敦煌地区僧人涉足政治可追溯到晚唐五代归义军时期，敦煌佛教教团在归义军政权建立和归唐事件过程中起到了很大作用。从此以后，每次入朝的归义军使团成员中都包括了大量的僧侣[1]，他们在作为使臣奏事的同时，也和京城高僧大德研讨佛法，在中原有一定影响力，"当时沙州主管宗教事务的僧统、副僧统均由唐王朝直接任命，并且赐紫和僧中大德称号"[2]。可以说，晚唐五代敦煌佛教教团参与了归义军的重大政治活动，并在其中起了很大的作用。至少从晚唐五代时期开始，佛教教团在敦煌占有很高的声望与地位，并且与政治紧密联系。佛教教团在敦煌有如此影响力，沙州镇国王子想要稳固自己的统治，不可能不拉拢当地的佛教势力。敦煌石窟作为佛教势力的延展，沙州镇国王子自然当于其中有所作为。

① 郑炳林：《晚唐五代敦煌佛教转向人间化的特点》，载郑炳林主编《敦煌归义军史专题研究续编》，兰州：兰州大学出版社，2003 年，第 536—537 页。
② 赵贞：《归义军事史考论》，北京：北京师范大学出版社，2010 年，第 238 页。

（二）借助中原威仪，维护统治稳定

沙州回鹘时期，社会动荡，且周边有西夏等民族的侵扰与威胁。沙州镇国王子为维护统治及稳定政局，需要建立自己的威仪，以及民众对自己的信仰。故沙州镇国王子通过加强与宋朝廷的联系，借助宋朝廷的威仪，巩固自己的地位。以沙州镇国王子供养像中高规格的配置表达其在中原政治中的重要地位以及和中原的特殊联系，借助宋朝廷的震慑力树立其在瓜沙地区的统治。沙州镇国王子这一行为可能在效仿张议潮，张议潮在位时期稳固他在敦煌统治地位的策略之一就是加强与唐政府的联系，借助唐朝廷的国家威仪[1]。张议潮绘制宏大场面的出行图，不仅具有纪念的意义，并且用高规格的出行仪仗表明自己与唐的亲密关系，以此树立自己在敦煌的威仪。

（三）利用佛教推行政治

敦煌地区的佛教传统，是沙州镇国王子与瓜、沙地区人民联系的纽带。敦煌地区，寺学教育十分兴盛。寺学教育将儒家经典与佛学相结合，培养出一批具有出世观的佛教徒知识分子，这种教育长期影响着河西地区[2]。对普通民众来说，佛教信仰已经成为民众生活的一部分，深深融入他们的思想与生活。敦煌文书S.6537《立社条件》写道"况沙州是神乡胜境，先以崇善为基。初若不归福门，凭何得为坚久"[3]，可看出佛教对敦煌人影响之深。除此之外，自南北朝时期迁到敦煌地区的大族，经过长期的发展，在敦煌地区有很大的势力和影响力，并且也秉承敦煌的尚佛传统。因此，沙州回鹘要在此处稳固统治，佛教是一个很好的利用手段。

---

① Yang Jidong. "Zhang Yichao And Dunhuang In The 9th Centry." Journal of Asian History.1998.Vol.32, No.2, pp : 97–144.

② 杨富学：《回鹘之佛教》，乌鲁木齐：新疆人民出版社，1998 年，第 172 页。

③ 唐耕耦、陆宏基编：《敦煌社会经济文献真迹释录》（第一辑），北京：书目文献出版社，1986 年，第 281 页。

第九章

Chapter Nine

回鹘王像身份属性再思考

　　20世纪80年代"沙州回鹘"说法提出后，敦煌西夏石窟的断代分期也随着这一学术观点的提出作了调整，于"西夏洞窟"中划分出"沙州回鹘洞窟"。由于石窟分期的改变，原绘制有王像的莫高窟第409窟从"西夏洞窟"变成"沙州回鹘洞窟"，同时也遗留下莫高窟第409窟王像身份是西夏王还是回鹘王的学术争论。史金波、汤晓芳、任怀晟等学者认为莫高窟第409窟王像为西夏王像，刘玉权、杨富学、谢静、谢生保、贾应逸、侯世新、沈雁等学者则持回鹘王之观点，另松井太、森安孝夫、刘永增等学者在承认回鹘王推论基础上讨论了其与西州回鹘的关系。纵观前人研究，莫高窟第409窟王像身份判定囿于就此窟论此窟的思维模式，并未有学者将与莫高窟第409窟王像图像模式相同的莫高窟第237窟、莫高窟第148窟以及西千佛洞第16窟王像作整体思考。因此，笔者在承认其回鹘王身份基础上，爬梳四幅王像图像信息，试图推敲西夏王说观点，同时为回鹘王说提供新的证据。

一、回鹘王夫妇像图像内容以及特征

　　沙州回鹘洞窟中有四所洞窟绘有回鹘王夫妇像，即莫高窟第409窟、莫高窟第237窟、莫高窟第148窟及西千佛洞第16窟。四幅回鹘王夫妇像中除莫高窟第409窟绘于东壁外，其余皆绘制于甬道，布局方法为分壁绘制，一壁面绘回鹘王像，一壁面绘可敦像，二者相互对应。四幅回鹘王夫妇像中，回鹘王以及可敦皆立于方毯上，回鹘王头戴尖顶花瓣形冠，身着圆领窄袖长袍，腰系蹀躞带，脚着毡靴，身后跟随仪卫；可敦头戴桃形冠，身着对襟窄袖长袍，其具体图像为：

莫高窟第 148 窟：回鹘王 1 身，身后侍从残缺，只余伞盖可见；可敦像残存半身，根据甬道长度判断应该为 2 身，可敦身前绘女童 2 身，身后绘有帷幔。此窟回鹘王像题记残存 "[tn]grikän qu[t] [t]utmïš t(ng)ri" 内容，日本学者释读为 "神聖にして天寵を保持した聖なる（神圣而保持天宠的圣洁）"①。

莫高窟第 237 窟：回鹘王 1 身，身前童子 1 身，身后侍从残缺，可见 3 身，持障扇与伞盖，形制与莫高窟第 409 窟相同；可敦 2 身，东向列第 2 身残损，可敦身后绘有帷幔。

莫高窟第 409 窟：回鹘王 1 身，身前男童 1 身，身后侍从 8 身，分别持伞盖、障扇、弓、箭筒、盾、金瓜、剑等器物；可敦 2 身，南向列第 1 身可敦前有女童 1 身。回鹘王像榜题框内残存元代重写题记 "el arslan xan ……män sävg(ï) ……"，日本学者释读为 "阿思兰汗……我娑匐克……"②。

西千佛洞第 16 窟：回鹘王 1 身，身前女童 2 身，身后侍从 4 身，分别持伞盖、弓箭之物体；可敦 2 身，南向列第 1 身可敦前有女童 2 身。

梳理、观察上述四幅回鹘王夫妇像，其具有以下三点值得关注的特征：

第一，四幅回鹘王像的冠、服饰样式相同，但服饰纹样略有区别。第 148 窟回鹘王服饰上为团窠图案，其余回鹘王服饰上为团龙图案。

第二，回鹘王夫妇供养像图像程式化。四幅回鹘王夫妇像皆为 1 身回鹘王，2 身可敦的人物组合关系，此外，仪卫是回鹘王像中的基本图像元素，仪仗人数视壁面大小而定。

第三，汉、回鹘元素共存。龙纹样、伞盖、障扇是中原文化中祥瑞、权力的象征。回鹘服饰、回鹘文字、方毯、帷幔则是回鹘传统的体现。

总体来看，四幅回鹘王夫妇像在花纹、色彩、孩童数量等细微处有所不同，但是从男女供养人数量、服饰样式、仪仗队配置等方面来看，其构图模式以及图像元素相同，我们可基本判断四幅回鹘王夫妇像是来源于同一图像粉本，是同一位统治者的写照。

---

① ［日］松井太、荒川甚太郎：《敦煌石窟多言语资料集成》，东京：东京外国语大学アジア・アフリカ言语文化研究所，2017 年，第 33 页。

② ［日］松井太著，刘宏梅译：《敦煌石窟中回鹘文题记劄记》（二），《吐鲁番学研究》2019 年第 1 期，第 118 页；［日］松井太：《敦煌諸石窟のウイグル語題記銘文に關する劄記》（二），《人文社会论丛》人文科学编第 32 号，2014 年，第 27—44 页。

二、西夏王说献疑

　　长期以来，部分学者依据史书中 1035 年元昊"遂取瓜沙肃三州"记载[①]，认为 1036 年西夏开始统治瓜、沙地区，莫高窟第 409 窟王像应该是西夏王像，并寻找西夏文献记载试图构建与莫高窟第 409 窟王像的联系。虽然，谢静、贾应逸、侯世新先生等人将莫高窟第 409 窟王像服饰与图像遗存中西夏王、回鹘王服饰作对比[②]，承认了其回鹘属性；杨富学先生梳理文献认为西夏 1036 年正式统治敦煌所用史料为一孤例，孤证难立[③]。但是，持西夏王说的学者还是多方举证判断其为西夏王，非回鹘王，然而仔细梳理西夏王说观点的立论依据，些许疑点值得思考：

图 9-1　西夏皇帝与侍从像

采自俄罗斯国立艾尔米塔什博物馆等编《俄罗斯国立艾尔米塔什博物馆藏黑水城艺术品 1》第 17 页

（一）体貌特征

　　史籍记载回鹘人具有虬髯特征[④]，西夏有用镊子拔除胡须的习惯[⑤]，没有胡须是西夏人的体貌特征，故学者认为没有胡须的莫高窟第 409 窟王像应为西夏王。但是现今西夏遗存图像中，西夏王具有胡须，显然拔胡习惯与画像是否绘制胡须，不能画等号（图 9-1—图 9-2）。

---

① （元）脱脱等撰：《宋史》卷四百八十五《夏国上》，北京：中华书局，1977 年，第 13994 页。
② 谢静、谢生保：《敦煌石窟中回鹘、西夏供养人服饰辨析》，《敦煌研究》2007 年第 4 期，第 80—85 页；贾应逸、侯世新：《莫高窟 409 窟与柏孜克里克石窟供养人对比研究》，《吐鲁番学研究》2008 年第 1 期，第 110—119 页。
③ 杨富学：《回鹘与敦煌》，兰州：甘肃教育出版社，2013 年，第 272—278 页。
④ 任怀晟：《莫高窟第 409 窟、237 窟男供养人像思考》，《敦煌学辑刊》2019 年第 3 期，第 101 页。
⑤ 陈炳应译：《西夏谚语》，太原：山西人民出版社，1993 年，第 12 页。

图 9-2　西夏皇帝与侍从像

采自俄罗斯国立艾尔米塔什博物馆等编《俄罗斯国立艾尔米
塔什博物馆藏黑水城艺术品 2 》图 232

（二）服饰特征

学者认为莫高窟第 409 窟王像服饰为唐宋公服样式，并非回鹘民族专属服饰，故服饰不能作为身份判断依据。莫高窟第 409 窟、西州回鹘男像服饰与唐宋公服的确存在相似性，这是历史发展与民族融合的产物，隋唐时期，统一南北，继承了北方少数民族的圆领缺骻袍[1]。但是根据《唐会要》记载，景云二年（711 年）"令内外官依上元元年敕，文武官咸带七事"[2]，开元二年（714 年）敕"珠玉锦绣，既令禁断……宜于腰带及马镫、酒杯、杓依式，自外禁断"[3]，可知唐开元以降，中原公服虽为圆领窄袖长袍，但已无垂吊蹀躞特征。宋代沈括《梦溪笔谈》中"带衣所垂蹀躞，盖欲佩戴弓剑、帉帨、算囊、刀砺之类。自后虽去蹀躞，而犹存其环"[4]也描述了此变化，唐墓壁画以及宋代人物画像也可与此互证（图 9-3—图 9-7）。蹀躞带

① 孙机：《华夏衣冠：中国古代服饰文化》，上海：上海古籍出版社，2016 年，第 84 页。
②（宋）王溥撰：《唐会要》卷三十一《舆服上》，上海：上海古籍出版社，2006 年，第 665 页。
③（宋）王溥撰：《唐会要》卷三十一《舆服上》，上海：上海古籍出版社，2006 年，第 665 页。
④（宋）沈括著，侯真平点校：《梦溪笔谈》卷一，长沙：岳麓书社，1998 年，第 3 页。

的使用是敦煌四幅王像、西州回鹘男像服饰与中原服饰的根本区别。

西夏服饰深受汉文化影响，多沿袭唐宋服饰，学者对此已做过详致论述①。西夏图像遗存中的西夏王服饰与中原帝王服饰同，皆是腰系革带，非蹀躞带，其中以《西夏译经图》

图 9-3 唐代系蹀躞带人物图

采自韩伟《唐代革带考》第 105 页

图 9-4 唐代（643 年）长乐公主墓人物图

采自昭陵博物馆编《昭陵唐墓壁画》第 43 页

图 9-5 唐代（708 年）韦洞墓石椁人物线描图

采自李杰《勒石与勾描——唐代石椁人物线刻的绘画风格学研究》第 32 页

---

① 谢静：《敦煌石窟中的少数民族服饰文化研究》，兰州：甘肃教育出版社，2001 年，第 203—227 页。

图 9-6　唐代（748 年）武令璋墓石椁线描图

采自王勇刚等《新发现的唐武令璋石椁和墓志》第 24 页

图 9-7　故宫博物院藏宋代《春宴图》局部

采自浙江大学中国古代书画研究中心编《宋画全集》第 6 卷第 1 册第 80 页

中的"子明盛皇帝"为代表（图 9-8）。在文献记载与图像遗存中西夏武官服饰具有蹀躞带的特点，但是其还有旋襕、抱肚特征，《宋史》记载西夏"文资则幞头、靴、笏、紫衣、绯衣""武职则冠金帖起云镂冠、银帖间金镂冠、黑漆冠、衣紫旋襕，金涂银束带，垂蹀蹙"①。所以无论从文献还是图像上看，莫高窟第409窟王像服饰皆不具备西夏服饰特征（图9-9—图9-12）。

图9-8 《西夏译经图》中的西夏皇帝

采自金维诺主编《中国版画全集 佛教版画》图129

①（元）脱脱等撰：《宋史》卷四百八十五《夏国上》，北京：中华书局，1977年，第13993页。

图 9-9　榆林窟第 29 窟西夏文武官员供养人像

采自敦煌研究院编《中国石窟 安西榆林窟》图 115

图 9-10　武威市博物馆藏甘肃省武威市西郊林场出土西夏木板画

采自张宝玺《武威西夏木板画》第 8 页

图 9-11　武威市博物馆藏甘肃省武威市西郊林场出土西夏木板画（作者摄）

图 9-12　武威市博物馆藏甘肃省武威市西郊林场出土西夏木板画（作者摄）

（三）帝王仪制

西夏文献《天盛律令》规定皇帝以外人员禁止着龙纹服饰，不准民间以龙、凤做装饰，《天盛律令》记载"节亲主、诸大小官员、僧人、道士等一律敕禁男女穿戴鸟足黄、鸟足赤、杏黄、绣花、饰金、有日月，及原已纺织中有一色花身，有日月，及杂色等上有一团身龙，官民女人冠子上插以真金之凤凰龙样一齐使用"①。故学者认为敦煌石窟中出现龙纹样式，是西夏皇室身份的反映②，并且西州回鹘遗存中不见龙纹与仪仗，更说明莫高窟第409窟着龙纹服饰，享有仪仗的王者为西夏王。

龙纹、仪仗是王者形象塑造的重要元素，龙纹为十二章之一，"能否使用龙纹，是尊贵

① 史金波、聂鸿音、白滨译注：《天盛改旧新定律令》，北京：法律出版社，2000年，第282页。
② 史金波：《西夏皇室和敦煌莫高窟刍议》，《西夏学》（第四辑），银川：宁夏人民出版社，2009年，第170页。

图 9-13　榆林窟第 16 窟曹议金供养像

采自敦煌研究院编《中国石窟 安西榆林窟》图 16

身份的象征"①，仪仗队的使用是王者身份地位的体现。龙纹、仪仗是供养人身份尊贵的表现，不是西夏独有的文化特征，不能作为供养人族属判断的标准。虽然西夏因政治需求，刻意构建与超自然的龙之间的联系，文献和遗存中都有龙的身影②。但是至少从现今出土的绘制有西夏皇帝像的《西夏译经图》《西夏帝王画像》等图像遗存来看，西夏王服饰上皆无龙纹。并且，若以龙纹的使用判断供养人的西夏皇室属性，此处还有一点难以解释：

　　在一批与莫高窟第 409 窟同时期的集社或家族重修洞窟中，常以龙纹作藻井图案，如莫高窟第 310 窟、莫高窟第 363 窟等，这不符合《天盛律令》中民间禁止使用龙纹作装饰的规定。

　　上述三点是西夏王说的图像学依据，但是疑点较多，使西夏王说难以成为定论。仔细分析西夏王说之疑点，是学者未将王像放在敦煌语境下考虑图像问题而致。只有正确理解敦煌王像建构这一问题，才能从客观角度判断供养人的身份属性。

　　敦煌石窟的供养人像虽然具有某些真容像的特点，但是不是真容像，它在一定真实的基础上加入了画家和功德主的想象与设计。因不是真容像，故画像并不是以个人体貌特征为标准，而是以敦煌共同的审美特征为标准，相书相好的要求是敦煌地区审美的集中体现③。以莫高窟第 409 窟为代表的四幅王像是敦煌石窟供养像中一种新的图像粉本，其"新"之处为服饰、龙纹、仪仗皆不见于前代供养像中，这种新图像出现自然与新统治

① 施爱东：《16—20 世纪的龙政治与中国形象》，北京：三联书店，2014 年，第 125 页。

② 李玉峰：《西夏装饰纹样研究》，宁夏大学博士学位论文，2019 年，第 60 页。

③ 郑炳林：《敦煌写本相书理论与敦煌石窟供养人画像——关于敦煌莫高窟供养人画像研究之二》，《敦煌学辑刊》2006 年第 4 期，第 1—23 页。

有密切关系。在新的统治时期，敦煌画匠如何构造统治者供养像，从构图来看，王像的布局方式与敦煌前代统治者供养像一脉相承，王像中王者与仪卫的组合方式，常见于归义军时期，如榆林窟第16窟曹议金供养像（图9-13），只是曹氏供养像的侍从数量和持物还构不成仪卫的等级，但是这种图像模式以及对侍从错落有致的安排方式，却是一样的。新的统治时期，敦煌画工将龙纹、仪仗队元素加入供养像中用以表现供养人身份的尊贵，而这一元素不见于归义军时期的供养像，是因为归义军首领不能使用此规制。

成书于11世纪70年代的《突厥语大词典》中无回鹘龙崇拜的相关信息，现存史料中也无相关记载，回鹘民俗中的十二生肖（也用十二生肖方式纪年）也无龙这一形象[①]，故回鹘本无龙的崇拜，西州回鹘图像中无龙纹也十分正常。不同于西州回鹘，沙州回鹘长居瓜州，受汉文化影响深刻，加之敦煌画工具有深厚汉文化知识，故在此情况下，敦煌出现龙纹就不足为奇了。

而西夏文化源于汉文化，西夏的礼仪制度皆效仿宋朝，敦煌、西夏地区出现龙纹、仪仗相同的文化因素是二者植根于汉文化的外见。今藏于美国克利夫兰艺术博物馆的两宋时期地狱变图像中，出现了与莫高窟第409窟王像、《西夏译经图》中相同的对龙纹障扇，即是证明敦煌、西夏地区相同的图像元素和文化因素为中原文化辐射的反映，而不是敦煌与西夏腹地有图像上的粉本联系（图9-14）。

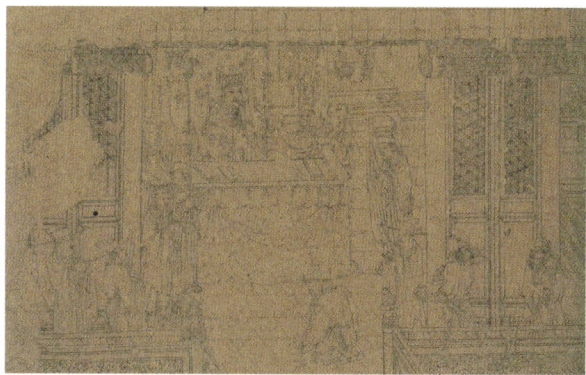

图9-14 美国克利夫兰艺术博物馆藏地狱变图像中的对龙纹障扇

采自浙江大学中国古代书画研究中心编《宋画全集》第6卷第2册第175页

[①] 麻赫穆德·喀什噶里著，何锐等译：《突厥语大词典》（第一卷），北京：民族出版社，2002年，第364—366页。

三、回鹘王观点的图像学与文献学证据

在对西夏王、回鹘王说的分歧根源作探讨后，将问题回到对四幅王像身份属性的判断上，其回鹘王身份属性的判断是否有充足依据呢？前代学者比对莫高窟第409窟王像与西州回鹘供养像，从服饰角度对其回鹘属性予以承认，笔者考察图像与史籍记载，种种迹象表明以莫高窟第409窟为代表的王像为回鹘王应是大体不差。笔者之所以这样判断，是基于以下图像与文献依据，以及新材料的发现：

第一，从史料角度看，记载沙州地区进贡的文献中，1041—1042年出现了"沙州镇国王子"①"沙州北亭可汗"②名号的回鹘统治者，说明归义军之后敦煌地区有回鹘居住和统治的情况，回鹘统治者的存在为回鹘王像的出现提供了可能。

第二，从供养像着装来看，男女供养像服饰与西州回鹘相似，具有明显回鹘特征，此研究学界著述颇丰，有丰硕研究成果可参考，在此不再赘述。前人学者在关注服饰的同时，未过多言及冠饰，其原因是四幅王像冠饰线条漫漶，只余相同的轮廓。可幸的是，笔者在高清图片下，发现西千佛洞第16窟冠饰残存线条，其与西州回鹘冠饰呈现出一致性，前文已有论述。"礼莫明于服，服莫重于冠"③，冠服是服饰礼仪的重要组成部分，也是民族属性特征之一，此特征更加证实了其与回鹘的密切关系。

第三，前人判断四窟王像身份属性，并未将其与同时代的其他洞窟相联系。刘玉权先生用考古类型学、风格学划分出一批与此四窟重修时代相同的洞窟，笔者将所有供养像进行梳理，发现了汉人易服回鹘装的现象，此点第三章已有论述。

《天盛律令》中有详细记载："任职人番、汉、西番、回鹘等共职时，位高低名事不同

① （宋）李焘撰，（清）黄以周等辑补：《续资治通鉴长编》卷一百三十一《仁宗》，上海：上海古籍出版社，1986年，第1191—1192页。
② （清）徐松：《宋会要辑稿》第一百九十九册《番夷七》，北京：中华书局，1957年，第7852页；（清）徐松：《宋会要辑稿》第一百九十八册《番夷五》，北京：中华书局，1957年，第7768页。
③ （元）马端临：《文献通考》卷一百一十二《王礼考七》，北京：中华书局，2011年，第3431页。

者，当依各自所定高低而坐。此外，名事同，位相当者，不论官高低，当以番人为大……又番、汉、降汉、回鹘共职者，官高低依番汉共职法实行。"① "西夏是以党项羌为主体，汉、吐蕃、回鹘等多民族成分的少数民族政权"②，根据记载西夏对汉人没有实行易服的要求，《天盛律令》载："汉臣僚当戴汉式头巾，违律不戴汉式时，有官罚马一，庶人十三杖。"③ "在西夏文《三才杂字》和西夏汉文本《杂字》中，除'番姓'外，都有'汉姓'一节"④ "在西夏文《碎金》的一千个字中也记载了120个汉姓"⑤。此外，西夏文化源于中原文化，服饰礼仪皆效仿中原，从这一层面来说，西夏也不可能实行汉人易服规定。是故，汉人易服回鹘装的图像证据说明回鹘在瓜沙地区实行了有效统治，从侧面说明回鹘王像在敦煌出现也是属于正常的历史现象。

第四，使用帷幔、地毯等回鹘习俗的保留。梳理图像细节，我们发现敦煌、西州二地王像中都使用地毯、帷幔等用品（图9-15），这不仅是图像设计，也是生活习惯的反映，今出土西夏遗存图像中则没有这些图像细节。回鹘人为草原民族，畜牧业发达，善于纺织是其民族特性，文献记载"[回鹘]又善结金线，相瑟瑟为珥及巾环，织熟锦、熟绫、注丝、线罗等物"⑥ "[高昌]出貂鼠、白氎、绣文花蕊布"⑦。纺织品地毯、帷幔成为回鹘生活中常用工具之一，在11世纪回鹘书籍中收录kiviz（地毯）⑧，且收录不同的帷幔kərim（花幔）⑨、tülfir（帷幔）⑩、münderü（帷幔）⑪词汇并解释了其不同的功用。虽然，地毯在中原也十分流行，已经成为一种普及性生活用品，但帷幔是具有回鹘民族特点的生活用具，这一用具不见于之前和之后的敦煌石窟供养像中。

① 史金波、聂鸿音、白滨译注：《天盛改旧新定律令》，北京：法律出版社，2000年，第378—379页。
② 梁继红：《武威出土西夏文献研究》，北京：社会科学文献出版社，2015年，第47页。
③ 史金波、聂鸿音、白滨译注：《天盛改旧新定律令》，北京：法律出版社，2000年，第431页。
④ 史金波：《西夏社会》，上海：上海人民出版社，2007年，第41页。
⑤ 史金波：《西夏社会》，上海：上海人民出版社，2007年，第43页。
⑥ （宋）洪皓著，翟立伟标注：《松漠纪闻》，长春：吉林文史出版社，1986年，第15页。
⑦ （元）脱脱撰：《宋史》卷四百九十《外国六》，北京：中华书局，1977年，第14111页。
⑧ 麻赫穆德·喀什噶里著，何锐等译：《突厥语大词典》（第一卷），北京：民族出版社，2002年，第384页。
⑨ 麻赫穆德·喀什噶里著，何锐等译：《突厥语大词典》（第一卷），北京：民族出版社，2002年，第419页。
⑩ 麻赫穆德·喀什噶里著，何锐等译：《突厥语大词典》（第一卷），北京：民族出版社，2002年，第482页。
⑪ 麻赫穆德·喀什噶里著，何锐等译：《突厥语大词典》（第一卷），北京：民族出版社，2002年，第552页。

图 9-15　新疆柏孜克里克石窟第 31 窟西州回鹘王像

采自新疆吐鲁番学研究院等编《中国新疆壁画艺术 6》图 188

　　第五，回鹘保存有多妃制度，可解释王妃为两位的现象。回鹘的婚俗以及妃制学界无系统的研究，根据回鹘史料记载küni是指妻妾间相称的姐妹①，推测在回鹘中存在多妻制度。

　　虽然，回鹘的多妻制度不能成为判断供养人身份的依据，但是至少可说明供养像中两位可敦像存在的合理性。西夏图像遗存中则没有一位皇帝与两位妃子的图像组合关系出现（图9-16）。

　　第六，回鹘文榜题在王像回鹘身份判断中有一定参考价值。莫高窟第148窟、莫高窟第409窟王像榜题部分尚存，其文字为回鹘文，说明此窟与回鹘有一定关系。莫高窟第409窟回鹘榜题为后来重写，是"蒙古时代文献中所见的'工整草

图9-16　莫高窟第409窟双可敦像线描图
（作者绘）

书体'"②，蒙古的回鹘人有追溯民族史的传统，其认为这是"回鹘王"，代表着当时人们对此像的理解③，从侧面证明其具有回鹘王的形象特征。值得注意的是，回鹘是西夏属民之一，是否有回鹘人绘制西夏王像的可能性呢？史籍记载西夏对回鹘实行的是羁縻制度，"回鹘，自唐末浸微，……甘、凉、瓜、沙皆有族帐，后悉羁縻于西夏"④，由于二者之间不存在直接的统治关系，回鹘人绘制西夏王的可能性比较小。

　　是故，从回鹘实行民族政策的情况、图像透露出回鹘生活习惯以及语言使用的现象、王像冠服饰的回鹘特征来看，以莫高窟第409窟为代表的四幅王像还是当属回鹘王。

① 麻赫穆德·喀什噶里著，何锐等译：《突厥语大词典》（第三卷），北京：民族出版社，2002年，第232页。

② ［日］松井太著，刘宏梅译：《敦煌石窟中回鹘文题记劄记》（二），《吐鲁番学研究》2019年第1期，第119页。

③ ［日］松井太著，刘宏梅译：《敦煌石窟中回鹘文题记劄记》（二），《吐鲁番学研究》2019年第1期，第119页。

④ （宋）洪皓著，翟立伟标注：《松漠纪闻》，长春：吉林文史出版社，1986年，第15页。

四、沙州回鹘还是西州回鹘王像

通过对比和分析论证，我们认为莫高窟第 409 窟、莫高窟第 237 窟、莫高窟第 148 窟、西千佛洞第 16 窟王像为回鹘王。学界针对敦煌地区的回鹘势力提出了"沙州回鹘"的观点，森安孝夫、刘永增先生认为沙州回鹘就是西州回鹘（高昌回鹘），且后者认为莫高窟第 409 窟王像为西州回鹘王像；钱伯泉先生认为沙州回鹘即龟兹回鹘；李正宇、杨富学、杜海等先生认为沙州回鹘是一个独立的政权[1]。从前论述中可知，沙州回鹘供养人装束与吐鲁番地区西州回鹘时代贵族供养人像装束基本一致，但是对比敦煌石窟中沙州回鹘、甘州回鹘供养像[2]，沙州回鹘女像与甘州回鹘天公主形象有所区别（图 9-17—图 9-18），故我们难以否认沙州回鹘、西州回鹘之间存在密切联系。

学界提出沙州回鹘是（归属于）西州回鹘，除沙州、西州回鹘供养人服饰相似这一证据外，主要依据的是莫高窟第 409 窟元代重写榜题"el arslan xan"，el arslan xan 意为"（回鹘国）的狮子王"（图 9-19）。史书中有高昌回鹘（西州回鹘）称"阿斯兰汗（狮子王）"的记载：

其［高昌］王始称西州外生（甥）师（狮）子王阿厮兰汗[3]

时四月，［高昌］师（狮）子王避暑于北廷[4]

但是，"阿厮兰汗（狮子王）与博格拉汗（公驼）同为阿尔泰语系对其王的称呼，这是

---

[1] ［日］森安孝夫著，梁晓鹏译：《沙州回鹘与西回鹘国》，《敦煌学辑刊》2000 年第 2 期，第 136—146 页；钱伯泉：《沙州回鹘研究》，《社会科学杂志》1989 年第 6 期，第 101—105 页；李正宇：《悄然湮没的王国——沙州回鹘国》，载敦煌研究院编《1990 年敦煌学国际研讨会文集·石窟史地、语文编》，沈阳：辽宁美术出版社，1995 年，第 155—156 页；杨富学：《回鹘与敦煌》，兰州：甘肃教育出版社，2013 年，第 239—299 页；杜海：《敦煌归义军政权与沙州回鹘关系述论》，《敦煌学辑刊》2015 年第 4 期，第 143—150 页。

[2] 敦煌石窟中只存甘州回鹘女性供养像，无男性供养像，故此处只提及女性形象，未涉及男性。

[3] （元）脱脱等撰：《宋史》卷四百九十《外国六》，北京：中华书局，1977 年，第 14110 页。

[4] （元）脱脱等撰：《宋史》卷四百九十《外国六》，北京：中华书局，1977 年，第 14112 页。

图 9-17　甘州回鹘天公主像

采自敦煌研究院编《中国石窟 敦煌莫高窟 五》图 77

借助古代图腾的一种尊称，表现了人们的共同信仰。'阿厮兰汗'并不仅仅用于高昌回鹘，
还用于指其他一些阿尔泰语系的民族的可汗，如花剌子模及喀汗王朝的可汗"①。

　　另元代人在榜题框中书写"el arslan xan"，也是基于其形象上与西州回鹘王近似，虽

① 张峰峰、张鹏：《高昌王国》，北京：中国国际广播出版社，2013 年，第 166 页。

图 9-18　西州回鹘公主像

采自新疆吐鲁番学研究院等编《中国新疆壁画艺术 6》
图 204

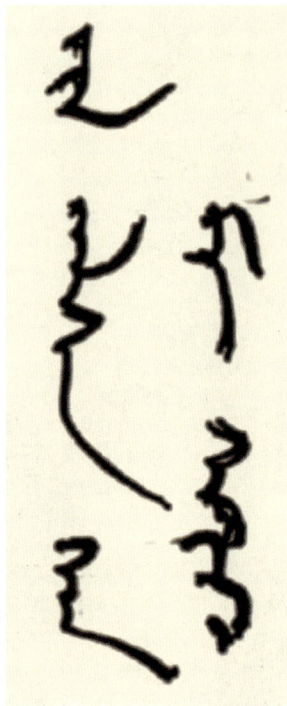

采自 [日] 松井太《敦煌諸石窟のウイグル語題記銘文に關する劄記》（二） 第 28 页

图 9-19　莫高窟第 409 窟元代重写题记

有一定的参考意义，但是单以此证据便判断其为西州回鹘王，难免片面，其是否为西州回鹘王像，还有待辨析。

据研究"成于 1019 年的德藏第三木柱铭文则明确记载西州回鹘的势力向东已经影响到沙州"[1]，可能西州回鹘在沙州回鹘夺取归义军政权斗争中起到了巨大作用，后来沙州回鹘曾依附西州回鹘，否则难以解释为何高昌、沙州地区回鹘人服饰的相似性，而与甘州回鹘服饰却稍有差距。但是无论"沙州回鹘"是否为独立政权，都难以影响到今天我们对四幅王像为"沙州回鹘王"身份的判断。

① T.Moriyasu, Uighur Buddhist Stake Inscriptions from Turfan, De Dunhuang à Istanbul-Hommage à James Russell Hamiltom, pp.150-223。转引自付马：《丝绸之路上的西州回鹘王朝——9—13 世纪中亚东部历史研究》，北京：社会科学文献出版社，2019 年，第 235 页。

回鹘原是一个游牧民族，按部落分散居住，有时虽有统一汗国，但是各部落仍有相当的自主权①，史料记载回鹘"各立君长，分领族帐"②。西州回鹘在继承唐西州汉制基础上，也保留了回鹘旧有的传统。9世纪以后，在部落组织解体的基础上则逐渐形成了以城堡为中心的村社领主制度③。吉洪诺夫在其研究中也提出（西州）回鹘王国的行政机构是按领土的特征建立的，其结构上仍保留有游牧组织的一些特点④，并且西州回鹘"境内实行双王制，即高昌回鹘和龟兹回鹘分立"⑤。故建立在部落制度之上的西州回鹘政权管理不具有中原汉制中严格的等级及隶属关系。

更有学者研究，M1摩尼教《赞美诗集》反映了回鹘在西域采取了类似唐朝的羁縻制，983年宋使王延德出使高昌所见伊州被陈氏数十世统治的现象也只能用羁縻制来解释⑥。故西州回鹘政治中心位于吐鲁番地区，与沙州距离相对遥远，即使占领沙州，西州回鹘对沙州如何管辖是一个问题，这可能也是采取羁縻制度，以派兵常驻或者按期缴纳赋税的方式管理，其名义上归属于西州，但是二者关系松散。从现存资料来看，归义军灭亡后，沙州地区以单独名义持续上贡，则说明沙州回鹘势力具有极强的独立性。

表9-1　沙州回鹘上贡统计表⑦

时间	史料记载	资料出处
1037年	沙州遣使、副（使）杨骨盖靡是贡玉牛……	《宋会要辑稿·番夷七》
1037年	沙州大使杨骨盖，副使翟延顺入贡	《宋会要辑稿·番夷五》
1040年	沙州遣人入贡方物	《宋会要辑稿·番夷五》
1041年	沙州遣大使安谞支、副使李吉入贡	《宋会要辑稿·番夷五》
1041年	北亭可汗奉表贡玉……	《宋会要辑稿·番夷七》
1042年	沙州北亭可汗王遣大使密、副使张进零……	《宋会要辑稿·番夷五》

① 陈炳应：《西夏与敦煌》，《西北民族研究》1991年第1期，第81页。

②（清）吴广成撰，龚世俊等校正：《西夏书事校证》，兰州：甘肃文化出版社，1995年，第79页。

③ 郭宏珍：《突厥语诸族社会组织研究》，北京：社会科学文献出版社，2008年，第174—175页。

④［俄］吉洪诺夫：《10—14世纪回鹘王国的经济和社会制度》，转引自郭平梁、刘戈：《回鹘史指南》，乌鲁木齐：新疆人民出版社，1995年，第175页。

⑤ 白寿彝、陈振主编：《中国通史》（第七卷上），上海：上海人民出版社，2015年，第362页。

⑥ 劳心：《从敦煌文献看9世纪后的西州——兼论吐鲁番出土回鹘文木杵文书年代和沙州回鹘的兴衰》，《敦煌研究》2002年第1期，第84页。

⑦ 此表绘制参考杨富学：《回鹘与敦煌》，兰州：甘肃教育出版社，2013年，第273—274页。

续表

时间	史料记载	资料出处
1050 年	沙州符骨笃末似婆温等来贡玉	《宋会要辑稿·番夷七》
1050 年	沙州遣人来贡方物	《宋会要辑稿·番夷五》
1051 年	沙州来贡方物	《宋朝事实》卷一二
1052 年	龟兹国、沙州并遣使入贡物	《山堂考索后集》卷六四
1052 年	沙州遣使来贡方物	《宋会要辑稿·番夷七》

此外，前述史书中出现了沙州地区的实际统治者，沙州镇国王子、沙州北亭可汗，此处的沙州镇国王子与沙州北亭可汗，李正宇先生认为是一个人，前文已有论述：

夏，四月，……琮欲诱吐蕃犄角图贼，得西州旧贾，使谕意，而沙州镇国王子遣使奉书曰："我本唐甥，天子实吾舅也。自党项破甘、凉，遂与汉隔。今愿率首领为朝廷击贼。"[1]

二年十一月十五日，北亭可汗奉表贡玉、乳香、硇砂、名马。[2]

庆历二年二月，沙州北亭可汗王遣大使密、副使张进零、和延进、大使曹都都，大使翟入贡。[3]

又据学者研究 11 世纪中期西州回鹘军事环境比较严峻：

到 10 世纪末为止，西州回鹘王朝和喀喇汗王朝分别在中亚东部和西部建立起强大的政权，两支势力展开了正面的交锋……11 世纪中叶，西州回鹘在与喀喇汗王朝的竞争中渐处于下风，其西侧的领土不断失守，其军事行动的中心显然在王国的西侧。在这样的背景下，处于西州回鹘最东端的哈密不再受其控制而成为独立政权。[4]

---

①（宋）李焘撰，（清）黄以周等辑补：《续资治通鉴长编》卷一百三十一《仁宗》，上海：上海古籍出版社，1986 年，第 1191—1192 页。

②（清）徐松：《宋会要辑稿》第一百九十九册《番夷七》，北京：中华书局，1957 年，第 7852 页。

③（清）徐松：《宋会要辑稿》第一百九十八册《番夷五》，北京：中华书局，1957 年，第 7768 页。

④付马：《丝绸之路上的西州回鹘王朝——9—13 世纪中亚东部历史研究》，北京：社会科学文献出版社，2019 年，第 237 页。

所以，在此军事背景下，西州回鹘、沙州回鹘本就松散的政治关系则会更加不受束缚，若之前沙州回鹘归属于西州，此时则可能如哈密脱离西州而成为独立政权，这也能吻合历史文献中"沙州镇国王子"称"沙州北亭可汗"的记载。

此外，从供养人服饰和题记来看，沙州回鹘似乎也有较为健全的管理制度——番汉制度，在保留回鹘传统的同时，也保留和继承了归义军的管理制度，莫高窟第97窟、榆林窟第39窟题记中记有"都头"官职，冯培红先生研究认为，归义军政权中的都头虽然类型各异，充斥于从衙前到地方的各级机构中，但他们是节度使的亲信，无论是任职衙内，或外遣任职，奉命出使，都反映了归义军节度使对衙前、军事与外交上的集权控制①。前述沙州回鹘实行的易服政策，也不见于西州回鹘记载中。

论述至此，我们认为沙州回鹘可能有一个从归属势力到独立政权转变的过程，但无论什么时期，沙州回鹘都拥有极大的独立性，与西州回鹘的政治关系松散。那么问题回到以莫高窟第409窟为代表的回鹘王像上，沙州回鹘与西州回鹘关系松散，故沙州回鹘绘制的回鹘王像不会是来自西州回鹘的行政命令。反之，若以莫高窟第409窟为代表的回鹘王像为沙州、西州回鹘共主——西州回鹘王像，那么沙州实际统治者"沙州回鹘王"供养像的缺失是一个疑问。敦煌石窟营建不仅仅是功德的体现，同时也是为统治阶级服务的工具，只绘制名义上的西州回鹘王像，却没有实际统治者沙州回鹘王像，是难以解释的。故我们认为此四窟王像为沙州回鹘王像，根据现有文献记载，推测此处的沙州回鹘王像身份可能为沙州镇国王子，即沙州北亭可汗。

五、四幅可汗像的功德主讨论

四幅回鹘王像虽大致相同，但又各具特点，这可能与功德主以及绘制时间先后有关系。莫高窟第148窟回鹘王夫妇像可能为最早绘制，莫高窟第148窟是李家窟，回鹘重修时绘制了28身供养人群像以及21身僧人像，并未绘制佛教题材，这是极为特殊的，也是极具政治目的的。从敦煌石窟营建传统来看，敦煌当地统治者统治初期常以绘制僧团像的

---

① 冯培红：《晚唐五代宋初归义军武职军将研究》，载郑炳林主编《敦煌归义军史专题研究》，兰州：兰州大学出版社，1997年，第130页。

做法拉拢僧团，借助其势力巩固统治。张先堂先生曾经以回鹘王团花纹服饰和"印充河西应管内外释门"榜题为依据，提出了莫高窟第148窟王像为西夏时期回鹘王的观点①，即为四窟中最晚。敦煌文书S.4654《杂字》中写有"敕授河西应管内释门都僧统京城内外临坛供奉阐扬三教大法师赐紫"②等内容，可见"印充河西应管内外"为敦煌敕授沙门常冠头衔，不能作为断代的直接依据。

　　莫高窟第409窟、莫高窟第237窟、西千佛洞第16窟绘制时间可能稍晚，三者中以莫高窟第409窟为最早。虽然，此三窟中都绘有回鹘王夫妇像，回鹘王夫妇是名义上的施主，但是莫高窟第409窟可能才是三所洞窟中回鹘王夫妇的功德窟。因其整窟重绘，没有其他供养像，且以千佛作为佛教题材。千佛的绘制本就是功德的表现③，又据《过去庄严劫千佛名经》载"愿共六道一切众生，皆生无量寿佛国"④内容，可知千佛功德回向对象是众生，它体现了统治者的民生思想，而与一般佛教徒以往生净土的佛教供养目的不同。

　　所以，笔者认为莫高窟第148窟可能为最早绘制，莫高窟第409窟稍晚，从莫高窟第148窟到莫高窟第409窟，服饰纹样由团花变成了团龙，并影响了莫高窟第237窟、西千佛洞第16窟。

---

① 张先堂先生认为：由于西夏统治，回鹘王由以前的团龙纹变成团花纹，且"印充河西应管内外"说明了西夏对敦煌佛教的管理。参见张先堂：《敦煌莫高窟第148窟西夏供养人图像新探——以佛教史考察为核心》，《西夏学》（第十一辑），上海：上海古籍出版社，2015年，第218—227页。

② 郑炳林：《晚唐五代敦煌佛教教团阐扬三教大法师与敦煌佛教兼容性形成》，载郑炳林主编《敦煌归义军史专题研究三编》，兰州：甘肃文化出版社，2005年，第131页。

③ 梁晓鹏：《敦煌莫高窟千佛图像研究》，北京：民族出版社，2006年，第145页。

④ 失译：《过去庄严劫千佛名经》，《大正藏》，第14册，第371页。

第十章

榆林窟第 39 窟题材组合的佛教意义

沙州回鹘新的统治带来了新的文化基因，这种新因素在沙州回鹘洞窟中表现得尤为明显。榆林窟第 39 窟是沙州回鹘洞窟代表窟之一，其不但传达了新时期的民众信仰，而且弥补了沙州回鹘史料少的缺憾，为研究沙州回鹘艺术提供了"标型物"，对探讨敦煌石窟营建史有重要意义。榆林窟第 39 窟是沙州回鹘洞窟中空间较大的洞窟，也是经精心经营设计的一个洞窟，此窟图像汉密杂糅、布局对称、新旧风格同存、供养人像完整，在沙州回鹘洞窟中极具独特性和代表性，但是多年来学界对榆林窟第 39 窟关注不多，榆林窟第 39 窟图像粉本来源、图像组合思想的表达、图像与历史背景的关联等基本且核心的问题没有得到回答。

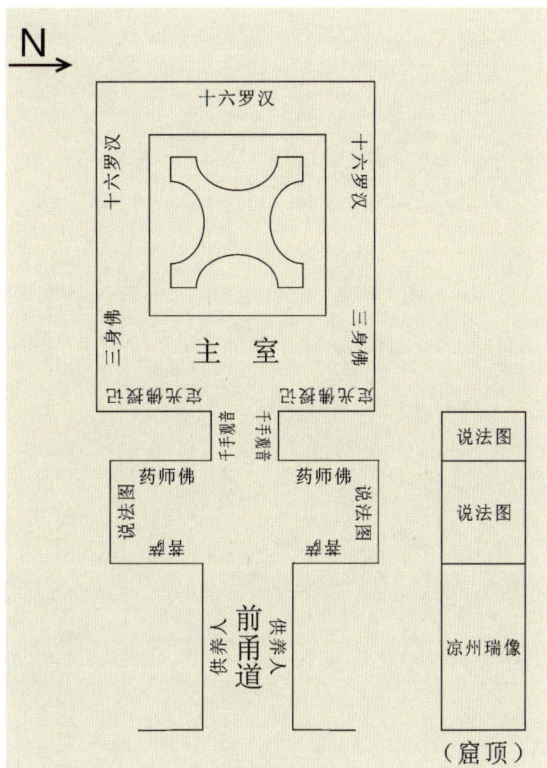

图 10-1　榆林窟第 39 窟题材分布示意图
（作者绘）

一、榆林窟第 39 窟洞窟题材内容与空间布局概况

榆林窟第 39 窟位于榆林窟西崖左段，形制为中心柱窟，整窟由前甬道、前室、甬道、主室构成，初建于唐，沙州回鹘时期重绘壁画（图 10-1）。前甬道顶

绘凉州瑞像一身，两壁绘供养人像（参见第三章）。现存供养人题记汉文 11 条，回鹘文 4 条。

　　前室绘说法图、药师、菩萨和化佛。前室南、北间各设一像台，像台上保存清代塑像。前室顶、南、北壁绘说法图各一铺，东壁门南、北侧绘菩萨各四身，西壁门南、北侧绘药师佛各一铺，西壁门上绘十五身化佛，化佛榜题清晰可见（参见第二章）。甬道顶绘说法图，南、北壁绘千手观音各一铺。

　　主室绘三种题材，定光佛授记、三身佛、十六罗汉。东壁门南、北侧绘定光佛授记各一铺，此图为单幅画形式，定光佛立于画面中央，菩萨弟子侍立左右，儒童于定光佛侧旁布发于地（图 10-2）。南、北壁东侧绘三身佛各一铺，三身佛皆为倚坐，呈品字形排列，图中除三身佛外无其他天众人物以及装饰性图案，此三身佛的身份与尊格学界还未有明确

图 10-2　榆林窟第 39 窟定光佛授记图线图

（作者绘）

图 10-3　榆林窟第 39 窟主室三身佛示意图

（吕瑞东绘）

观点（图 10-3）。南、北壁西侧以及西壁绘十六罗汉，现今西壁罗汉像残缺脱落，北壁残存二身，南壁残存三身，罗汉身侧有山石、树木、供养弟子。主室中心柱四面为清代重塑塑像，中心柱四面龛内以及龛外绘弟子、装饰性图案。

二、主室图像内容分析

虽然榆林窟第 39 窟空间面积大，但是内容却不多，尤其在主室四壁只绘制了三类图像：定光佛授记、十六罗汉、三身倚坐佛。这三类图像不见于前期洞窟中，是沙州回鹘洞窟中出现的新题材或新样式，也是敦煌与东、西方向的四川、高昌地区文化交流的证据。

（一）定光佛授记所见敦煌与四川、高昌地区佛教艺术的互动

榆林窟第 39 窟是敦煌唯一一个绘制单行本定光佛授记图像的洞窟[①]，此定光佛授记图

---

① 莫高窟第 61 窟绘制屏风画式佛传故事，其中定光佛授记（儒童本生）作为佛传内容的一部分出现。敦煌单行本定光佛授记图像只出现在榆林窟第 39 窟，且敦煌石窟中仅此一例。

像不仅是敦煌石窟中的新题材，也是沙州回鹘时期敦煌石窟营建的一种"复古"现象。定光佛授记故事发生在那揭国城，即今天的阿富汗南加哈尔省首府贾拉拉巴德附近，故事讲述了释迦牟尼前世为儒童菩萨时，听闻城里定光佛将来临，于是买花以供养定光佛，"实时佛到，国王臣民、长者居士、眷属围绕，数千百重，菩萨欲前散花，不能得前。佛知至意，化地作泥，人众两披，尔乃得前。便散五华（花），皆止空中，变成花盖，面七十里，二花住佛两肩上，如根生"，菩萨欢喜，布发着地，使定光佛蹈过，定光佛言道童子前世积德行愿，今当得之，便授记其却后百劫，当得作佛，名释迦文如来。菩萨以得决言，"踊跃欢喜疑解望止，燋然无想，寂而入定，便逮清净，不起法忍，实时身踊，悬在空中，去地七仞，从上来下，稽首佛足，便作沙门"①。《修行本起经》是最早记录此故事的经典，后译的《佛说太子瑞应本起经》《修行本起经》《普曜经》《增一阿含经》《佛本行经》《大智度论》等经典也记载了此故事，不同经典对"以发蹈地"和"授记腾空"二情节的先后顺序叙述有所差别。东晋高僧法显、唐代高僧玄奘的游记中对儒童布发圣迹亦有记载，《法显传》载"（那揭国城）是菩萨本以银钱买五茎华，供养定光佛处"②，《大唐西域记》载"（那揭罗曷国）释迦菩萨值然（燃）灯佛敷鹿皮衣布发掩泥得授记处"③。

　　定光佛授记图像是定光佛授记本生故事的图像化，定光佛授记图像起源于犍陀罗地区，"犍陀罗式的定光佛授记的图像后来成为各地区效仿的标准"④，最完整的图像包括买花、献花抛花、以发铺地、授记腾空四个故事情节（图10-4）。《高僧传》中"（罽宾人）跋摩于殿北壁手自画作罗云像及定光儒童布发之形"⑤的记载为定光佛授记图像传入中国提供了时间下限即南朝宋时期，从出土实物来看，现今出土最早且最集中的时间是北魏，就云冈石窟便有17处⑥（图10-5），此外西安王家苍、陕西兴平等出土的北魏背屏造像⑦以及天水麦积山北魏第133窟第10号造像碑等补充了除石窟寺以外的定光

---

① （东汉）竺大力、康孟详译：《修行本起经》，《大正藏》第3册，第461—462页。

② （东晋）法显撰：《高僧法显传》，《大正藏》第51册，第858页。

③ （唐）玄奘撰：《大唐西域记》，《大正藏》第51册，第878页。

④ 朱天舒：《克孜尔第123窟主室两侧壁画新探》，《敦煌研究》2015年第3期，第3页。

⑤ （梁）慧皎撰，汤用彤校注：《高僧传》卷三《宋京师祇洹寺求那跋摩》，北京：中华书局，1992年，第107页。

⑥ 赵雨昆：《云冈的儒童本生及阿输迦施土信仰模式》，《佛教文化》2004年第5期，第74页。

⑦ 李静杰：《北朝时期定光佛授记本生图像的两种造型》，载李砚祖主编《艺术与科学》第5卷，北京：清华大学出版社，2007年，第113—130页。

图 10-4　拉哈尔博物馆藏定光佛授记图像

采自孙英刚、何平著《犍陀罗文明史》第 274 页

图 10-5　云冈石窟第 10 窟北魏定光佛授记图像

采自云冈石窟文物保护所编《中国石窟 云冈石窟 二》图 60

佛授记图像的考古资料（图 10-6）。梳理考古资料，可发现北魏定光佛授记造像基本采用犍陀罗粉本，只是情节有所取舍，到北魏中期定光佛授记本生与阿育王施土因缘有了融合发展[①]。南北朝时期"发端于小乘佛教美术的本生、因缘、佛传图像，在中原北方佛教美术中被借用，成为表述大乘佛教思想的因子"[②]，隋唐时期随着大乘佛教中更为方便的净土法门的发展，佛传、本生等

---

① 李静杰：《北朝时期定光佛授记本生图像的两种造型》，载李砚祖主编《艺术与科学》第 5 卷，北京：清华大学出版社，2007 年，第 113—130 页。

② 李静杰：《北朝隋代佛教图像反映的经典思想》，《民族艺术》2008 年第 2 期，第 97 页。

图 10-6　麦积山石窟第 133 窟第 10 号造像碑
（马伯垚摄）

强调累世修行的图像被摒弃，南北朝之后中原以及河西地区很少使用包括定光佛授记在内的本生故事作为造像题材了。

定光佛授记图像在敦煌石窟中的再现与回归，与榆林窟第 39 窟题材组合的思想表达及敦煌地区的时代背景密切相关。由于沙州回鹘与高昌回鹘同源之故，在图像艺术上受到高昌回鹘的影响，流行于高昌回鹘的依据《佛本行集经》绘制的誓愿画成为了第 39 窟定光佛授记图像的粉本来源（图 10-7）。

比对沙州回鹘、高昌回鹘的定光佛授记图像，可以发现其有几处共同点：其一，二者都是单幅画，构图上皆以立佛为中心，胁侍围绕，儒童布发于侧旁。其二，定光佛袈裟覆肩右绕且佛衣下摆呈两侧散开式，菩萨着喇叭式裤且帔帛呈"S"环状垂下。其三，执拂尘金刚以及双手外展执花菩萨是二图中的共同人物，敦煌本地执拂尘的金刚像比较少见，但是高昌回鹘壁画中却十分多见，马莉先生考证执拂尘人物为"帝释天"①。

从图像对比中可以发现，敦煌定光佛授记图像中有"授记腾空"情节，即"菩萨以双手合十，跪在一放光的圆环里"，而高昌回鹘出土的定光佛授记图像似乎无此情节。"授记腾空"在南北朝依犍陀罗粉本绘制的定光佛授记图像中是重要组成部分，此处的"授记腾空"图像与南北朝时期造像乃至犍陀罗地区造像一致，应该是借鉴了前代图像，刘玉权先生认为此为化生，显然是不正确的②。是故，通过分析可以看出，榆林窟第 39 窟定光佛授

---

① 马莉：《榆林 39 窟"儒童本生"中的菩萨及持"拂"天王身份考——兼论其"合并叙述"的构图形式及内涵》，《南京艺术学院学报（美术与设计版）》2020 年第 4 期，第 89—94 页。

② 刘玉权：《沙州回鹘石窟艺术》，载敦煌研究院编《中国石窟·安西榆林窟》，北京：文物出版社，1989 年，第 218 页。

图 10-7　新疆柏孜克里克石窟第 20 窟定光佛授记图像

采自新疆吐鲁番学研究院等编《中国新疆壁画艺术 6》图 112

记图像粉本虽然源于高昌回鹘，但是并不是完全照搬照抄，而是以高昌回鹘本为蓝本还参考了南北朝时期的本子。

（二）十六罗汉图像所见敦煌与四川的交往情况

十六罗汉是敦煌石窟中的新题材，不见于前期洞窟中，仅见于沙州回鹘洞窟莫高窟第97窟和榆林窟第39窟。莫高窟第97窟罗汉像榜题尚存，榆林窟第39窟罗汉像残存不全，刘玉权先生指出，榆林窟第39窟的罗汉图像从布局情况和人体大小比例上看，似乎非十六身，其形体比莫高窟第97窟罗汉像高大得多[1]。虽然，榆林窟第39窟罗汉数量可能没有十六身，但是其与莫高窟第97窟罗汉图像在尊像形象以及树木、山石上的表达非常相似，因此，此处所绘的应该是十六罗汉，可能由于空间布局之故，并没有绘制十六身。

十六罗汉名号在北凉道泰译《入大乘论》、西晋竺法护译（一说失译）《弥勒下生经》、东晋失译《舍利弗问经》、隋智顗《法华经文句》中有所记载[2]，南北朝画家也曾画过十六罗汉，《宣和画谱》中记载张僧繇曾画十六罗汉[3]。虽然，有关于早期十六罗汉信仰以及图像的零星记载，但是学者认为，"迄至玄奘译出《大阿罗汉难提蜜多罗所说法住记》（简称《法住记》）后，十六罗汉的功德神通和特殊身份方始界定，成为我国民间罗汉信仰的真正典据"[4]"自此以后，十六罗汉逐渐受到佛教徒的普遍信仰，并留存下来一大批十六罗汉像"[5]。在《法住记》中记载十六罗汉为：

所说十六大阿罗汉，我辈不知其名何等，庆友答言：第一尊者名宾度罗跋啰惰阇，第二尊者名迦诺迦伐蹉，第三尊者名迦诺迦跋厘堕阇，第四尊者名苏频陀，第五尊者名诺距罗，第六尊者名跋陀罗，第七尊者名迦理迦，第八尊者名伐阇罗弗多罗，第九尊者名戍博

① 刘玉权：《沙州回鹘石窟艺术》，载敦煌研究院编《中国石窟·安西榆林窟》，北京：文物出版社，1989年，第219页。
② 董华锋、张亮：《唐宋巴蜀地区十六罗汉造像初步研究》，载大足石刻研究院编《2014年大足学国际学术研讨会论文集》，重庆：重庆出版集团，2014年，第117页。
③ 林晋生：《罗汉图像的风格及其流变》，中国美术学院博士学位论文，2017年，第17—18页。
④ 沈柏村：《罗汉信仰及其造像艺术》，《青海社会科学》1997年第3期，第87页。
⑤ 董华锋、张亮：《唐宋巴蜀地区十六罗汉造像初步研究》，载大足石刻研究院编《2014年大足学国际学术研讨会论文集》，重庆：重庆出版集团，2014年，第117页。

迦，第十尊者名半托迦，第十一尊者名啰怙罗，第十二尊者名那伽犀那，第十三尊者名因揭陀，第十四尊者名伐那婆斯，第十五尊者名阿氏多，第十六尊者名注荼半托迦。①

虽然，除《寺塔记》卷上"大同坊灵华寺"条云"佛殿西廊立高僧一十六身，天宝初自南内移来"②记载有十六罗汉外，《历代名画记》《唐代名画录》等画史中较少见到长安佛寺中的十六罗汉壁画情况。但不可否认，《法住记》译出后，十六罗汉图像应最先出现并流行于两京地区，是不争的事实。卢楞伽、王维等都曾画过十六罗汉，其或是长安画家，或是师承长安名家。因安史之乱，一些画匠逃入蜀地，其中就有卢楞伽，其对巴蜀地区十六罗汉信仰以及十六罗汉图像的发展起到了巨大的推动作用，《益州名画录》记载：

楞伽者，京兆人也。明皇帝驻跸之日，自汴入蜀，嘉名高誉，播诸蜀川，当代名流，咸伏其妙。③

《画继》载：

蜀之罗汉虽多，最称卢楞伽。④

又《益州名画录》载：

（大圣慈寺）院门旧有卢楞伽画行道高僧三堵六身……大圣慈寺竹溪院释迦十弟子并十六罗汉。⑤

① （唐）玄奘译：《大阿罗汉难提蜜多罗所说法住记》，《大正藏》第 49 册，第 12 页。
② （唐）段成式：《寺塔记》卷上《大同坊灵华寺》，北京：人民美术出版社，1964 年，第 10 页。
③ （宋）黄休复撰，何韫若、林孔翼注：《益州名画录》卷上《卢楞伽》，成都：四川人民出版社，1982 年，第 23 页。
④ （宋）邓椿：《画继》卷九《杂说·论远》，北京：人民美术出版社，1963 年，第 118 页。
⑤ （宋）黄休复撰，何韫若、林孔翼注：《益州名画录》卷上《赵德齐》，成都：四川人民出版社，1982 年，第 21 页。

晚唐五代后四川十六罗汉图像已经独立发展起来，影响深远，不仅有张玄以及张景思善画罗汉像的家族画匠，还有贯休将十六罗汉图像与禅意结合，妙创贯休版十六罗汉图像，被称为"禅月样"：

张玄者，简州金水石城山人也。攻画人物，尤善罗汉。……时呼玄为张罗汉，荆、湖、淮、浙令人入蜀纵价收市，将归本道……①

禅月大师，婺州金溪人也。俗姓姜氏，名贯休，字德隐。天福年间入蜀，……师阎立本……画罗汉十六帧，庞眉大目者，朵颐隆鼻者，倚松石者，坐山水者，胡貌梵相，曲尽其态……太平兴国初年，太宗皇帝搜访古书画日，给事中程公（羽）牧蜀，将贯休罗汉十六帧为古画进呈……②

现今四川地区的十六罗汉造像实例较多，大概有两种样式，一种为单纯的十六尊者造像（图10-8—图10-9），一种为在十六尊者中加入了山石、树木等元素，带有禅意，

图 10-8　四川安岳圆觉洞五代十六罗汉造像

采自成都文物考古研究所等《四川安岳县圆觉洞摩崖石刻造像》第 487 页

---

① （宋）黄休复撰，何韫若、林孔翼注：《益州名画录》卷中《张玄》，成都：四川人民出版社，1982 年，第 62 页。

② （宋）黄休复撰，何韫若、林孔翼注：《益州名画录》卷下《禅月大师》，成都：四川人民出版社，1982 年，第 107 页。

图 10-9　四川安岳石锣沟五代十六罗汉造像

（作者摄）

后者或可能是所谓的"禅月样"（图 10-10—图 10-11）。无论是榆林窟第 39 窟还是莫高窟第 97 窟，其中都有山石、树木元素，这或可能是禅月样十六罗汉造像。王惠民先生曾提出敦煌十六罗汉图像受到四川十六罗汉图像的影响①，笔者也认为沙州回鹘洞窟中的这类十六罗汉图像很大程度上可能受到四川该类图像的影响，其粉本来源可能为四川

图 10-10　四川资中秦家岩五代宋十六罗汉造像

（作者摄）

图 10-11　重庆大足妙高山宋代十六罗汉造像

（作者摄）

① 王惠民：《敦煌壁画十六罗汉榜题研究》，《敦煌研究》1993 年第 1 期，第 25—36 页。

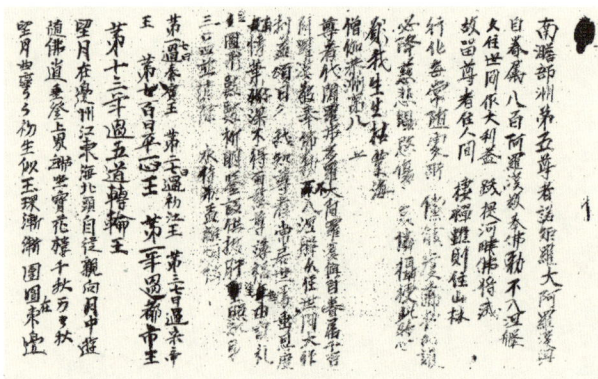

图 10-12　S.1589V 十六罗汉榜题文书

地区的十六罗汉图像。

莫高窟第 97 窟、榆林窟第 39 窟中的罗汉像风格相同，为同一时期的作品。莫高窟第 97 窟十六罗汉是敦煌石窟中唯一存在有榜题的罗汉造像，王惠民先生爬梳藏经洞出土敦煌文书，认为 S.1589V、P.3504V、BD07650 背（北 0838V，皇字 50 号）、BD08227 背（北 0839V，

服字 27 号）四件文书中的十六罗汉文字与莫高窟第 97 窟现存榜题有相同的分段标志符号，甚至连错别字都一样，可见这 4 件榜题底稿适用于莫高窟第 97 窟[①]（图 10-12）。考虑到藏经洞封闭时间，这四件写有十六罗汉榜题文字的文书应该是早于 1002 年的作品。由此

图 10-13　榆林窟第 19 窟五代罗汉窟

采自敦煌研究院编《中国石窟 安西榆林窟》图 237

---

① 王惠民：《敦煌佛教与石窟营建》，兰州：甘肃教育出版社，2013 年，第 439—440 页。

图 10-14 榆林窟第 19 窟五代罗汉窟

采自敦煌研究院编《中国石窟 安西榆林窟》图 238

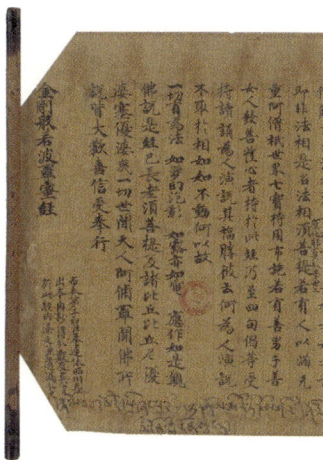

图 10-15 P.2094 写有"西川
过家真印本"的抄本佛经

可见，五代宋初之前十六罗汉信仰以及图像就已经传入敦煌地区，五代罗汉窟榆林窟第 19 窟可作一个例子以证明（图 10-13—图 10-14）。可能由于历史原因，较早时期的图像没能保存下来，莫高窟第 97 窟、榆林窟第 39 窟在一定程度上继承和延续了前代十六罗汉图像与信仰传统。

晚唐五代宋初，四川地区相对安定，经济也得到巨大发展，敦煌与四川地区的交往较为密切。敦煌藏经洞出土的成都印纸版 P.10 号《中和二年具注历日残卷》以及写有"西川过家真印本"的抄本佛经 P.2094、P.2867、P.3398、S.5444、S.5450、S.5451、S.5534、S.5544、S.5669、S.5965、S.6726 可以作为二地相互交流的证据① （图 10-15）。除了二地之间的文本流传外，相关文献记载了二地的人口流动，P.3718《唐故宣德郎试太常寺协律郎行敦煌县令兼御史中丞上柱国张府君写真邈真赞》中提到张清通往来敦煌与四川：

府君讳清通，字文信，裔派临池，敦煌人也。……大赤中县沸腾，驾行西川蜀郡。使人阻绝不通，律星有余。累奉表疏，难透秦关崄数。公乃独擅，不惮劬劳，率先启行，果达圣泽，五回面对，披陈西夏之艰危，六度亲宣，诏谕而丁宁颇切，奏论边恩，申元戎忧国之

---

① 陈祚龙：《中世纪成都与敦煌之间的交通路线》，载《敦煌资料考屑》（下），台北：台湾商务印书馆，1979 年，第 332—343 页。

心，向化伏勤，万里报平安之火。回临剑阁，登千山，望岳占星，骆驿传镳，涉长溪，来还本府，使司酬奖。牒举节度押衙……①

以及P.2594、P.2864《白雀歌》提到金山国时期张承奉蜀地求取人才，也可证二地人口往来：

伏以……金山天子殿下，上禀虚符，特受玄黄之册……蜀地求才赞圣明……②

此外，北京图书馆藏文书冬字62号《维摩经》中题记记有：

大周广顺八年岁次七月十一日，西川善兴大寺西院法主大师法宗，往于西天取经，流为郡主太傅。③

荣新江先生提到广顺八年（958年）正是后蜀后主孟昶广政二十一年，从晚唐以来四川与敦煌之间的关系十分密切，因此后蜀僧人往印度取经，也经敦煌西行。这件文书说明西行取经的僧人不仅来自北方，也有来自四川盆地的高僧④。

敦煌与四川自南北朝时期就有较为直接的交通通道，唐长孺先生在《南北朝期间西域与南朝的陆道交通》中曾提到四川到西域的河南道⑤，陈国灿先生认为前述张清通走"这条由敦煌通巴蜀的道路，曾是西晋以后，五凉政权在中原'沦陷寇逆'情况下，向东晋南朝贡使的河南道。北凉沮渠无讳据敦煌时，派常侍汜俏出使宋京建康（今南京），就是从敦煌南下柴达木盆地，通过吐谷浑入益州（州治成都），再东下建康""唐前期，由于吐蕃控

① 姜伯勤、项楚、荣新江：《敦煌邈真赞校录并研究》，台北：新文丰出版公司，1994年，第241页。

② 颜廷亮：《〈白雀歌〉新校并序》，《敦煌学辑刊》1989年第2期，第63—69页。

③ 荣新江：《敦煌文献所见晚唐五代宋初的中印文化交往》，载段晴、钱文忠编《季羡林教授八十华诞纪念论文集》（下册），南昌：江西人民出版社，1991年，第960页。

④ 荣新江：《敦煌文献所见晚唐五代宋初的中印文化交往》，载段晴、钱文忠编《季羡林教授八十华诞纪念论文集》（下册），南昌：江西人民出版社，1991年，第960页。

⑤ 唐长孺：《南北朝期间西域与南朝的陆道交通》，载《魏晋南北朝史论拾遗》，北京：中华书局，1983年，第168—195页。

制青海吐谷浑与唐相抗，遂使河南道阻觉不通。9世纪中，吐蕃衰弱，吐谷浑诸部各自为政，此路又重被利用，一度成为归义军政权与西川以致长江流域联系的通道"①。陈祚龙先生则有更为具体的论述：

> 迨至唐宋时代，由敦煌到成都，实际上是以鄯州为其南北两道的会合站，再由鄯州转至成都，而真不必由鄯州，至少东行至徽、凤之后再行南下，转到成都。相反的，由成都到敦煌，实际亦是以先至鄯州，再由鄯州，分取经甘州或青海的路线，转趋敦煌最为便捷，而真不必至少由成都北上到达徽、凤之后，再西取鄯州，转往敦煌。②

综上所述，晚唐五代宋初，四川是十六罗汉图像创作、造像营建的集大成之地，十六罗汉图像及信仰应该晚至五代宋初已经传入敦煌地区，考虑到这一时期敦煌与四川密切交往的情况及四川十六罗汉图像的发展情况，敦煌十六罗汉图像受到四川十六罗汉图像影响的可能性是非常大的。

三、三倚坐佛身份及主室题材组合的思想表达

榆林窟第39窟主室的三身倚坐佛没有明确身份，榆林窟内容总录中笼统称之为三身佛③。如果榆林窟第39窟定光佛授记图像在高昌粉本基础上加入前代图像因素"授记腾空"是为了契合整个主室主题，那么从整个主室题材选取与设计思想来看，三身佛与"授记腾空"情节这二者应该是有关联的，可以以此为切入点对三身佛身份进行考证。

不同于儒童"以发铺地"情节强调的是佛教中的自身布施，"授记腾空"情节则强调的是佛教中的付法传承。画工在高昌粉本上特意加入这一情节，其意欲强调付法传承的佛

---

① 陈国灿：《唐五代敦煌四出道路考》，载《陈国灿吐鲁番敦煌出土文献史事论集》，上海：上海古籍出版社，2012年，第578—579页。
② 陈祚龙：《中世纪成都与敦煌之间的交通路线》，载《敦煌资料考屑》（下），台北：台湾商务印书馆，1979年，第340—343页。
③ 霍熙亮编：《榆林窟、西千佛洞内容总录》，载敦煌研究院编《中国石窟·安西榆林窟》，北京：文物出版社，1989年，第263页。

图 10-16　莫高窟第 148 窟盛唐弥勒经变图

采自敦煌研究院编《敦煌石窟全集 6》第 61 页

教主题，而这恰对主室中未定名的三佛的身份进行了暗示。定光佛授记讲述的是过去佛定光佛付法于现在佛释迦佛，那么循此逻辑，按照付法顺序，三佛主题则应该与未来佛弥勒有关。若以此推测三佛的弥勒身份还稍显臆断的话，那么主室的罗汉像再作证据之补充，以证其为弥勒身份应是大体不差。十六罗汉是主室中除定光佛授记、三身佛之外的唯一题材，绘制于南、北壁西侧及西壁整壁。在《法住记》中载：

　　佛薄伽梵般涅槃时，以无上法付嘱十六大阿罗汉并眷属等，令其护持使不灭没。……我受教敕护持正法，及与天人作诸饶益，法藏已没有缘已周今辞灭度，说是语已一时俱入无余涅槃。先定愿力火起焚身，如灯焰灭骸骨无遗，时窣堵波便陷入地。……后弥勒如来应正等觉出现世间，时赡部州广博庄严，无诸荆棘溪谷堆埠，平正润泽金沙覆地，处处皆有清池茂林，名花瑞草及众宝聚，更相辉映甚可爱乐，人皆慈心修行十善，以修善故寿命长远，丰乐安隐士女殷稠，城邑邻次鸡飞相及，所营农稼，一种七获，自然成实不须耘耨。

诸仁者!于彼时中国界庄严,有情果报陈之难尽,具如弥勒成佛经说。弥勒如来成正觉已,为声闻众三会说法令出生死得证涅槃。[1]

　　为罗汉在佛教中的功能作了说明,即释迦灭度后护持正法等待弥勒降临。《法住记》中对弥勒世界作了详细描绘,并且明确提到《弥勒成佛经》所绘世界,而《弥勒成佛经》的主体内容是弥勒三次说法,即弥勒三会,主室三倚坐佛应该表现的就是弥勒三会。弥勒三会在初唐已经进入敦煌壁画,是弥勒经变最为主要的部分,其他如婚嫁图、一种七收、剃度图等都是在以三会为主体的构图中而增加的次要因素。梳理敦煌壁画中的弥勒三会图像,几乎为三身倚坐弥勒成品字形的模式(图10-16—图10-17),与此处的坐姿与排列相同。

---

①(唐)玄奘译:《大阿罗汉难提蜜多罗所说法住记》,《大正藏》第49册,第12—14页。

图 10-17　莫高窟第 116 窟盛唐弥勒经变图

采自敦煌研究院编《敦煌石窟全集6》第 60 页

　　由此观之，主室定光佛授记、十六罗汉、三身佛三种题材关系密切，定光佛授记中"授记腾空"情节对付法传承的强调以及十六罗汉护世待弥勒降生的作用最终将三身佛的身份指向了弥勒，也由此确定了三身佛内容实则是弥勒三会的简化，以弥勒三会为代表的弥勒净土则是主室强调的主题。

四、从题材组合看前甬道、前室与主室之间的营建设计关系

　　榆林窟第 39 窟是沙州回鹘洞窟中空间面积较大的洞窟，但是此窟既无巨幅经变画，也无大型说法场景，而是通过放大化绘制佛教人物使其充盈壁面，达到洞窟布局紧凑的效果。在题材选取上采用了定光佛授记这类新题材，同时也简化了弥勒经变的传统样式，可见，此窟应该是工匠在功德主的要求下，进行过精心设计。笔者以为，此窟的营建设计可以如是理解：

（一）前甬道的凉州瑞像护持供养人

榆林窟第 39 窟前甬道两侧绘制供养人像，顶部绘制凉州瑞像，供养人像与凉州瑞像有一定关联（图 10-18）。关于刘萨诃及凉州瑞像的记载见于《高僧传》《续高僧传》《梁书》《广弘明集》《集神州三宝感通录》《道宣律师感通录》及《法苑珠林》《太平寰宇记》等典籍资料[1]，学界对刘萨诃的生平事迹有诸多研究与争议[2]。经典中没有记载凉州瑞像的形象，张小刚先生在梳理敦煌有明确榜题的凉州瑞像图像后，提出"现存七八世纪凉州瑞像的形象均为：立佛，着袒右式袈裟，右臂下垂，掌心朝外，左手于胸前握袈裟边缘，身后多绘塑裂开的山岩"[3]，中唐以后，凉州瑞像不再严格遵循固定的形式，有的右手姿势改变，有的袈裟着法随意性[4]。

敦煌石窟早期的凉州瑞像为 7—8 世纪作品，这一时期的凉州瑞像偏向以塑像为主。中唐以后，凉州瑞像以壁画为主，多绘于主室龛顶各披，且多以群像出现。归义军

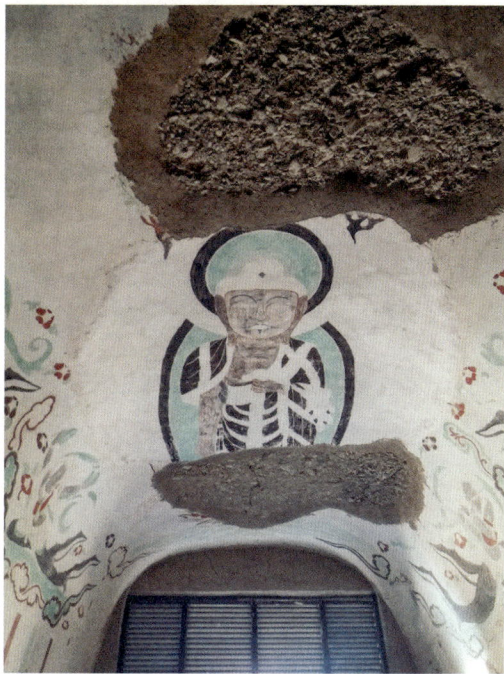

图 10-18　榆林窟第 39 窟前甬道顶凉州瑞像

时期尤其是曹氏时期，凉州瑞像脱离群像单独出现，其出现在大型洞窟的主室背屏背后，再者是在甬道顶和窟顶独立绘出[5]（图 10-19—图 10-20）。

榆林窟第 39 窟前甬道窟顶的凉州瑞像，显然是继承了归义军时期以来凉州瑞像绘制在甬道顶的做法。但是放眼榆林窟第 39 窟，它不单是图像传承，更多的是基于整个洞窟

---

① 史苇湘：《刘萨诃与敦煌莫高窟》，《文物》1983 年第 6 期，第 6 页。

② 卢秀文：《刘萨诃研究综述》，《敦煌研究》1991 年第 3 期，第 113—116 页。

③ 张小刚：《凉州瑞像在敦煌——体现地方性的一种瑞像实例》，《魏晋南北朝隋唐史资料》（第二十六辑），武汉：武汉大学文科学报编辑部编辑出版，2010 年，第 267 页。

④ 张小刚：《凉州瑞像在敦煌——体现地方性的一种瑞像实例》，《魏晋南北朝隋唐史资料》（第二十六辑），武汉：武汉大学文科学报编辑部编辑出版，2010 年，第 267 页。

⑤ 张小刚：《敦煌佛教感通画研究》，兰州：甘肃教育出版社，2015 年，第 405—418 页。

图 10-19 莫高窟第 300 窟西龛唐代凉州瑞像

采自张小刚《敦煌佛教感通画研究》图 8-1-2

图 10-20　莫高窟第 61 窟主室背屏五代凉州瑞像

采自张小刚《敦煌佛教感通画研究》图 8-1-7

营建设计的需要。榆林窟第 39 窟凉州瑞像绘制于甬道顶部，甬道两侧各绘男女供养人像，位于顶部的凉州瑞像对两侧供养人像起统摄作用，寓意凉州瑞像作为地方神对其进行护持、护佑，这是凉州瑞像位于前甬道顶与供养人像以及供养人发生的最直接的联系，也是最基本的含义。

（二）前室与甬道的造像接引供养人并为其灭罪

　　榆林窟第 39 窟前室与甬道是连接前甬道供养人像与主室弥勒净土佛国世界的通道，其在供养人像与主室弥勒净土之间起到沟通作用。前室顶以及南、北壁绘说法图，说法图主尊无明确身份，而前室西壁门的化佛榜题明确，参照榜题内容，可对前室意欲表达的佛教主题作一个说明。前室西壁门上绘化佛 15 身，其中 10 身方位佛"南无下方世界一切法门神变威德光明照耀如来""南无上方世界虚空吼声净妙庄严光明照如来""南无东北方世界无数劫积集菩提如来""南无西北方世界种种胜光明威德王（如来）""南无西南方世界最上妙色殊胜光明如来""南无东南方世界千云雷吼声王如来""南无北方世界积集无量辩才智慧如来""南无西方世界一切法殊胜辩才庄严如来""南无南方世界功德宝胜庄严威德王（如来）""南无东方世界无量功德宝庄严威德王如来"，依据的经典是《大宝积经》中《功德宝花敷菩萨会》，联系顶部以及南、北壁的说法图，可知前室构建了一个十方佛的空间概念（图 10-21）。

图 10-21　榆林窟第 39 窟前室西壁门上化佛榜题

15 身化佛中有 5 身化佛榜题无法找到经典依据，这隐约为解读前室主题思想提供了线索，这 5 身化佛榜题"南无宝□□佛灭贪长住罪""南无白亿万恒沙□起佛□念一遍同看大藏经一遍""南无一切香花自在力王佛念一声灭破斋□罪""南无金刚坚强□伏散坏佛念一声去煞罪""南无宝光日殿妙音尊佛念一声免入阿鼻地狱"皆强调灭罪，而连接前室与主室的甬道绘制的图像为千手观音，在经典中千手千眼观音功能众多，但是其最为主要的功能还是灭罪，《千手千眼观世音菩萨广大圆满无碍大悲心陀罗尼经》载：

发是愿已，至心称念，我之名字，亦应专念，我本师阿弥陀如来，然后即当诵此陀罗尼神咒。一宿诵满五遍，除灭身中，百千万亿劫生死重罪。①

《千手千眼观世音菩萨大悲心陀罗尼》又载：

今诵大悲陀罗尼时，十方佛即来为作证明，一切罪障悉皆消灭。②

综上所述，前室西壁的化佛与顶部以及南、北壁的说法图共同构建了十方佛的空间概念，并配合甬道的千手千眼观音共同完成"灭罪"的宗教功能。

前室东壁的 8 身菩萨与西壁药师配合起到接引功能，《药师琉璃光如来本愿功德经》载"若闻世尊药师琉璃光如来名号，临命终时，有八菩萨，乘神通来，示其道路，即于彼界种种杂色众宝华中，自然化生"③。《药师斋忏文》载："药师如来有大誓愿，接引万物救护众生。"④两侧的药师佛皆面向甬道处，引导之意明显，且在佛教经典中记载要进入弥勒世界，药师具有重要作用：

佛告文殊若欲生十方妙乐国土者，亦当礼敬琉璃光佛。欲得生兜率天见弥勒者，亦应礼敬琉璃光佛。⑤

①（唐）伽梵达摩译：《千手千眼观世音菩萨广大圆满无碍大悲心陀罗尼经》，《大正藏》第 20 册，第 107 页。

②（唐）不空译：《千手千眼观世音菩萨大悲心陀罗尼》，《大正藏》第 20 册，第 116 页。

③（唐）玄奘译：《药师琉璃光如来本愿功德经》，《大正藏》第 14 册，第 406 页。

④（陈）陈文帝：《药师斋忏文》，《大正藏》第 52 册，第 334 页。

⑤（东晋）帛尸梨蜜多罗译：《佛说灌顶经》，《大正藏》第 21 册，第 534 页。

　　由此看来，前室各说法佛与甬道千手观音组合为供养人灭其罪孽，前室的药师与八大菩萨则将供养人接引到最终目的地——主室的弥勒净土世界。

五、关于供养人像与洞窟营建的一点想法

　　榆林窟第 39 窟是沙州回鹘洞窟中供养人数量最多的洞窟，从服饰上看男性皆着回鹘装，女性着回鹘装、汉装；从题记文字上看有汉文、回鹘文；从题记内容上看有"石、安、王"等敦煌大族姓氏、"都头"官职①、"可敦殿下"称呼②，可见，这是一个集体修窟，不是一个家族窟。第 39 窟中位于南壁的第 1、2 身男像比其他供养人像更加高大，可知身份等级应该比其他供养人高，从排列规律以及冠式看二者中又以第 1 身为尊。第 1 身男像榜题为回鹘文，具体内容是"el'ögäsi sangun ögä bilgä bäg qutï-nïng körmiš ätöz-i bo ärür qutluɣ qïvlïɣ bolmaqï bolzun yamu"，松井太先生对其释读为"宰相sangun ögäsi biligä bäg阁下的真实影像正在此处，祝愿他获得上天宠爱，从此变得幸福"③，而"sangun""ögäsi"词语皆为官职，分别为"将军""宰相"之意，故此榜题可理解为"宰相将军biligä bäg阁下的真实影像正在此处，祝愿他获得上天宠爱，从此变得幸福"。松井太先生在其注语中论述到"biligä bäg"为 11 世纪左右统辖沙州的"沙州将军"，其可能为圣彼得堡所藏吐鲁番出土回鹘文书 2kr17 中的西州回鹘同名宰相"必里哥（伯克）"④。虽然，松井太先生对于"biligä bäg"西州回鹘属性的推测还需要更多的证据，但是至少为我们提供了此回鹘文榜题主人公为"biligä bäg"的讯息。考虑到"biligä bäg"的身份级别较高，加之女像中出现了"可敦殿下"，此外此窟为集体修窟性质，这里的"biligä bäg"或为沙州镇国王子。

① 张伯元：《安西榆林窟》，成都：四川教育出版社，1995 年，第 263—266 页。
② ［日］松井太、荒川慎太郎：《敦煌石窟多言语资料集成》，东京：东京外国语大学アジア・アフリカ言语文化研究所，2017 年，第 131 页。
③ ［日］松井太、荒川慎太郎：《敦煌石窟多言语资料集成》，东京：东京外国语大学アジア・アフリカ言语文化研究所，2017 年，第 130 页。
④ ［日］松井太、荒川慎太郎：《敦煌石窟多言语资料集成》，东京：东京外国语大学アジア・アフリカ言语文化研究所，2017 年，第 131 页。

结 语

沙州回鹘洞窟的总体状况及研究意义

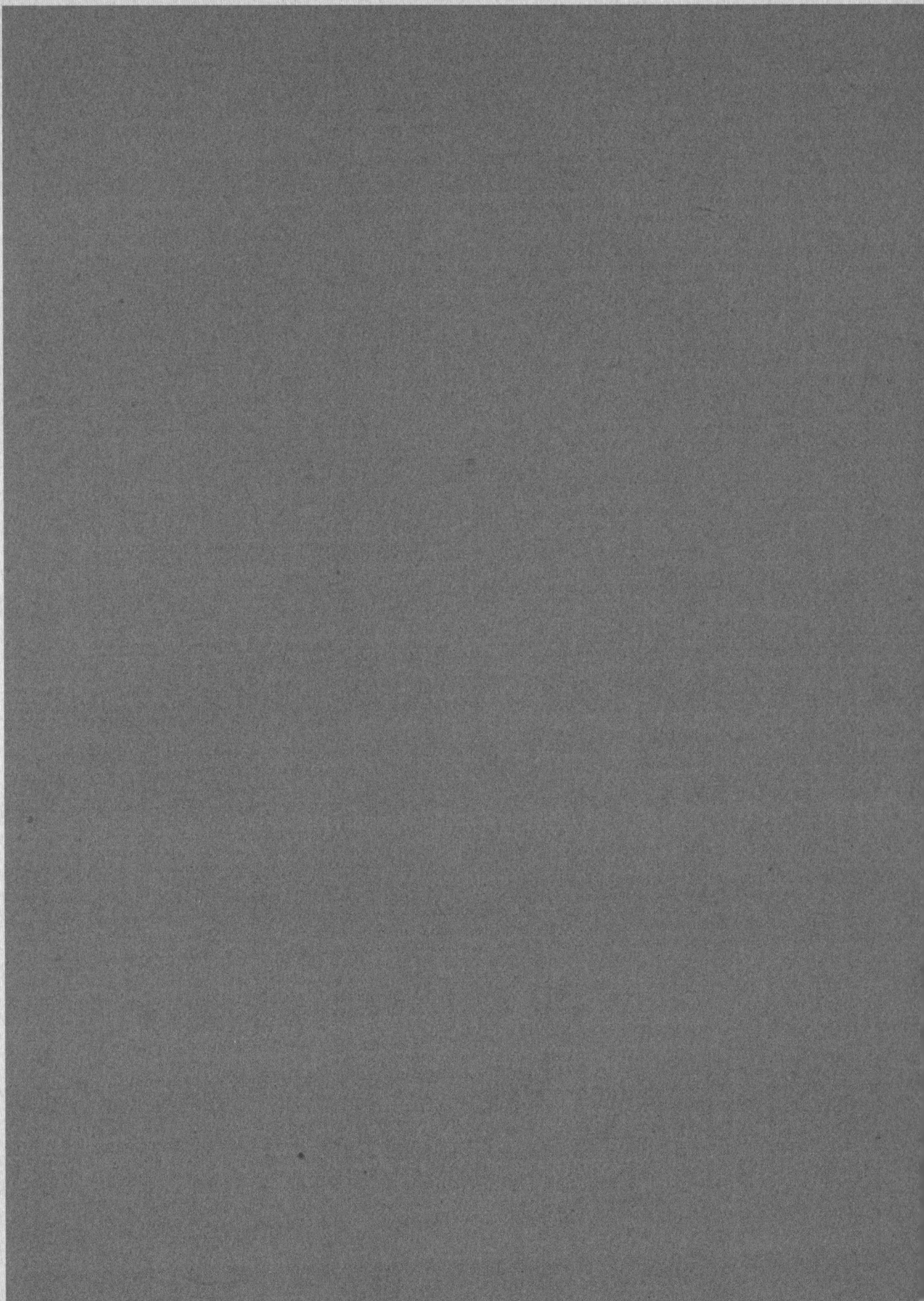

沙州回鹘洞窟是敦煌石窟有机整体的一部分，不可分割，全面研究此段石窟，弥补之前研究的缺环和不足，对完整敦煌石窟营建史具有重要意义。虽然，沙州回鹘洞窟数量不多，但是胡人统治、多民族共存、求法活动、末法思想的时代背景，赋予了沙州回鹘洞窟多元的文化色彩，使其成为敦煌晚期石窟佛教艺术中一道靓丽的风景。

一、沙州回鹘洞窟的营建

（一）洞窟的选择

沙州回鹘洞窟几乎都不是新营建洞窟，多为年代较远的北朝窟、唐窟重修而成，其中大数为小型洞窟，少数为大型洞窟。从现存迹象来看，小型洞窟的重修基本上为整窟重修，全窟重绘，有较为完整的设计与布局，并不是随意安排。整窟重绘的洞窟一般不会对塑像进行改动，重绘时会将原塑像作为整窟主尊，同时为主尊绘制菩提宝盖、头光、背光以及在龛壁绘制装饰性花卉等，在龛壁留白较多的洞窟中还会绘制弟子、菩萨，表现出一铺多身的效果。大型洞窟的重修一般为部分重修，或绘制供养人像，或绘制部分佛教图像。

关于小型洞窟整窟重绘而大型洞窟只部分重绘的现象，除却前文在论述沙州回鹘洞窟重修行为时所提到的背景因素外，年代久远的小型洞窟，其功德主后人不存于世或者迁居他地，多为废弃，无人认领，便于利用，经济成本较低，是沙州回鹘时期信众选择小型洞窟整窟重绘的重要因素。大型洞窟一般为敦煌当地大族营建，在敦煌有较高影响力，在大型洞窟内绘制供养人像，更多是基于政治因素的考量。有的大型洞窟内只绘制一些佛教图像，并未绘供养人像，应该只是信众望有所回向的一种功德行为。

（二）洞窟的位置经营

沙州回鹘洞窟中现存有完整前室的洞窟不多，大数洞窟现存甬道和主室。整体上看，整窟重绘的洞窟，甬道两侧多绘药师、菩萨题材，在甬道两侧绘制行脚僧是沙州回鹘洞窟的新特点。主室主要壁面（无龛、无壁门的壁面）多绘制说法图或者净土变；主室正壁龛两侧和窟门两侧多绘菩萨（包括执扇弥勒）、药师题材，也有绘制天王的情况；主室窟门上方多绘化佛（包括七佛、十方佛等）；四壁下方多绘供养人像。

沙州回鹘洞窟窟内位置经营的规律大抵如上所述，但莫高窟、榆林窟、西千佛洞三地还是有所区别。榆林窟、西千佛洞的沙州回鹘洞窟的主室主要壁面多绘制说法图，并不绘净土变，净土变只出现在莫高窟中。此外，莫高窟的沙州回鹘洞窟的甬道顶部基本上绘制团花，但是西千佛洞和榆林窟的甬道顶则多绘制坐佛、立佛，基本不绘制团花。另外，莫高窟的沙州回鹘洞窟中善用各类纹饰，边饰华丽，西千佛洞以及榆林窟则并不十分注重边饰图案，纹饰类型较少。

（三）壁画风格、色彩运用

沙州回鹘洞窟的壁画风格存在两条鲜明的主线，即刘玉权先生所提出的"敦煌北宋式"和"高昌回鹘式"，本书称之为中原风格（敦煌汉风）和回鹘风格，两条主线风格在沙州回鹘洞窟内并驾齐驱，共同发展。前者在用色、人物形体、装饰纹样及图像表达等方面与归义军时期洞窟表现出明显的继承关系，后者则在前述诸多方面与高昌回鹘洞窟壁画接近，与其表现出密切关联，具有异域特点。直观来说，前者人物清淡消瘦，多用色彩直接涂绘，少施线描，以石绿、石青、黑色为主色调，整体效果冷淡素雅。后者人物丰腴健美，多以铁线描绘人物轮廓，也有些用粗笔淡彩绘之，以土红、明黄、赭石为主色调，整体效果热烈奔放。前者以莫高窟第306窟、莫高窟第307窟、莫高窟第308窟、莫高窟第418窟、莫高窟第399窟、莫高窟第363窟等窟为代表，后者以莫高窟第207窟、莫高窟第310窟、西千佛洞第16窟等窟为代表。当然，两种风格在同一窟内同时出现也较为常见，比如，莫高窟第245窟说法图中的菩萨既有中原式也有回鹘式；从高昌回鹘传入的波状卷云纹绘制在了大多数洞窟中。

中原风格和回鹘风格在三地表现亦略有不同。相比之下，中原风格在莫高窟较为流行，西千佛洞更多表现出回鹘风格。回鹘传统在西千佛洞有深刻影响，西千佛洞第9窟的凉州瑞像与黑水城出土彩塑凉州瑞像十分近似①，可见此窟已经受到了西夏佛教艺术影响，当是西夏窟。但是从绘画技法上看，此窟在色彩运用及用笔上依然保留了回鹘善用土红、粗笔彩绘的特点。

（四）壁画题材的选取及其变化

沙州回鹘洞窟佛教壁画题材表现出传统题材传承、本地题材革新、外来题材进入三个特点。沙州回鹘洞窟中的千佛、五佛、七佛、千手观音、观音菩萨、文殊普贤、药师佛、水月观音等都是敦煌前期洞窟中的常见题材，说明沙州回鹘洞窟中的部分题材继承自前期洞窟。此外，曹氏归义军时期出现的执扇弥勒，在沙州回鹘时期较为流行，并且可能还影响了该时期的文殊、普贤图样。虽然，净土变在前期洞窟中也多常见，但是沙州回鹘洞窟中的净土变在图样上明显发生了变化，变得更为简略，体现出明显的时代特点。

沙州回鹘时期，敦煌与东、西方的联系还是较为密切。儒童本生、说法图（回鹘风格）、着鞋药师图像等题材都反映出敦煌在这一时期受到了高昌回鹘的影响。白衣观音的出现反映出敦煌与东部有所联系，虽然还不太能弄清楚白衣观音传至敦煌的具体路径，但是其反映出敦煌当地受到了东部白衣观音信仰与图样的影响，大致无疑。

另外，藏经洞出土写卷表明十六罗汉、行脚僧等题材以及信仰晚至五代宋初已经流传至敦煌，从其他地区出土或发现的上述两种材料情况来看，这两种题材在五代宋时期流行十分广泛，尤其是十六罗汉。这两种题材在沙州回鹘洞窟中的出现，说明沙州回鹘时期敦煌与其他地区的图像以及信仰在一定程度上保持着同步。

二、洞窟壁画所见沙州回鹘时期的社会现象与宗教信仰

（一）供养人像反映出的易服、反鹘化斗争、鹘汉融合的现象

供养人是洞窟营建的资助者和功德主，与现世联系密切，最能体现沙州回鹘社会面貌信息。沙州回鹘洞窟供养人像大多保存较好，男像皆着回鹘装而女像着汉装、回鹘装的现

---

① 俄罗斯国立艾尔米塔什博物馆、西北民族大学、上海古籍出版社编：《俄罗斯国立艾尔米塔什博物馆藏黑水城艺术品》1，上海：上海古籍出版社，2000 年，第 19 页。

象，一定程度上反映出沙州回鹘实行了汉人男性易服回鹘装的政策。虽然，沙州回鹘对汉人男性的服饰管控严格，但是对汉人女性服饰管控宽松，在此情况下，汉人女性通过保持自己的汉人形象来宣誓自身的汉人身份，这一反鹘化斗争反映出沙州回鹘时期汉人的民族认同心理。

诚然，沙州回鹘时期出现了鹘化现象与反鹘化斗争，但是在鹘汉杂居以及鹘化与反鹘化斗争过程中，鹘汉文化实则有所融合，在洞窟中出现的鹘—汉风格结合服饰以及回鹘王供养像等都可以作为案例来证明。

此外，保存为数不多的供养人题记中出现敦煌大姓姓氏、归义军时期的官职称谓等代表身份的词汇，也可以反映出某些社会现象。洞窟内的这些大姓供养人像的冠饰级别不高，说明了大族在此时期的衰落。关于沙州回鹘洞窟中使用归义军时期称谓的现象则要分具体情况讨论。由于沙州回鹘时期包括了归义军晚期、沙州回鹘统治时期、西夏初期三个时间阶段，沙州回鹘洞窟内又无纪年，若此窟重修年代为归义军晚期，那么出现归义军时期称谓就十分正常；若此窟为沙州回鹘统治时期重修洞窟，则说明沙州回鹘统治时期可能延续或者借鉴了归义军时期的政治或者统治体系。

（二）药师题记与末法思想、伪经创作

沙州回鹘洞窟中保存有一组题记尚存的药师像，其题记"南无北方药师琉璃光佛""南无南方药师佛"与经典记载有所出入，此现象出现若不是与其在窟内位置有关的话，那么很大可能是与当时的时代背景有关。末法作为宋辽时期一种普遍流行的思潮，于归义军时期已经传入敦煌，在敦煌流行。受末法思想影响，佛教徒一般会有刻经、造像、造经等行为。北宋求法、译经活动盛行，但是宗教管理松散，此种情况下比较容易出现伪经，而敦煌本就有创作、抄写伪经以及将伪经内容绘制于壁画上的传统。因此，沙州回鹘洞窟出现悖于经典的榜题可能就是末法、求法背景下疑伪经创作在图像上的反映。

（三）弥勒、药师、阿弥陀净土信仰

弥勒、药师、阿弥陀信仰是净土信仰的重要内容，这三类净土信仰以壁画为载体，在沙州回鹘时期流行。沙州回鹘洞窟中弥勒身份的判断，多为依据主尊姿态和洞窟内相关布局，基本为弥勒三会内容，此外，沙州回鹘洞窟中流行的执扇弥勒也是弥勒信仰的一种表现；大多数洞窟中都绘有药师图像，药师多以单尊像出现，也有个别药师净土变和药师说法图案例；阿弥陀信仰多以简略净土变的方式呈现，简略净土变中出现了化生童子、化生

菩萨、化生俗人，表现了该时期信众强烈的往生西方世界的愿望。

（四）观音信仰的流行

观音有显密之分，因其具有渡亡、救难、接引、灭罪等功能，很受信众崇奉，十分流行。沙州回鹘洞窟中绘有相当数量的观音像，以正观音、白衣观音、水月观音、千手观音等不同形象展现。不同于前期洞窟中观音单尊像、观音经变都比较流行的情况，沙州回鹘洞窟中没有观音经变，多为观音单尊像。

（五）（过去）七佛、十方佛、千佛信仰

在大乘佛教发展过程中，佛教徒构建了十方三世的时空概念。沙州回鹘洞窟中可以看到绘制十方佛、千佛题材，以及题材组合间的三世观念的表达。此外，在洞窟中也多见绘制七佛的情况。过去七佛的记载，最早出现在《阿含经》里。虽然大小乘对于从数不清的过去佛，归纳到集中信仰的"过去七佛"的认识有所不同，但是强调尊奉过去七佛，实际上是对佛教久世传承，法脉一贯的认同与遵循这一认知大、小乘是相同的[1]。从出土实物来看，晚至十六国，已经出现成熟的七佛造像，在发展过程中，七佛被赋予了更多的功能，比如灭罪、护世、护法[2]等。因此，沙州回鹘洞窟中七佛的具体功能应该根据其位置及相关题材组合来进行判断。

三、沙州回鹘洞窟分期的意义

因缺乏文献记载，敦煌晚期石窟的营建史是模糊的。在日本学者提出"沙州回鹘"观点之前，鲜有学者关注到回鹘人在敦煌的经营，敦煌石窟中具有回鹘特征及与之关联的洞窟也没有引起学者的重视，以往皆被划入西夏洞窟中。而这一批洞窟与回鹘在敦煌的历史密切联系，与归义军时期和西夏时期洞窟的内容有所区别，将其划分至归义军时期洞窟或

---

① 霍旭初：《龟兹石窟"过去佛"研究》，《敦煌研究》2012年第5期，第22—38页。
② 于博：《辽代七佛造像研究——以辽宁义县奉国寺大雄殿七佛为中心》，首都师范大学硕士学位论文，2013年；于博：《从辽塔造像看密教对辽代七佛造像的影响》，《北方文物》2015年第3期，第67—71页。

者西夏洞窟中显然不合适，应该独立出来。前辈们已经做了分期工作，但是对于其内涵研究还有所不足，本书在前人研究基础上做了跟进，对这一批洞窟做了系统梳理，希望对敦煌晚期石窟发展序列的建立有所启示。

就洞窟的整体艺术风格而言，沙州回鹘洞窟表现为对敦煌传统艺术的继承和发展、回鹘佛教艺术的出现以及中原佛教艺术的进入，风格特征存在两条明显的主线，即"敦煌北宋式（汉式、中原式）"和"高昌回鹘式（回鹘式）"，两者相互存在交融并部分穿插有"中原新样"的出现。但总体来说，两条主线风格在沙州回鹘洞窟当中，还是以并驾齐驱的发展模式为主，回鹘风格和汉式风格之间存在较为明确的分野，直至西夏统治以后，回鹘风格在敦煌石窟当中才逐渐消失，而汉式风格则在沙州回鹘时期的基础上接续演变。这就出现了一个现象，敦煌沙州回鹘时期这批特点鲜明、共性突出的洞窟，横亘于曹氏晚期洞窟和西夏早期洞窟之间，要想了解曹氏晚期洞窟的特点，必自沙州回鹘洞窟开始向上回溯。而西夏早期洞窟的特点，则理应是在延续沙州回鹘时期风格的基础上再行演进，而非远追北宋。因此沙州回鹘洞窟分期的明确以及艺术风格的深入诠释，将是我们了解和串通整个敦煌晚期洞窟营建史的关键。同时，自沙州回鹘时期始至此后很长一段时间，敦煌莫高窟与榆林窟、西千佛洞、东千佛洞、五个庙等洞窟之间的佛教艺术风格存在尤为明显的区别，直至西夏晚期至元此类现象才有所削弱。这也提示我们，自曹氏晚期回鹘化开始，敦煌地方的政治中心似乎存在转移现象，不同地区之间的社会进步、政治建设和文化发展存在不同步的情况，需要我们结合相关史实进行深入理解。

总之，沙州回鹘洞窟是在回鹘统治、胡汉杂居的历史大背景下营建的，时间跨越了归义军晚期、沙州回鹘时期、西夏初期三个阶段，但囿于传世和出土文献的缺失，我们对敦煌这一时期的历史发展并不明了。因此，对沙州回鹘洞窟艺术的深入诠释就显得极为重要，使我们能够从实物层面生动揭示敦煌沙州回鹘时期多元文化交融的历史史实，并从中窥见这一时期人们思想观念、物质生活、文化认同等历史细节的变迁，为整个敦煌晚期历史的梳理以及洞窟营建史的确立提供了重要基础。

参考文献

一、古籍文献

［1］（梁）萧子显撰：《南齐书》，北京：中华书局，1972 年。

［2］（唐）段成式撰：《寺塔记》，北京：人民美术出版社，1964 年。

［3］（后晋）刘昫等撰：《旧唐书》，北京：中华书局，1975 年。

［4］（宋）欧阳修、宋祁等撰：《新唐书》，北京：中华书局，1978 年。

［5］（宋）欧阳修撰：《新五代史》，北京：中华书局，1974 年。

［6］（宋）王溥撰：《唐会要》，北京：中华书局，1955 年。

［7］（宋）郑樵撰：《通志·二十略》，北京：中华书局，1995 年。

［8］（宋）李焘撰，（清）黄以周等辑补：《续资治通鉴长编》，上海：上海古籍出版社，1986 年。

［9］（宋）沈括著，侯真平点校：《梦溪笔谈》，长沙：岳麓书社，1998 年。

［10］（宋）李埴撰：《皇宋十朝纲要》，北京：中华书局，2013 年。

［11］（宋）邓椿撰：《画继》，北京：人民美术出版社，1963 年。

［12］（宋）黄休复撰，何韫若、林孔翼注：《益州名画录》，成都：四川人民出版社，1982 年。

［13］（宋）窦仪等撰：《宋刑统》，北京：法律出版社，1999 年。

［14］（元）脱脱等撰：《宋史》，北京：中华书局，1977 年。

［15］（元）脱脱等撰：《辽史》，北京：中华书局，1974 年。

［16］（元）马端临撰：《文献通考》，杭州：浙江古籍出版社，1988 年。

［17］（清）徐松撰：《宋会要辑稿》，北京：中华书局，1957 年。

［18］（清）戴锡章撰：《西夏纪》，银川：宁夏人民出版社，1998 年。

［19］（清）王先谦撰：《荀子集解》，北京：中华书局，1988 年。

［20］史金波、聂鸿音、白滨译注：《天盛改旧新定律令》，北京：法律出版社，2000 年。

［21］［日］高楠顺次郎等：《大正新修大藏经》，台北：新文丰出版公司，1983 年。

［22］（清）刘喜海编：《金石苑》，成都：巴蜀书社，2018 年。

二、专著

［1］［德］茨默著，桂林、杨富学译：《佛教与回鹘社会》，北京：民族出版社，2007 年。

［2］［德］冯佳班著，邹如山译：《高昌回鹘王国的生活》，吐鲁番：吐鲁番市地方志编辑室，1989 年。

［3］［法］伯希和著，耿昇、唐健宾译：《伯希和敦煌石窟笔记》，兰州：甘肃人民出版社，1993 年。

［4］［日］松本荣一著，林保尧、赵声良、李梅译：《敦煌画研究》，杭州：浙江大学出版社，2019 年。

［5］［日］松井太、荒川甚太郎著：《敦煌石窟多言语资料集成》，东京：东京外国语大学アジア・アフリカ言语文化研究所，2017 年。

［6］白寿彝、陈振主编：《中国通史》（第七卷 上），上海：上海人民出版社，2015 年。

［7］包铭新等编，沈雁等撰：《中国北方古代少数民族服饰研究》（回鹘卷），上海：东华大学出版社，2013 年。

［8］陈炳应译：《西夏谚语》，太原：山西人民出版社，1993 年。

［9］慈怡等编：《佛光大辞典》，北京：北京图书馆出版社，2004 年。

［10］陈粟裕：《从于阗到敦煌——以唐宋时期图像的东传为中心》，北京：方志出版社，2014 年。

［11］崔红芬：《西夏河西佛教研究》，北京：民族出版社，2010 年。

［12］段文杰：《敦煌石窟艺术研究》，兰州：甘肃人民出版社，2007 年。

［13］敦煌文物研究所编：《莫高窟内容总录》，北京：文物出版社，1982 年。

［14］敦煌研究院编：《敦煌莫高窟供养人题记》，北京：文物出版社，1986 年。

［15］敦煌研究院编：《敦煌石窟内容总录》，北京：文物出版社，1996 年。

［16］敦煌研究院编：《敦煌吐鲁番文献研究》，兰州：兰州大学出版社，1995 年。

［17］冯培红：《敦煌的归义军时代》，兰州：甘肃教育出版社，2013 年。

［18］冯志文、吴平凡：《回鹘史编年》，乌鲁木齐：新疆大学出版社，1992 年。

［19］付马：《丝绸之路上的西州回鹘王朝——9—13 世纪中亚东部历史研究》，北京：社会科学文献出版社，2019 年。

［20］郭宏珍：《突厥语诸族社会组织研究》，北京：社会科学文献出版社，2008 年。

［21］郭平梁、刘戈：《回鹘史指南》，乌鲁木齐：新疆人民出版社，1995 年。

［22］郝春文、陈大为：《敦煌的佛教与社会》，兰州：甘肃教育出版社，2013 年。

［23］胡文和编：《巴蜀佛教雕刻艺术史》，成都：巴蜀书社，2015 年。

［24］季羡林、汤一介编，魏道儒著：《中华佛教史》（宋元明清佛教史卷），太原：山西教育出版社，2013 年。

［25］季羡林编：《敦煌学大辞典》，上海：上海辞书出版社，1998 年。

［26］贾应逸：《新疆佛教壁画的历史学研究》，北京：中国人民大学出版社，2010 年。

［27］赖鹏举：《敦煌石窟造像思想研究》，北京：文物出版社，2009 年。

［28］李崇峰：《佛教考古——从印度到中国》，上海：上海古籍出版社，2015 年。

［29］梁继红：《武威出土西夏文献研究》，北京：社会科学文献出版社，2015 年。

［30］梁思成：《梁思成全集》（第七卷），北京：中国建筑工业出版社，2001 年。

［31］梁晓鹏：《敦煌莫高窟千佛图像研究》，北京：民族出版社，2006 年。

［32］刘光华主编，尹伟先、杨富学、魏孔明著：《甘肃通史》（隋唐五代卷），兰州：甘肃人民出版社，2013 年。

［33］刘颖：《中国古代物质文化史——石窟寺壁画（高昌）》，北京：开明出版社，2014 年。

［34］刘芳：《中西服饰艺术史》，长沙：中南大学出版社，2008 年。

［35］麻赫穆德·喀什噶里著，何锐等译：《突厥语大词典》，北京：民族出版社，2002 年。

［36］马德：《敦煌工匠史料》，兰州：甘肃人民出版社，1997 年。

［37］马德：《敦煌工匠史料辑释》，兰州：甘肃人民出版社，1997 年。

［38］马德：《敦煌莫高窟史研究》，兰州：甘肃教育出版社，1996 年。

［39］马德：《敦煌石窟营建史导论》，台北：新文丰出版公司，2003 年。

［40］欧阳琳：《敦煌图案解析》，兰州：甘肃人民出版社，2007 年。

［41］仁爽编：《五代典制考》，北京：中华书局，2007 年。

［42］荣新江：《归义军史研究——唐宋时代敦煌历史考察》，上海：上海古籍出版社，2015 年。

［43］沙武田：《榆林窟第 25 窟——敦煌图像中的唐蕃关系》，北京：商务印书馆，2016 年。

［44］沙武田：《敦煌画稿研究》，北京：中央编译出版社，2007 年。

［45］沙武田：《归义军时期敦煌石窟考古研究》，兰州：甘肃教育出版社，2017 年。

［46］孙机：《华夏衣冠：中国古代服饰文化》，上海：上海古籍出版社，2016 年。

［47］上海古籍出版社、法国国家图书馆编：《法藏敦煌西域文献》，上海：上海古籍出版社，2002 年。

［48］沈从文：《中国古代服饰研究》，北京：商务印书馆，2011 年。

［49］施爱东：《16—20 世纪的龙政治与中国形象》，北京：三联书店，2014 年。

［50］石璋如：《莫高窟形》，台湾“中央研究院”历史语言研究所，1995 年。

［51］史金波：《西夏社会》，上海：上海人民出版社，2007 年。

［52］史苇湘：《敦煌历史与莫高窟艺术研究》，兰州：甘肃教育出版社，2002 年。

［53］唐耕耦、陆宏基：《敦煌社会经济文献真迹释录》，北京：书目文献出版社，1990 年。

［54］田卫疆：《高昌回鹘史稿》，乌鲁木齐：新疆人民出版社，2006 年。

［55］王惠民：《敦煌佛教图像研究》，杭州：浙江大学出版社，2016 年。

［56］王惠民：《敦煌佛教与石窟营建》，兰州：甘肃教育出版社，2013 年。

［57］谢静：《敦煌石窟中的少数民族服饰文化研究》，兰州：甘肃教育出版社，2001 年。

［58］谢稚柳：《敦煌艺术叙录》，上海：上海出版公司，1955 年。

［59］徐自强、张永、陈晶：《敦煌莫高窟题记汇编》，北京：文物出版社，2014 年。

［60］阎步克：《服周之冕——〈周礼〉六冕礼制的兴衰变异》，北京：中华书局，2009 年。

［61］杨宝玉、吴丽娱：《归义军政权与中央关系研究——以入奏活动为中心》，北京：中国社会科学出版社，2015 年。

［62］杨富学、牛汝极：《沙州回鹘及其文献》，兰州：甘肃文化出版社，1995 年。

［63］杨富学：《回鹘之佛教》，乌鲁木齐：新疆人民出版社，1998 年。

［64］杨富学：《回鹘文献与回鹘文化》，北京：民族出版社，2003 年。

［65］杨富学：《回鹘与敦煌》，兰州：甘肃教育出版社，2013 年。

［66］杨富学：《西域敦煌宗教论稿》，兰州：甘肃文化出版社，1998 年。

［67］杨际平、郭锋、张和平：《五—十世纪敦煌的家庭与家族关系》，长沙：岳麓书社，1997 年。

［68］杨蕤：《回鹘时代：10—13世纪陆上丝绸之路贸易研究》，北京：中国社会科学出版社，2015年。

［69］于向东：《敦煌变相与变文研究》，兰州：甘肃教育出版社，2009年。

［70］张伯元：《安西榆林窟》，成都：四川教育出版社，1995年。

［71］张峰峰、张鹏：《高昌王国》，北京：中国国际广播出版社，2013年。

［72］张小刚：《敦煌佛教感通画研究》，兰州：甘肃教育出版社，2015年。

［73］赵丰、王乐：《敦煌丝绸》，兰州：甘肃教育出版社，2011年。

［74］赵玲：《印度秣菟罗早期佛教造像研究》，上海：上海三联书店，2012年。

［75］赵贞：《归义军史事考论》，北京：北京师范大学出版社，2010年。

［76］郑炳林主编：《敦煌归义军史专题研究》，兰州：兰州大学出版社，1997年。

［77］郑炳林主编：《敦煌归义军史专题研究续编》，兰州：兰州大学出版社，2003年。

［78］郑炳林、沙武田：《敦煌石窟艺术概论》，兰州：甘肃文化出版社，2005年。

［79］朱悦梅、杨富学：《甘州回鹘史》，北京：中国社会科学出版社，2013年。

［80］竺小恩：《敦煌服饰文化研究》，杭州：浙江大学出版社，2011年。

［81］赵丰：《唐代丝绸与丝绸之路》，西安：三秦出版社，1992年。

三、考古简报

［1］朝阳北塔考古勘察队：《辽宁朝阳北塔天宫地宫清理简报》，《文物》1992年第7期。

［2］黄明兰、宫大中：《洛阳北宋张君墓画像石棺》，《文物》1984年第7期。

［3］彭金章、王建军：《敦煌莫高窟北区石窟》（全三卷），北京：文物出版社，2000年、2004年。

［4］四川大学考古系等：《四川安岳上大佛摩崖造像调查简报》，《敦煌研究》2017年第4期。

［5］中国社会科学院考古研究所：《北庭高昌回鹘佛寺遗址》，沈阳：辽宁美术出版社，1991年。

四、学术论文

［1］［日］森安孝夫著，梁晓鹏译：《沙州回鹘与西回鹘国》，《敦煌学辑刊》2000年第2期。

［2］［日］森安孝夫著，高然译：《回鹘与敦煌》，日文版载《讲座敦煌》（2），译文载《西北史地》1984年第1期。

［3］［日］森安孝夫著，陈俊谋译：《关于回鹘的西迁》，《民族译丛》1980年第1期。

［4］［日］松井太：《敦煌諸石窟のウイグル語題記銘文に關する简記》（二），《人文社会论丛》人文科学编第32号，2014年。

［5］［日］土肥义和著，李永宁译：《归义军时期（晚唐、五代宋）的敦煌》（一），《敦煌研究》1986年第4期。

［6］［日］土肥义和著，李永宁译：《归义军时期（晚唐、五代宋）的敦煌》（续），《敦煌研究》1987年第1期。

［7］Yang Jidong, *Zhang Yichao And Dunhuang In The 9th Centry*,Journal of Asian History,1998,Vol.32, No.2.

［8］Yang Fu-Hs ü eh,*On The Sha-chou Uighur Kingdom*,Central AsiaticJournal,1994, Vol.38,No.1.

［9］T.Moriyasu,*Uighur Buddhist Stake Inscriptions from Turfan*,De Dunhuang à Istanbul-Hommage à James Russell Hamiltom.

［10］陈炳应：《西夏与敦煌》，《西北民族研究》1991年第1期。

［11］陈光文：《敦煌莫高窟第297窟甬道南壁西夏文题记译释——兼论西夏统治敦煌的时间问题》，《敦煌学辑刊》2014年第2期。

［12］陈国灿：《唐五代敦煌四出道路考》，载《陈国灿吐鲁番敦煌出土文献史事论集》，上海：上海古籍出版社，2012年。

［13］陈祚龙：《中世纪成都与敦煌之间的交通路线》，载《敦煌资料考屑》（下），台北：台湾商务印书馆，1979年。

［14］邓新航、龙红：《唐宋时期白衣观音图像在四大区域的发展与演变》，《南京艺术学院学报（美术与设计版）》2019年第6期。

［15］董华锋、张亮：《唐宋巴蜀地区十六罗汉造像初步研究》，载《2014年大足学国际学术研讨会论文集》，重庆：重庆出版集团，2014年。

［16］杜海：《敦煌归义军政权与沙州回鹘关系述论》，《敦煌学辑刊》2015年第4期。

［17］段文杰：《莫高窟晚期的艺术》，载《中国石窟·敦煌莫高窟》（五），北京：文物出版社，1987年。

［18］冯培红：《敦煌曹氏族属与曹氏归义军政权》，《历史研究》2001年第1期。

［19］冯培红:《晚唐五代宋初归义军武职军将研究》,载《敦煌归义军史专题研究》,兰州:兰州大学出版社,1997 年。

［20］冯培红:《晚唐五代宋初归义军政权中都头一职考辨》,载《敦煌归义军史专题研究》,兰州:兰州大学出版社,1997 年。

［21］高自厚:《甘州回鹘渊源考》,《西北民族学院学报》1982 年第 2 期。

［22］关友惠:《敦煌宋西夏石窟壁画装饰风格及其相关的问题》,载《2004 年石窟研究国际学术会议论文集》(下),上海:上海古籍出版社,2006 年。

［23］郭俊叶:《敦煌执扇弥勒菩萨图像考》,《敦煌研究》2021 年第 2 期。

［24］黄盛璋:《敦煌于阗文P.2741、Ch.00296、P.2790 号文书疏证》,《西北民族研究》1989 年第 2 期。

［25］霍熙亮编:《榆林窟、西千佛洞内容总录》,载《中国石窟·安西榆林窟》,北京:文物出版社,1989 年。

［26］贾应逸、侯世新:《莫高窟 409 窟与柏孜克里克石窟供养人对比研究》,《吐鲁番学研究》2008 年第 1 期。

［27］姜伯勤:《敦煌的"画行"与"画院"》,载《1983 年全国敦煌学术讨论会文集·石窟艺术编》(下),兰州:甘肃人民出版社,1987 年。

［28］姜伯勤:《敦煌的写真邈真与肖像艺术》,载《敦煌艺术宗教与礼乐文明》,北京:中国社会科学出版社,1996 年。

［29］劳心:《从敦煌文献看 9 世纪后的西州——兼论吐鲁番出土回鹘文木杵文书年代和沙州回鹘的兴衰》,《敦煌研究》2002 年第 1 期。

［30］李冬梅:《唐五代归义军与周边民族关系综论》,《敦煌学辑刊》1998 年第 2 期。

［31］李静杰:《北朝时期定光佛授记本生图像的两种造型》,载《艺术与科学》第 5 卷,北京:清华大学出版社,2007 年。

［32］李静杰:《北朝隋代佛教图像反映的经典思想》,《民族艺术》2008 年第 2 期。

［33］李翎:《藏密救"六道"观音像的辨识——兼谈水月观音像的产生》,《佛学研究》2004 年第 13 期。

［34］李树辉:《Sarïɣ Ujɣur 考源——兼论龟兹回鹘与曹氏归义军政权的关系》,载《敦煌学与中国史研究论集——纪念孙修身先生逝世一周年》,兰州:甘肃人民出版社,2001 年。

［35］李玉珉:《敦煌药师经变研究》,《故宫文物月刊》1990 年第 3 期。

［36］李正宇:《悄然湮没的王国——沙州回鹘国》,载《1990 年敦煌学国际学术研讨会文集·史地语文编》,沈阳:辽宁美术出版社,1995 年。

［37］林幹、高自厚:《关于回鹘西迁若干问题的辨正》,《民族研究》1992 年第 5 期。

［38］刘未:《魏晋南北朝图像资料中的伞扇仪仗》,《东南文化》2005 年第 3 期。

［39］刘玉权:《敦煌莫高窟、安西榆林窟西夏洞窟分期》,载《敦煌研究文集》,兰州:甘肃人民出版社,1982 年。

［40］刘玉权:《敦煌西夏洞窟分期再议》,《敦煌研究》1998 年第 3 期。

［41］刘玉权:《瓜、沙西夏石窟概论》,载《中国石窟·敦煌莫高窟》(五),北京:文物出版社,2013 年。

［42］刘玉权:《关于沙州回鹘洞窟的划分》,载《1987 年敦煌石窟国际研讨会论文集·石窟考古编》,沈阳:辽宁美术出版社,1990 年。

［43］刘玉权:《沙州回鹘石窟艺术》,载《中国石窟·安西榆林窟》,北京:文物出版社,1989 年。

［44］刘玉权:《西夏时期的瓜沙二州》,载《西夏史论文集》,银川:宁夏人民出版社,1984 年。

［45］卢秀文:《刘萨诃研究综述》,《敦煌研究》1991 年第 3 期。

［46］陆庆夫:《归义军晚期的回鹘化与沙州回鹘政权》,《敦煌学辑刊》1998 年第 1 期。

［47］陆庆夫:《归义军与辽及甘州回鹘关系考》,载《敦煌归义军史专题研究续编》,兰州:兰州大学出版社,2003 年。

［48］陆庆夫:《金山国与甘州回鹘关系考论》,《敦煌学辑刊》1991 年第 1 期。

［49］罗华庆:《敦煌壁画中的〈东方药师净土变〉》,《敦煌研究》1989 年第 2 期。

［50］马德:《都僧统之"家窟"及其营建》,《敦煌研究》1989 年第 4 期。

［51］马德:《莫高窟崖面使用刍议》,《敦煌学辑刊》1990 年第 1 期。

［52］马莉:《榆林 39 窟"儒童本生"中的菩萨及持"拂"天王身份考——兼论其"合并叙述"的构图形式及内涵》,《南京艺术学院学报(美术与设计版)》2020 年第 4 期。

［53］孟翠翠、于向东:《水月观音图像的创作依据》,《南京艺术学院学报(美术与设计版)》2011 年第 4 期。

［54］齐陈骏:《敦煌沿革与人口》(上),《敦煌学辑刊》1980 年第 1 辑。齐陈骏:《敦煌沿革与人口》(下),《敦煌学辑刊》1981 年第 1 辑。

［55］齐庆媛:《江南式白衣观音造型分析》,《故宫博物院院刊》2014 年第 4 期。

［56］任怀晟:《莫高窟第 409 窟、237 窟男供养人像思考》,《敦煌学辑刊》2019 年第 3 期。

［57］荣新江:《敦煌归义军曹氏统治者为粟特后裔说》,《历史研究》2001 年第 1 期。

［58］荣新江:《敦煌文献所见晚唐五代宋初的中印文化交往》,载《季羡林教授八十华诞纪念论文集》(下册),南昌:江西人民出版社,1991 年。

［59］荣新江:《关于归义军都僧统年代的几个问题》,《敦煌研究》1989 年第 4 期。

［60］沙武田:《敦煌藏经洞封闭原因再探》,《中国史研究》2006 年第 3 期。

［61］沙武田:《敦煌引路菩萨像画稿——兼谈"雕空"类画稿与"刻线法"》,《敦煌研究》2006 年第 1 期。

［62］沙武田:《莫高窟第 16 窟整体重修时供养人画像的缺失与藏经洞的封闭》,《西夏研究》2012 年第 2 期。

［63］沙武田:《莫高窟吐蕃期洞窟第 359 窟供养人画像研究——兼谈粟特九姓胡人对吐蕃统治敦煌的态度》,《敦煌研究》2010 年第 5 期。

［64］沙武田:《吐蕃统治时期敦煌石窟供养人画像考察》,《中国藏学》2002 年第 3 期。

［65］沙武田:《五代宋敦煌石窟回鹘装女供养人画像与曹氏归义军的民族属性》,《敦煌研究》2013 年第 2 期。

［66］沈柏村:《罗汉信仰及其造像艺术》,《青海社会科学》1997 年第 3 期。

［67］史金波、白滨:《莫高窟、榆林窟西夏资料概述》,《敦煌学辑刊》1980 年第 1 期。

［68］史金波、白滨:《莫高窟榆林窟西夏文题记研究》,《考古学报》1982 年第 3 期。

［69］史金波:《西夏皇室和敦煌莫高窟刍议》,《西夏学》(第四辑),银川:宁夏人民出版社,2009 年。

［70］史伟:《东千佛洞西夏壁画中的药师佛及审美意蕴》,《西夏学》(第九辑),上海:上海古籍出版社,2013 年。

［71］史苇湘:《刘萨诃与敦煌莫高窟》,《文物》1983 年第 6 期。

［72］史苇湘:《莫高窟榆林窟唐五代宋西夏元的壁画艺术》,载《敦煌历史与莫高窟艺术》,兰州:甘肃教育出版社,2002 年。

［73］孙修身:《西夏占据沙州时间之我见》,《敦煌学辑刊》1991 年第 2 期。

［74］汤开建、马明达:《对五代宋初河西若干民族问题的探讨》,《敦煌学辑刊》1983 年第 1 期。

［75］唐长孺：《南北朝期间西域与南朝的陆道交通》，载《魏晋南北朝史论拾遗》，北京：中华书局，1983年。

［76］王成文：《莫高窟第112窟普贤图像研究》，《法音》2021年第2期。

［77］王惠民：《敦煌壁画〈十六罗汉图〉榜题研究》，《敦煌研究》1993年第1期。

［78］王惠民：《敦煌莫高窟若干经变画辨识》，《敦煌研究》2010年第1期。

［79］王惠民：《敦煌千手千眼观音像》，《敦煌学辑刊》1994年第1期。

［80］王惠民：《敦煌水月观音像》，《敦煌研究》1987年第1期。

［81］王惠民：《敦煌写本〈水月观音经〉研究》，《敦煌研究》1992年第3期。

［82］王惠民：《敦煌与法门寺的香供养具——以"香宝子"与"调达子"为中心》，《敦煌学辑刊》2011年第1期。

［83］王日蔚：《唐后回鹘考》，《史学集刊》1936年第1期。

［84］王胜泽：《敦煌西夏石窟中的花鸟图像研究》，《敦煌学辑刊》2019年第2期。

［85］谢静、谢生保：《敦煌石窟中回鹘、西夏供养人服饰辨析》，《敦煌研究》2007年第4期。

［86］徐晓丽：《曹议金与甘州回鹘天公主结亲时代考——以P.2915卷为中心》，《敦煌研究》2001年第4期。

［87］颜廷亮：《〈白雀歌〉新校并序》，《敦煌学辑刊》1989年第2期。

［88］扬之水：《曾有西风半点香——对波纹源流考》，载赵丰、齐东方编《锦上胡风——丝绸之路纺织品上的西方影响（4—8世纪）》，上海：上海古籍出版社，2011年。

［89］杨鸿勋：《凤翔出土春秋秦宫铜构——金釭》，《考古》1976年第2期。

［90］杨富学：《9—12世纪的沙州回鹘文化》，《敦煌学辑刊》1994年第2期。

［91］杨富学：《柏孜克里克石窟第20窟的供养图与榜题》，载《西域敦煌宗教论稿》，兰州：甘肃文化出版社，1998年。

［92］杨富学：《沙州回鹘及其政权组织》，载《1990年敦煌学国际研讨会文集·石窟史地、语文编》，沈阳：辽宁美术出版社，1995年。

［93］杨森：《敦煌石窟中的佛座图像研究之——须弥座》，《敦煌研究》2008年第2期。

［94］杨之水：《"者舌"及其相关之考证——敦煌文书什物历器丛考之一》，载《丝绸之路：艺术与生活》，香港：艺纱堂，2007年。

［95］姚崇新：《白衣观音与送子观音——观音信仰本土化的个案考察》，《唐研究》

第 18 卷，北京：北京大学出版社，2012 年。

［96］殷博：《莫高窟第 207 窟出说法图考》，《敦煌研究》2019 年第 6 期。

［97］殷光明：《敦煌的疑伪经和图像》（上），《敦煌研究》2006 年第 4 期。

［98］殷光明：《敦煌的疑伪经和图像》（下），《敦煌研究》2006 年第 5 期。

［99］袁德领：《归义军时期莫高窟与敦煌寺院的关系》，《敦煌研究》2000 年第 3 期。

［100］袁頔：《莫高窟第 363 窟壁画组合与丝路元素探析》，《西夏研究》2019 年第 1 期。

［101］袁頔：《由执扇弥勒与可汗之像看莫高窟第 237 窟重修相关问题》，《河西学院学报》2020 年第 1 期。

［102］张世奇、郭秀文：《莫高窟第 245 窟主尊定名考》，《西夏学》（第十五辑），兰州：甘肃文化出版社，2017 年。

［103］张先堂：《敦煌莫高窟第 148 窟西夏供养人图像新探 ——以佛教史考察为核心》，《西夏学》（第十一辑），上海：上海古籍出版社，2015 年。

［104］张先堂：《莫高窟供养人画像的发展演变 ——以佛教史考察为中心》，《敦煌学辑刊》2008 年第 4 期。

［105］张小刚：《凉州瑞像在敦煌——体现地方性的一种瑞像实例》，《魏晋南北朝隋唐史资料》（第二十六辑），武汉：武汉大学文科学报编辑部编辑出版，2010 年。

［106］赵晓星：《关于敦煌莫高窟西夏前期洞窟的讨论——西夏石窟考古与艺术研究之五》，《敦煌研究》2021 年第 6 期。

［107］赵雨昆：《云冈的儒童本生及阿输迦施土信仰模式》，《佛教文化》2004 年第 5 期。

［108］郑炳林：《敦煌本〈张淮深变文〉研究》，《西北民族研究》1994 年第 1 期。

［109］郑炳林：《敦煌写本相书理论与敦煌石窟供养人画像——关于敦煌莫高窟供养人画像研究之二》，《敦煌学辑刊》2006 年第 4 期。

［110］郑炳林：《唐五代敦煌的粟特人与归义军政权》，载《敦煌归义军史专题研究》，兰州：兰州大学出版社，1997。

［111］郑炳林：《晚唐五代敦煌地区的胡姓居民与聚落》，载《敦煌归义军史专题研究三编》，兰州：甘肃文化出版社，2005 年。

［112］郑炳林：《晚唐五代敦煌地区人口变化研究》，载《敦煌归义军史专题研究三编》，兰州：甘肃文化出版社，2005 年。

［113］郑炳林：《晚唐五代敦煌佛教教团阐扬三教大法师与敦煌佛教兼容性形成》，载《敦煌归义军史专题研究三编》，兰州：甘肃文化出版社，2005 年。

［114］郑炳林：《晚唐五代敦煌佛教转向人间化的特点》，载《敦煌归义军史专题研究续编》，兰州：兰州大学出版社，2003 年。

［115］郑炳林：《晚唐五代敦煌归义军政权与佛教教团关系研究》，《敦煌学辑刊》2005 年第 1 期。

［116］郑巨欣、陆越：《古代贝紫染色工艺的历史》，《装饰》2011 年第 4 期。

［117］周秋良：《论民间信仰中送子观音与白衣观音之关系》，《中南大学学报（社会科学版）》2014 年第 4 期。

［118］朱天舒：《“一佛五十菩萨图”及其相关记载》，《丝绸之路研究集刊》（第三辑），北京：商务印书馆，2019 年。

［119］郑以墨：《宋金元时期墓葬壁画中帷幔图像研究》，《北方文物》2020 年第 3 期。

［120］郑以墨、习化娜：《两汉魏晋南北朝墓葬壁画中的帷幔图像研究》，《装饰》2017 年第 2 期。

五、学位论文

［1］纪应昕：《敦煌千手千眼观音像研究》，兰州大学硕士学位论文，2018 年。

［2］王春慧：《古代章服制度与赐紫研究》，西北师范大学硕士学位论文，2012 年。

［3］许立权：《中国药师佛信仰研究》，陕西师范大学硕士学位论文，2014 年。

［4］赵沈亭：《敦煌西夏石窟净土变图像研究》，陕西师范大学硕士学位论文，2020 年。

［5］王惠民：《敦煌净土图像研究》，中山大学博士学位论文，2000 年。

［6］党燕妮：《晚唐五代宋初敦煌民间佛教信仰研究》，兰州大学博士学位论文，2009 年。

［7］常红红：《东千佛洞第 2 窟壁画研究》，首都师范大学博士学位论文，2015 年。

［8］林晋生：《罗汉图像的风格及其流变》，中国美术学院博士学位论文，2017 年。

［9］李玉峰：《西夏装饰纹样研究》，宁夏大学博士学位论文，2019 年。

附录：发表论文

1.《莫高窟第 409 窟供养人像阐释》

2017 年 7 月，提交中国敦煌吐鲁番学会、陕西师范大学、陕西历史博物馆主办的"丝绸之路上的敦煌与长安国际学术研讨会——暨中国敦煌吐鲁番学会 2017 年理事会"学术会议。发表于《绵阳师范学院学报》2018 年第 4 期。

2.《莫高窟第 310 窟供养人像阐释——兼论归义军的回鹘化》

2017 年 10 月，提交敦煌研究院举办的"回鹘·西夏·元代敦煌石窟与民族文化学术研讨会"学术会议。发表于沙武田主编《丝绸之路研究集刊》（第三辑），北京：商务印书馆，2019 年。

3.《沙州回鹘石窟供养人画像研究》

2018 年 7 月，提交清华大学道德与宗教研究院举办的"汉传佛教与亚洲物质文明·未来学者论坛"学术会议。发表于圣凯主编《汉传佛教与亚洲物质文明》，北京：商务印书馆，2021 年。

4.《沙州回鹘洞窟药师图像研究》

2018 年 10 月，提交敦煌研究院、陕西师范大学历史文化学院主办，美国芝加哥大学东亚艺术研究中心、浙江大学汉藏佛教艺术研究中心协办的"敦煌石窟研究方法论国际学术研讨会"学术会议。

5.《榆林窟第 39 窟洞窟营建思想解读》

2020 年 1 月，提交敦煌研究院榆林窟文物保护研究所主办"图像学与写本学视域下的敦煌学研究·青年学者工作坊"学术会议。文章部分《榆林窟第 39 窟主室布局内涵探析》发表于《西夏学》第 23 辑，兰州：甘肃文化出版社，2021 年。

6.《敦煌石窟回鹘王身份属性再思考》

2021 年 4 月，提交陕西师范大学人文社会科学高等研究院、敦煌研究院榆林窟文物保护研究所主办"敦煌西夏石窟研究青年工作坊"学术会议。发表于《中国美术研究》第 38 辑，上海：上海书画出版社，2021 年。

索 引

后　记

　　因缺乏文献记载、程式化严重、艺术特征不突出，敦煌晚期石窟未能引起学界的足够重视，一直以来都是敦煌石窟研究的薄弱处。沙州回鹘洞窟是敦煌晚期石窟的重要组成部分，跨越了归义军晚期、沙州回鹘统治时期、西夏早期三个时间阶段，连接了敦煌中期与晚期洞窟，历经了从繁复到简略、从汉风为主到鹘—汉风并行的发展过程，对它的充分研究于建立敦煌石窟发展序列和构建敦煌石窟营建史有重要意义。但同时，沙州回鹘洞窟的研究又较为困难，因无纪年标型窟参照，分期工作难度较大。此外，历史文献记载少、佛教图像榜题大量缺失等因素也给图像辨识、社会历史等问题探讨带来难度。因学力有限，本书的研究还很基础，很多问题还没有解决，希望有更多的学者关注沙州回鹘洞窟以及敦煌晚期洞窟。

　　本书的出版要特别感谢我的导师——沙武田教授。本书为我的硕士论文修改所成，很多观点都以论文的形式公开发表，老师在我的论文撰写过程中给予了悉心指导，本书的出版经费也是来源于老师的国家社科基金重大项目"敦煌西夏石窟研究"（16ZDA116）和青年长江学者科研经费。

　　我十分庆幸，也十分感恩，在初入学术之门时遇到了沙老师。我基础较差，对佛教考古与艺术所知甚少，老师却不嫌弃我愚钝，耐心指导。可以说，我对学术的认知都是在沙老师的言传身教中建立的，这让我在后面的博士学习中都十分受益。

　　感谢敦煌研究院宋子贞、赵晓星、李国、吴军、赵燕林、朱生云等先生在考察过程中给予的帮助。感谢陕西师范大学硕士学习期间同门石建刚、杨冰华、房子超、李志军、李晓凤、杨丹、马丽、郭静、赵沈亭、袁顿、郭子睿、丁恬在书稿撰写过程中所给予的宝贵意见。

　　感谢我的家人。在我上学期间，我的父母、弟弟以及弟媳承担了繁重的家务，并给予我经济和生活上的大力支持，为我解除后顾之忧，顺利完成本书的写作。沙琛乔先生一直在背后默默支持我，在学习和生活上给我提供了许多帮助。

　　未来还很长，以梦为马，一苇以航，不忘初心，继续前行。